AF337184

JACQUES PIOU

LE COMTE

ALBERT DE MUN

Sa Vie Publique

A mesure qu'on approche du terme de l'extrême licence, on ne connaît pas de Dieu.

PLATON.

" Editions Spes "

17, RUE SOUFFLOT — PARIS (V⁵)

LE COMTE ALBERT DE MUN

Sa Vie Publique

ALBERT DE MUN

JACQUES PIOU

LE COMTE
ALBERT DE MUN

Sa Vie Publique

" Editions Spes "
17, RUE SOUFFLOT — PARIS (Vᵉ)

AVANT-PROPOS

I

La vie publique d'Albert de Mun a été celle d'un grand patriote et d'un grand chrétien. Commencée en 1876 aux élections qui consacrèrent la 3ᵉ République, elle s'est terminée en 1914, après la bataille de la Marne qui sauva Paris. Au cours de ces trente-huit années, elle a été vouée au service de Dieu, de la France, du peuple.

Député pendant dix législatures, Albert de Mun a assisté au spectacle, sans précédent dans l'histoire, d'un gouvernement se servant de toutes les forces de l'État pour détruire les croyances nationales. Il était à peine entré à la Chambre que Gambetta jeta son cri de guerre : « Le cléricalisme c'est l'ennemi.» Aussitôt commença la crise, bientôt devenue chronique, qui aboutit à la Séparation et au cri de joie de M. Briand : « L'État est a-religieux.»

Au début de sa carrière, il appelait de ses vœux, avec la restauration de la monarchie du drapeau blanc, la reprise des anciens rapports de l'Église et de l'État. La mort du comte de Chambord fit évanouir ce rêve.

Quand Léon XIII montra la voie du salut, il s'y engagea par raison autant que par obéissance ; il avait compris que la Religion ne garderait sa place dans la France moderne qu'en s'adaptant à son nouvel état social et politique. Trop sincère pour dissimuler sa pensée, il l'affirma hautement, et s'attira l'hostilité d'amis très chers, sans désarmer celle de ses adversaires.

Plus la politique le mit en contact avec les hommes et les faits, plus il constata la violence du courant qui emportait notre société issue de la Révolution. Montalembert avait dit, sous le régime censitaire : « J'ai adoré la liberté aristocratique, jamais la démocratie, qui est le fond de l'esprit moderne. » Albert de Mun, éclairé par trois révolutions et un demi-siècle de suffrage universel, a tenu un autre langage. A ses yeux, la démocratie était une puissance déjà installée au pouvoir, en marche même vers de nouvelles conquêtes, et qui ne serait néfaste que si elle se laissait séduire par la conception matérialiste de la vie.

Tous ses efforts pour faire pénétrer l'esprit chrétien dans les mœurs et dans les lois ne lui ont valu, sauf les courtes joies de son apostolat social, d'autre satisfaction que celle du devoir rempli. Les coups lui sont venus de toutes parts, de là même d'où il ne pouvait les attendre. La mauvaise fortune s'est acharnée sur ses entreprises ; mais en dépit des obscurités, il n'a jamais dévié d'un pas, et en dépit des déceptions, jamais fléchi sous la poussée de l'incrédulité victorieuse.

A la suite de longues luttes il perdit sa santé et jusqu'à sa voix, et se vit, à l'approche de la vieillesse, entouré de ruines et réduit au silence. Il songeait à la retraite, quand la guerre éclata.

La grandeur du péril, l'enthousiasme de la nation lui rendirent ses juvéniles ardeurs. Quand il vit d'irréconciliables adversaires venir à lui les mains tendues, et l'union sacrée rapprocher, par un miracle de patriotisme, des partis jusque-là acharnés à se combattre, il eut un sursaut de joie. Quoi! cette guerre maudite serait-elle la messagère de la paix religieuse; reconstituerait-elle la patrie française dans son unité territoriale et morale? Si tels étaient les desseins de la Providence, qu'il soit deux fois béni le sang qui va être versé pour la rédemption et la réconciliation nationales !

Il est mort avec cette suprême espérance, léguant à la génération nouvelle l'exemple d'une vie qui est une admirable leçon.

De cette leçon se dégagent des enseignements plus que jamais opportuns. Sous un régime où le Parlement est tout et peut tout, cesser de participer à la bataille politique, c'est abdiquer ; mais la lutte suppose une organisation sur le terrain légal, avec l'unité pour base et la discipline pour ciment. Dans un temps où l'athéisme d'État devient un fléau national, le combattre est un devoir de conscience et de salut public, mais, pour le combattre, il faut ne pas laisser les intérêts de personnes ou de partis se glisser derrière des intérêts religieux, n'exiger que le possible c'est-à-dire l'égalité des droits et la liberté pour tous, se garder des complaisances opportunistes et du fétichisme des faits accomplis, enfin, quoi qu'il arrive, rester toujours soi-même, sans désespérer jamais.

Ce programme a fait l'honneur de la vie d'Albert de Mun. Sans doute, il ne lui a pas donné la victoire, mais il a rendu ses défaites fécondes et contribué à la revanche électorale de 1919 qui pouvait être décisive.

J. P.

I

ALBERT DE MUN

Son caractère. — Son éloquence.
Son œuvre des Cercles.

I

La guerre a fait d'illustres victimes ; Albert de Mun en
est une et non la moins touchante. Il n'est pas tombé sur
le champ de bataille les armes à la main ; il a succombé
sous l'effort d'un héroïque apostolat. Quand la France, pro-
voquée par l'Allemagne, fit appel à tous ses enfants, il
accourut, maladé et vieilli, mettre à son service l'éclat de
son talent et de sa renommée. Il a poussé jusqu'au martyre
l'esprit de sacrifice et, tant qu'il a eu un souffle de vie, il
s'est fait le Tyrtée de l'effroyable guerre.

Il est mort sans avoir vu les troupes qu'il avait animées
au combat passer sous l'Arc de Triomphe, ni entendu le
pays acclamer les idées de justice et de liberté qu'il avait
toujours défendues. Il a eu du moins l'immense joie de
saluer les premiers efforts de l'héroïsme français et, après
Charleroi, d'assister à cette magnifique épopée de la
Marne, qui sauva Paris et peut-être la France.

L'invasion repoussée, la partie épique de la guerre terminée, il sembla que sa tâche fût achevée, et il disparut,
frappé d'un coup foudroyant. Quand il mourut, il était un
des hommes les plus populaires de France, après avoir toujours défendu des causes qui ne l'étaient pas. Au soir de sa
vie, il a eu l'inestimable honneur de si bien incarner l'âme
de la patrie, de si bien traduire ses angoisses, ses espérances, ses fiertés, qu'elle salua en lui un des artisans de la
victoire.

Il est trop tôt pour suivre, dans ses phases diverses, une

existence qui a été mêlée aux querelles politiques, religieuses, sociales des quarante premières années de la troisième République. Tout au plus, est-il possible d'en fixer l'esprit général et les traits principaux.

Catholique et royaliste, il a gardé, jusqu'à son dernier jour, la double empreinte de son origine.

Catholique, il n'a jamais éprouvé un doute ; immuable dans sa foi, il n'a, pour la servir, reculé devant aucun sacrifice. Pour lui, comme pour de Maistre, le Pape était le gardien infaillible de la doctrine, le promoteur du progrès, l'arbitre de la paix sociale.

Royaliste, il concevait une monarchie paternelle et réformatrice, pure de tout alliage révolutionnaire, avec le drapeau blanc pour symbole. Il admirait plus saint Louis que Louis XIV ; et le moyen âge, avec ses mœurs chrétiennes et chevaleresques, ses communes libres, ses corps de métiers indépendants, le séduisait malgré un état de guerre que tempérait à peine la trêve de Dieu. L'État laïque bouleversait toutes ses notions sur les rapports de l'Église et de la société civile ; la démocratie lui paraissait une pupille que les traditionnalistes devaient former ; le régime parlementaire, tel qu'il le voyait pratiquer, lui inspirait autant d'éloignement que d'effroi.

Il eut tout de suite la vocation militaire. Du régiment où il a passé quinze ans, il a rapporté, dans la vie publique, des habitudes d'ordre et de discipline, surtout le respect absolu de l'autorité. Personne n'était moins fait pour l'opposition où il a passé sa vie. Pour lui, le pouvoir venait de Dieu ; des gouvernants, dont il était séparé par toutes ses convictions, il disait : « Après tout, ils sont l'État. » Lieutenant de cavalerie, il ne lui eût pas répugné d'entrer dans la maison militaire de l'Empereur. Vétéran de la droite, il ne se dérobait pas aux rencontres avec les hommes du Gouvernement.

Il y avait en lui du moine et du paladin.

S'il se rattachait à l'ancienne société par ses origines, il tenait à la nouvelle par ses idées. Les gloires de l'ancienne monarchie le remplissaient d'admiration, les aspirations généreuses de la société nouvelle, d'espérance. Loin de maudire l'évolution sociale qui s'accomplissait sous ses yeux, il la saluait, « avec ses tentations et ses périls, comme offrant « aux chrétiens, dans l'invincible puissance de l'Église affranchie, le magnifique espoir d'une libre conquête des « cœurs, des intelligences et des âmes ».

Sa sollicitude allait ardente aux petits et aux humbles. Il jugeait leur condition injuste, et en accusait la dureté des mœurs et l'insuffisance des lois ; la médiocrité des salaires, la fréquence des chômages les vouaient aux privations, la maladie et la vieillesse à la misère. Il était monté dans trop de mansardes pour ne pas savoir quelles angoisses et quelles détresses s'y cachent ; l'impression rapportée de ces poignants spectacles le rendait sévère pour les privilégiés de la fortune. L'indifférence et l'égoïsme de beaucoup d'heureux de ce monde lui paraissaient les plaies mortelles d'une société corrompue par l'excès de la richesse, et les sources de maux, avant-coureurs de sa ruine.

Cet ensemble de sentiments en apparence opposés et d'idées presque contradictoires, faisait son originalité. Le patricien et l'ami du peuple se confondaient en lui. A la fois traditionaliste et précurseur, il honorait ce que le passé a de grand et se sentait attiré par ce que le présent a de généreux. Il apportait, dans les milieux populaires où l'appelait sa vocation sociale, la plus cordiale sympathie, et, dans le monde où il vivait, une dignité aimable et simple.

Admirateur de l'ancienne société et citoyen de la cité nouvelle, il disait de lui : « Placé par mon âge entre les hommes d'hier et ceux de demain, je sais tout ce que portent en eux des temps de transition, et je sens, comme dit Melchior de Vogüé, qu'il est toujours difficile de prendre parti entre une moitié de son âme retenue au passé, et l'autre moitié entraînée vers l'avenir. » Deux hommes vivaient en lui, sans qu'on pût voir où finissait l'un, où commençait l'autre.

Tous les dons qu'il avait reçus en partage étaient rehaussés par le caractère le plus égal et la courtoisie la plus parfaite ; quoique tout d'une pièce et peu enclin aux transactions, il gardait une modération de ton qui tempérait l'inflexibilité des idées.

Il grandissait tout ce à quoi il croyait et poétisait ce qu'il aimait. Les questions lui apparaissaient par ce qu'elles avaient d'élevé et les hommes par ce qu'ils avaient de bon. Personne n'a moins compris ce mot de Byron : « J'aime ceux qui savent haïr. » Sa bonne humeur et sa bienveillance ne connaissaient ni rancune, ni représailles. Il était aussi éloigné de l'orgueil que du faste de la modestie.

La politique, en dépit des passions qu'elle soulève, n'a jamais altéré la sérénité de son âme. Par l'indépendance de son esprit et la noblesse de ses sentiments, il était au-dessus des servitudes de parti et des préjugés du monde. Au cours de sa longue carrière, il a été lui-même et toujours un, vrai chevalier chrétien égaré dans une société, fille de la Révolution.

* *
*

Il débuta dans la vie comme officier de cavalerie, et tout de suite, se passionna pour son métier. Soldat dans l'âme, il a gardé jusqu'à son dernier jour la religion du drapeau.

Dans l'autorité du chef, il voyait une charge plus qu'un privilège ; il la voulait bienveillante, attentive, et ne la jugeait féconde qu'à la condition de s'employer à la formation morale du soldat.

La fraternité des armes était pour lui, non une formule, mais une vérité. Le rôle social de l'officier lui apparut tel qu'un brillant écrivain, devenu l'une des gloires de l'armée, l'a jadis décrit, dans des pages toujours vivantes [1].

1. LYAUTEY, *Du rôle social de l'officier.*

Tandis qu'il suivait sa carrière, au milieu de ces nobles soucis, un événement soudain lui ouvrit des horizons inattendus. Un jour de juillet 1870, pendant qu'il était de garde au Palais-Bourbon, un député sortit précipitamment dans la cour et cria à la foule : « La guerre est déclarée. »

Comment dépeindre l'effet magique de cette parole? La guerre, c'était l'action et la gloire, la France et l'armée reprenant leur rôle historique, un monde nouveau surgissant tout à coup.

Quand, trois semaines après, il vint prendre à la frontière son poste de combat, son cœur débordait d'enthousiasme. Hélas! les déceptions vinrent vite et cruelles. Bientôt il eut à suivre la voie douloureuse, « qui conduisit l'armée du Rhin des enivrements de l'espérance aux désespoirs humiliés de l'horrible sacrifice ». Aux ivresses des charges héroïques du plateau d'Avron, succédèrent l'agonie du siège de Metz, la capitulation, la captivité, la paix désolante qui démembrait la France, puis la guerre civile, la prise de Paris, les combats des rues où les insurgés se battaient en désespérés, et mouraient en fanatiques.

Après la défaite de la Commune, l'Assemblée Nationale ouvrit sur le 18 mars une enquête, où il fut appelé comme témoin. Sa déposition est le premier acte de sa vie publique et l'écho de pensées, non encore contrôlées par l'expérience. « Les deux causes du mal, dont souffre notre société, dit-il, sont d'une part le sentiment d'une haine profonde dans la classe ouvrière, de l'autre l'apathie de la classe bourgeoise et une absence complète de capacité à distinguer l'erreur de la vérité. Il y a aujourd'hui entre les diverses classes un abîme profond qui ne peut être comblé que par le temps, par une éducation morale meilleure donnée à la classe ouvrière et par d'autres moyens. Je suis très éloigné de croire que la force puisse en venir à bout [1]. »

Dans cette première manifestation de sa pensée, se re-

---

1. *Enquête parlementaire sur l'insurrection du 18 mars*, t. II, p. 275.

trouvait la trace de l'agitation morale que lui avait laissée l'extraordinaire succession d'événements auxquels il venait d'assister. Tant d'épreuves, en si peu de mois, avaient déchiré son cœur et déconcerté sa raison.

Repassant dans sa mémoire ce martyrologe de la France, épilogue d'un règne longtemps brillant, il chercha, avec anxiété, le secret d'une si poignante énigme. Si Sedan expliquait l'effondrement de l'Empire hier puissant, pourquoi la guerre civile après la guerre étrangère, pourquoi ces incendies allumés par des mains françaises en face de l'ennemi victorieux, et ce déchaînement de haines après tant de souffrances subies en commun?

Ses longues méditations solitaires, au cours de sa captivité, et plus tard dans les loisirs de son service d'état-major, le conduisirent à une conclusion qui prit vite à ses yeux l'autorité d'un axiome. La Révolution était la grande coupable, la démolisseuse aveugle qui avait détruit les contreforts de la société, brisé ses cadres, perverti les esprits par ses sophismes et les consciences par son incrédulité.

Qu'étaient les grands principes de 89 si vantés, sinon des duperies qui avaient faussé, dans l'esprit du peuple, la vraie notion de l'autorité? Qu'était la fastueuse déclaration des droits de l'homme, sinon une insolente offense aux droits de Dieu passés sous silence ?

Plus il suivait le cours de ses réflexions, plus s'affermissait en lui la conviction que Révolution signifiait : désordre et anarchie, gangrène morale et gangrène sociale. Les conceptions philosophiques des novateurs avaient abouti à des actes criminels, leur idolâtrie de la raison souveraine et leur chimère de l'égalité absolue à des désenchantements qui avaient laissé le peuple sans idéal et exalté ses ambitions jusqu'au délire. La nouvelle société économique, sans traditions, presque sans croyances, s'épuisait à poursuivre toujours plus de richesses, plus de bien-être, et restait sans force pour remonter sur les hauteurs, où passent les grands souffles d'air pur. Sous la poussée du matérialisme, les

haines sociales s'accumulaient, de médiocres ambitions
abaissaient les mœurs ; de ce chaos sortait une démocratie
inexpérimentée et impatiente, sans étoile pour la diriger,
sans frein pour la retenir. L'immense développement des
affaires, orgueil de la civilisation, aboutissait à une âpre
concurrence entre producteurs, à des conflits aigus entre le
travail et le capital, c'est-à-dire à l'état de guerre.

De plus, il constatait, non sans ironie, que les influences
d'argent, en se substituant aux vieilles hiérarchies sociales,
avaient créé des inégalités, plus choquantes que celles du
passé. A force de regarder le revers de la médaille, il oubliait
parfois de la retourner pour en voir l'autre face, et niait
trop le progrès qu'apportait l'enfantement douloureux d'un
âge nouveau.

Sa défiance pour la Révolution le fit considérer comme un
tenant de l'ancien régime : rien n'était plus faux.

L'ancien régime ! a-t-il entendu souvent retentir à ses
oreilles ces mots accusateurs ! Si ses protestations n'ont
pas découragé ses détracteurs, ce n'est pas qu'elles n'aient
été fréquentes et énergiques. « Qui donc, a-t-il dit, du haut
« de la tribune, pourrait songer à rétablir tout un ensemble
« de privilèges qui avaient eu leur raison d'être et que le
« temps, dans sa marche, a détruits pour jamais? Qui, sur-
« tout, parmi les chrétiens, pourrait souhaiter de voir re-
« naître les abus qui peu à peu avaient pénétré la société
« des derniers siècles et qui l'ont conduite au naufrage où
« elle a péri. La Révolution était déjà dans l'ancien régime :
« elle y était par la philosophie rationaliste qui a fait les
« libres penseurs ; elle y était par l'oubli des devoirs so-
« ciaux qui a fait l'antagonisme des classes ; elle y était
« par l'invasion de l'État dans le domaine de l'Église, par
« l'esprit des légistes pénétrant la nation. Eh bien ! nous ne
« voulons ni de l'ancien régime, ni de la Révolution. »

Ce qu'il voulait, c'était une autorité paternelle appuyée
sur le roc de l'hérédité, un ordre social reposant sur deux
colonnes, la direction des élites, la fraternité religieuse ;

c'était surtout ramener les classes élevées de l'égoïsme individualiste à la notion du devoir social, les classes populaires de la révolte et de l'impiété aux idées d'ordre et aux sentiments de foi.

De tous les faits contemporains, le plus incompréhensible, à ses yeux, était le divorce, en train de s'accomplir entre l'Église et le monde ouvrier. Il ne réussissait pas à comprendre que le docteur du socialisme contemporain eût osé écrire : « La religion est l'opium du peuple » et que les ouvriers se fussent à sa voix détournés d'une religion, qui avait remis le travail en honneur et glorifié la pauvreté. Elle, si tendre pour les petits, si soucieuse d'égalité entre les fidèles, était dénoncée comme une sentinelle montant la garde à la porte des riches ; elle, la grande émancipatrice, l'inlassable missionnaire de la liberté des âmes, passait pour la gendarmerie de l'absolutisme et du privilège. Comment expliquer ce travestissement de la vérité historique, et les haines qu'il enfantait?

Un rapprochement le frappait. En 1848, la foule avait appelé les prêtres à bénir les arbres de la liberté et salué de ses acclamations la robe blanche du Père Lacordaire. Alors Pie IX « remerciait pieusement le Seigneur dans l'humilité de son cœur, de ce que dans un aussi grand changement aucune injure n'eût été faite à la religion et à ses ministres ». En 1871, la Commune, que Bebel appelait « un simple combat d'avant-poste », avait vu rouge devant un habit religieux, pris des otages dans les rangs du clergé, massacré les Dominicains d'Arcueil, fusillé l'archevêque de Paris.

Cherchant le secret d'un si profond changement dans l'âme populaire, des questions troublantes se présentaient à son esprit. Cette religion de miséricorde et d'amour, avant de devenir pour les ouvriers un objet de suspicion, n'avait-elle pas parfois servi aux puissants d'instrument de domination? Avant d'être délaissée par les deshérités, n'avait-elle pas été souvent méconnue et faussée par les heureux? La résignation, qui est, non pas la renonciation à des droits, mais la patience à les revendiquer, n'avait-elle pas été présentée comme la soumission définitive à des abus et l'acceptation indéfinie de maux immérités?

Il se demandait surtout si l'état précaire d'une société, où la richesse et le travail ne se purifiaient plus au contact des croyances religieuses, n'aboutirait pas à la guerre sociale ; et il en arrivait à ne plus entrevoir de salut que dans un grand effort de relèvement s'accomplissant à la voix de Celui qui a dit:«Je vous donne ma paix. Aimez-vous les uns les autres. » Que l'impiété continuât ses ravages et il faudrait dire de notre société ce que Taine a dit de celle de la Révolution : « Par un recul insensible et lent, la grosse masse de la nation est en train de redevenir païenne. »

Il a raconté dans son livre, *Ma vocation sociale*, la genèse de ses idées et l'histoire de leur développement. La lecture en est émouvante. Sa tendresse pour les humbles, son dévouement à leur cause débordent à chaque page, tantôt dans de hautes considérations, tantôt dans des récits touchants. Il est possible qu'il y ait eu dans ses vues une part d'illusion et que, devant l'insuccès de ses efforts, il se soit parfois caché ses déceptions dans des élans de confiance embellis par l'imagination. Il serait injuste de lui reprocher quelque exagération d'optimisme ; il y trouvait un secours contre les désenchantements et le courage de la persévérance.

Comme il n'était pas homme à s'enliser dans les abstractions, il songea tout de suite à incarner sa pensée dans une œuvre. Cette œuvre fut celle des Cercles ouvriers. La visite d'un pauvre frère de Saint-Vincent de Paul, qui avait ébauché à Vaugirard un groupe populaire, lui en donna l'idée.

« Il vint me voir au Louvre, a-t-il raconté, dans le cabi-« net de service du Gouverneur de Paris, dont j'étais offi-« cier d'ordonnance, pour m'intéresser à son œuvre. Après « les premiers mots de bienvenue, la conversation s'enga-« gea. Bientôt, il parla seul ; je l'écoutais bouleversé. Il ne

« parlait plus de son cercle ; il parlait du peuple et parlait
« des riches. Il ne demandait pas l'aumône, il enseignait
« l'amour et ordonnait le dévouement. Nous étions debout
« près de la fenêtre. Entre les arcades du Carrousel, la ruine
« prodigieuse des Tuileries dressait tragiquement son dôme
« crevé et ses murailles calcinées. L'homme de Dieu les
« montrait. Oui, disait-il, cela est horrible, cette vieille de-
« meure des rois incendiée, ce palais détruit, où tant de
« fêtes éblouirent le monde ! Mais qui est responsable?
« Ce n'est pas le peuple, le vrai peuple, celui qui travaille,
« celui qui souffre. Les criminels qui ont brûlé Paris, mas-
« sacré les otages, n'en étaient pas ! Mais ce peuple-là, qui
« de vous le connaît? Ah ! les responsables, les vrais respon-
« sables, c'est vous, ce sont les heureux de la vie, qui se
« sont tant amusés entre ces murs effondrés, qui passaient
« à côté du peuple sans le voir, qui ne savent rien de son
« âme, de sa souffrance. Moi, je vis avec lui et je vous le dis
« de sa part : il ne vous hait pas, mais il vous ignore, comme
« vous l'ignorez ; allez à lui, le cœur ouvert, la main tendue,
« aimez-le et servez-le. »

Ce langage enflammé de l'apôtre populaire lui alla au
cœur. C'était une révélation ; ce fut vite un programme.
Il était déjà convaincu que les élites sociales se main-
tiennent par le dévouement, et se perdent par l'égoisme. La
rude éloquence de son humble visiteur lui fit entrevoir, dans
le rapprochement des conditions, l'application de cette loi
de justice et de charité, salut des sociétés malades, que le
christianisme enseigne depuis dix-neuf siècles.

Comme les conflits entre patrons et ouvriers lui paraissaient tenir surtout à des malentendus, il crut les dissiper,
en facilitant aux uns et aux autres l'occasion de se rencontrer. L'idée était juste. Autant il est prudent de ne pas voir
les gens qu'on doit combattre, autant il importe de connaître
ceux qu'on veut aider. Le cercle ouvrier était, dans sa pensée, le centre d'union, où les préjugés d'en haut et les défiances d'en bas devaient se fondre dans une sympathie

commune. Là se préparerait, grâce à d'heureuses réconci-
liations, l'organisation d'une société fraternelle dont l'Évangile serait le lien, et la première ébauche d'une grande
paix chrétienne, à la fois féconde et durable.

Éblouie par ce vaste horizon, son âme se remplissait
d'une ardeur joyeuse, et, l'entreprise à peine entrevue prenait, à ses yeux, les proportions d'une grande évolution
sociale, revanche du christianisme sur l'impiété révolutionnaire.

« La Révolution, dit le manifeste qu'il adressa alors au
« public, est près d'atteindre son but ; du cerveau des phi-
« losophes elle est descendue dans le cœur du peuple, et
« elle organise aujourd'hui, pour une lutte suprême, les ou-
« vriers qui sont la substance de la nation. Faisons un der-
« nier effort pour sauver le peuple et hâter le retour de Dieu
« dans l'atelier régénéré. Aux doctrines subversives il faut
« opposer les saintes leçons de l'Évangile, au matérialisme
« les notions du sacrifice, à l'esprit cosmopolite l'idée de
« patrie, à la négation l'affirmation catholique. » Au banquet d'inauguration, qui eut lieu au Palais-Royal, le Président rappela le geste de Camille Desmoulins, arrachant
une feuille à l'un des arbres du jardin pour en faire un
symbole de ralliement, et présenta l'œuvre des cercles
comme l'instrument de la contre-révolution.

A ces premières heures d'enthousiasme, les nouveaux
croisés ne voyaient pas d'obstacles sur la route qui menait
à la réconciliation sociale par l'apostolat chrétien. Dans la
suite, ils se heurtèrent à des difficultés qui embarrassèrent
leur marche ; les doctrines socialistes leur furent obstinément objectées. Que pensaient-ils du salariat, de l'organisation du travail, de la propriété capitaliste? De droite et
de gauche, on les sommait de s'expliquer ; les catholiques
leur opposaient avec insistance l'attitude de quelques
jeunes, qui ne reculaient ni devant les controverses com-
promettantes, ni devant les concessions périlleuses.

Trop prudent pour agiter prématurément de dangereux

problèmes, Albert de Mun et ses amis les écartèrent d'un mot, et se renfermèrent dans l'étude de réformes qui, en améliorant le sort des travailleurs, n'ébranlaient pas les bases de l'ordre social. Cette sage réserve n'empêcha pas le monde conservateur de les accuser de démagogie, et le monde du travail de réaction. A droite, on les appelait « socialistes d'État »; à gauche, « bourgeois cléricaux ». Ici les cercles ouvriers étaient des foyers d'utopies révolutionnaires, et là de simples confréries religieuses, indifférentes, hostiles même au sort du peuple.

Quand on va au fond de la pensée d'Albert de Mun, on en démêle aisément le secret. Il croyait qu'une élite dirigeante était la clef de voûte d'une société bien organisée, et, d'autre part, que les courants démocratiques qui avaient tout submergé et tout mêlé étaient irrésistibles. Réunir, en les harmonisant, deux forces dont l'une était une tradition historique, l'autre une nécessité moderne, tel était son plan.

Il croyait l'esprit chrétien capable de créer à la fois un patriciat libéral et une démocratie équitable, de constituer l'un en l'éclairant, d'organiser l'autre en la pacifiant, et de rajeunir ainsi la France, par l'alliance des puissances du passé avec les forces du présent, les unes et les autres éclairées par la lumière de l'Évangile.

Tout de suite les obstacles se dressèrent en foule ; les moyens d'action faisaient défaut. Pour recruter des adhérents, réunir des ressources, il fallait émouvoir l'opinion, l'intéresser à l'œuvre nouvelle, provoquer des initiatives, découvrir des apôtres, mais comment. L'heure encore voisine des grandes douleurs et des grands désastres semblait peu favorable pour entrer en relations avec le pays et l'entraîner à une action si nouvelle.

Il était aux prises avec ces premières difficultés quand une occasion inattendue s'offrit à lui d'exposer ses idées dans une réunion, plus importante par la qualité que par le nombre des personnes. Un ami, sympathique à son entreprise, l'invita à y prendre la parole, et, dans un premier mouvement de joie, il accepta un rendez-vous.

A peine se fut-il engagé qu'il se sentit hésitant et troublé. Il n'avait jamais parlé en public et se demandait anxieusement s'il pourrait, sans défaillir, entendre les échos d'une grande salle lui renvoyer, au milieu d'un impressionnant silence, le bruit de sa voix. Plus approchait l'heure d'une épreuve, à laquelle rien ne l'avait préparé, plus l'inquiétude le gagnait. Un effroi, qu'il n'avait connu ni à Saint-Privat, ni au siège de Paris, pouvait arrêter sa parole sur ses lèvres ; comme l'orateur antique il eût béni l'envoyé qui lui eût annoncé l'ajournement de la réunion.

Ce fut au prix d'efforts douloureux, qu'il prononça, d'une voix hésitante, les premiers mots de son discours ; mais bientôt l'ardente conviction qui l'animait, le sentiment d'un grand devoir à remplir, l'attention croissante d'un auditoire subjugué lui rendirent la possession de lui-même : et l'épreuve, commencée dans l'angoisse, s'acheva en triomphe.

Ce premier tourment de la parole publique, presque tous les orateurs l'ont connu ; beaucoup n'ont jamais réussi à le dominer pleinement ; Albert de Mun fut de ceux-là. Après de longs et éclatants succès, il n'est jamais monté à la tribune sans un serrement de cœur. On s'en étonnait, sans se douter que cette appréhension, autrement féconde que l'assurance, est une grâce d'état. Elle exalte l'orateur qu'elle semble paralyser, l'oblige à un effort qui double ses forces et donne à sa parole une chaleur qui la rend communicative.

Quand il se rassit, il venait de se révéler à lui-même sa vraie vocation, celle pour laquelle il avait reçu, par un bienfait gratuit, un ensemble de dons merveilleux. Quelque temps avant, il s'était découvert apôtre ; maintenant il se découvrait orateur. Orateur, il le fut dès son premier discours. On a dit qu'on naissait poète et qu'on devenait ora-

teur. L'antithèse est plus ingénieuse qu'exacte ; elle est
d'un doctrinaire de la rhétorique, non d'un praticien de la
parole. Qu'on naisse poète, c'est possible ; mais on ne
devient pas orateur, au moins au vrai sens du mot.

L'éloquence est, comme la beauté, la réunion harmonieuse
de dons naturels, qu'aucun effort ne crée. On peut avoir du
génie à force de patience, du moins un moraliste le prétend ;
la patience la plus obstinée n'a jamais rendu personne éloquent, et il n'est pas certain que l'art, même le plus achevé,
ne nuise pas à l'orateur, plus qu'il ne le sert.

L'éloquence est faite de spontanéité. La taille donne de
l'éclat au diamant ; la nature seule le produit ; il en est ainsi
d'elle. Sans doute, comme toute œuvre humaine, elle trouve
dans le travail sa perfection, mais elle jaillit d'une source
profonde, qu'aucun travail ne crée. La voix, l'action, la
rencontre soudaine de la pensée et de l'expression, un
mot, un geste, un silence, ce quelque chose de magné-
tique que les anciens appelaient le « *quid divinum* », voilà
ce qui fait l'orateur, et cela ne s'apprend d'aucun maître,
à aucune école.

Toutes ces qualités, dont la réunion est si rare, Albert de
Mun les possédait, sans s'en douter. Elles se révélèrent à
lui, dès le jour où, pour la première fois, il parla en public.
Éloquent, il le fut tout de suite, et depuis le fut toujours
dans ses discours, dans ses conversations, dans ses écrits.
L'expérience des grandes assemblées, l'habitude des grands
succès donnèrent à sa parole une maîtrise qui la mit en
pleine valeur ; elles n'ajoutèrent rien à sa diction pénétrante,
à sa simplicité exquise, au charme de son attitude.

Au début de ses discours, soit émotion, soit calcul, il
parlait bas, comme s'il causait ; puis la voix devenait plus
chaude, la phrase plus incisive, et peu à peu, le ton prenait
une allure si vive, la pensée une telle ampleur, que l'auditeur conquis ne réussissait plus à contenir ses impressions
et éclatait en applaudissements presque involontaires.

Dans les premiers temps, une réserve qui venait de la

défiance de lui-même, donnait à sa parole quelque chose
d'incertain, et Louis Veuillot l'en gourmandait : « Dégai-
nez, sabrez, empoignez, lui écrivait-il. L'auditoire est
désorienté, quand, au lieu d'une estafilade, il emporte une
bénédiction. Si votre éloquence n'a pas un cachet de caserne,
elle ne sera qu'une belle fille à marier, ce que n'était pas
Jeanne d'Arc. »

Il profita du conseil, ou plutôt prit conscience de sa
force et s'enhardit, sans chercher pourtant à empoigner, à
dégainer, à sabrer. Son éloquence ne resta pas une belle
fille à marier ; elle devint une grande dame de haute lignée,
sachant tout dire sans rien outrer, mettre de la mesure
jusque dans la passion. Lors de ses premiers discours, il portait son uniforme de capitaine de cuirassiers ; les sceptiques,
qui n'aiment pas admirer, allèrent répétant que son costume était pour beaucoup dans ses succès. L'avenir les dé-
trompa. Rentré dans la vie civile et sous la classique redin-
gote parlementaire, il exerça le même prestige et remporta
les mêmes triomphes.

Dès ses premiers succès, il comprit la nécessité d'une formation oratoire achevée. Il faut à l'orateur un capital d'instruction auquel il puisse tout de suite recourir et une préparation méthodique qui l'arme pour la lutte. Pénétré de
cette pensée, il se réfugia, à ses heures de loisirs, dans la
maison de la rue des Postes, et, à l'abri des visites, il y
travailla d'arrache-pied. « J'arrivais, a-t-il raconté, le
« matin de très bonne heure ; j'apportais des livres, j'en
« trouvais dans les bibliothèques, et, pendant quatre ou
« cinq heures, je travaillais avec rage, lisant, notant et
« écrivant. J'ai fait là mon apprentissage du métier de la
« parole.

« Aucun discours, écrit ou non, ne peut être vraiment
« sérieux, s'il n'a été fortement préparé par la lecture et
« la méditation. Lire le crayon à la main, voilà le premier
« travail oratoire. Après cela, il faut composer, et c'est la
« grande souffrance, que connaissent bien ceux qui ont

« essayé de faire passer dans d'autres âmes, quelque chose
« de la leur.

« Les matériaux sont là en monceaux. Lesquels choisir ?
« comment les disposer ? Les idées se pressent ; comment les
« coordonner ; quelle en sera l'expression saisissante ? C'est
« un combat qui se livre d'abord dans la nuit ; tout à coup,
« comme le soleil perce la nue, l'inspiration s'élance,
« dissipe l'obscurité, illumine le sujet. Le discours a pris
« corps, mais un corps fugitif qui se dérobe et qu'il faut sai-
« sir, embrasser étroitement jusqu'à ce que, dans une véri-
« table ivresse, la pensée maîtresse, se fixe, lumineuse, en
« un point culminant, vers lequel, tout à l'heure, il faudra
« entraîner l'auditeur dompté. Alors les nerfs tendus par ce
« grand effort, l'orateur peut paraître ; il est prêt, sauf le
« cas très rare, où, sous le coup d'un événement imprévu, le
« cœur se précipite aux lèvres dans une soudaine explosion.
« L'improvisation elle-même n'est vraiment oratoire que si
« elle naît de ce long travail. Il faut qu'elle jaillisse, comme
« la feuille s'échappe brusquement du bourgeon, lentement
« formé par la sève accumulée, sans quoi elle n'est que le
« vide assemblage de paroles sonores et la confuse expres-
« sion de pensées imprécises. »

Cette méthode oratoire, si merveilleusement décrite,
convient-elle à tous les sujets, correspond-elle à tous les
tempéraments ? C'est douteux. Ce qui est certain, c'est
qu'elle a pleinement réussi à Albert de Mun et a fait de lui
un grand orateur. Quand il entra plus tard à la Chambre,
ses débuts furent éclatants et, du premier coup, il conquit
l'auditoire le plus difficile, le plus redoutable, le plus hérissé
de défiance qui soit au monde. La gauche ne l'applaudit pas,
dans la crainte d'enfreindre la discipline de parti, mais elle
l'écouta dans un silence qui était un hommage, et Gambetta,
qui s'y connaissait, prédit qu'il serait un maître de la tribune.

Peu d'orateurs ont eu comme lui la rare fortune de ne
pas connaître les échecs et de ne jamais regagner leur banc

au milieu de cette lassitude indifférente, mille fois pire que l'hostilité. Il n'a jamais fatigué que l'admiration.

C'est qu'il n'était jamais au-dessous de lui-même. Son éloquence, faite de naturel et de mesure, ne se heurtait jamais à l'épreuve cruelle des effets manqués. Dans le tumulte des séances orageuses, il gardait avec un calme inaltérable la plénitude de ses moyens. Il avait le cœur chaud et la tête froide, ce qui lui permettait de conserver la maîtrise de sa parole, jusque dans la fièvre du combat. Les cris, les colères, les interruptions violentes ne réussissaient pas à le démonter. Il tenait bon dans la tempête, et ses dons d'enchantement aidant, il finissait par s'imposer. On n'a jamais essayé contre lui de cette arme mortelle des Assemblées hostiles : l'inattention systématique.

Le plus souvent, il écrivait ses discours, mais il les prononçait avec une telle aisance qu'ils donnaient l'illusion de l'improvisation. Comme il avait le don de la répartie, l'auditoire ne doutait pas qu'il n'eût parlé d'abondance.

La parole écrite se trahit souvent par une raideur compassée, l'éloquence en est froide, la chaleur artificielle et souvent déplaisante. Mais il écrivait comme il parlait, avec une simplicité d'apparence spontanée. De plus il avait l'intuition de son public et devinait d'avance ses impressions. Il évoquait, par la pensée, les péripéties de la scène dont il allait être l'acteur, et, d'une façon si vivante, qu'en écrivant, il croyait parler. Par avance, il subissait l'influence de la foule à laquelle il devait s'adresser et sentait déjà se vérifier en lui le « *multitudo facit oratorem* » de Cicéron.

Grâce à ce don de divination, ses discours écrits avaient une intensité de vie qui ne laissait rien voir de l'effort qu'ils avaient coûté. La statue sortait si parfaite des mains de l'artiste qu'on n'apercevait pas la trace de son ciseau.

Peu d'hommes ont entendu plus que lui le bruit des applaudissements et peu d'hommes se sont moins familiarisés avec les émotions de la parole publique. Il était à l'apogée de sa réputation qu'il parlait encore de « la secrète angoisse, qui serre le cœur dans l'étau d'une convulsion oppressive, et qui tend douloureusement les nerfs de l'être tout entier ».

Son angoisse ne venait pas d'une préoccupation d'amour-propre, mais d'un scrupule de conscience. Les orateurs tels que lui ont le respect de leur auditoire et s'effraient de leur propre insuffisance. Démosthène, avant de se lever dans l'Agora, ne se demandait-il pas avec anxiété, si le langage qu'il allait tenir à des hommes libres serait digne d'eux?

Sa première parole était une douleur, la dernière une délivrance. En se rasseyant, la joie d'avoir fini l'emportait sur celle d'avoir triomphé.

Ses premiers succès oratoires lui coûtèrent sa carrière. Ses chefs finirent par découvrir qu'un capitaine de cuirassiers ne pouvait sans scandale enseigner publiquement la fraternité chrétienne. On était pourtant sous un gouvernement conservateur ! Toujours est-il que les conférences publiques lui furent interdites, même en costume civil.

Cette mesure le bouleversa. Un rude combat s'engagea, dans son âme meurtrie, entre son devoir de chrétien et son amour du métier militaire. Dieu l'emporta.

« J'ai cru voir clairement, écrivit-il alors, que Dieu m'ap-
« pelait à le servir par d'autres chemins, ou plutôt à faire
« de son service, ma véritable carrière. J'ai pris mon parti,
« ne gardant plus de mon métier que l'ineffaçable senti-
« ment de sa grandeur, l'espoir d'en conserver les vertus
« spéciales, et, enfin l'épée que j'ai portée quinze ans et que
« Dieu merci, la loi me permet de remettre au jour du dan-
« ger au service de la France. »

Vingt-cinq ans après, il écrivait sous l'émotion de souvenirs que le temps écoulé n'avait pas effacés : « A trente-
« quatre ans, j'avais derrière moi quinze années de ser-
« vices, pleines de souvenirs tour à tour joyeux et dou-
« loureux ; toute ma jeunesse finissait là. La guerre
« avait marqué ma vie d'un ineffaçable sceau ; j'en étai_s

« sorti attaché à l'armée bien autrement que je ne l'étais la
« veille, par l'amour passionné de la revanche. Je la quit-
« tais, en lui laissant une partie de mon cœur. Devant moi,
« s'ouvrait une route nouvelle, obscure et incertaine, dont
« je pressentais les difficultés et les fatigues.

« J'étais triste, mais résolu. Je me souviens que je plaçai
« sur mon prie-Dieu la lettre par laquelle le Ministre accep-
« tait ma démission et que je renouvelai, dans le sacrifice
« qu'elle faisait irrévocable, l'offrande de mes forces à la
« cause de Dieu. »

Ces loisirs si chèrement payés, il les consacra à son œuvre
des cercles, déjà prospère. Grâce à une activité de toutes
les heures, il multiplia en province comités et tournées et
entreprit dans le pays une campagne de conférences, qui
le conduisit dans toutes les grandes villes ; c'est ce qu'il
appela faire son tour de France.

Sans l'affreuse douleur que lui causa la mort d'un enfant
chéri, cette période eût été, sinon la plus brillante, du moins
la plus heureuse de sa vie. Les encouragements lui venaient
de toutes parts. Pie IX lui envoya, avec un don de deux
mille francs pour son œuvre, une de ses plus hautes distinctions. Les dignitaires du clergé l'accueillaient avec un empressement ému ; la foule des catholiques lui faisait cortège
et l'acclamait.

L'immense impression, produite par sa parole, a été tra-
duite par un auditeur à sa taille, l'illustre cardinal Pie :
« Qui est, disait-il après une de ses conférences, cet autre,
« dont le zèle est ardent comme la flamme de ses yeux, dont
« la parole est aiguisée comme le glaive suspendu à ses
« côtés, soldat de l'armée du Christ et de l'avenir de la
« France, orateur d'une croisade nouvelle qui soulève des
« multitudes de travailleurs jusque sur les hauteurs de l'es-
« prit de foi et de sacrifice? Bénédiction soit à vous, vail-
« lant apôtre des classes ouvrières ! »

II

LÉGISLATURE DE 1876 A 1880

Élections de 1876 — 16 mai. — Élection de 1877.
Invalidation et échec d'Albert de Mun.
Démission du maréchal de Mac Mahon. — Article 7.
Décrets de 1880. — Lois scolaires.

Apôtre des classes ouvrières, telle était, croyait-il, sa vocation ; mais la Providence le réservait à d'autres destinées.

L'Assemblée Nationale venait de terminer son orageuse carrière. Assez heureuse pour refaire l'armée, les finances, l'outillage de la nation, elle n'avait pas réussi à y rétablir l'union. La République, qu'elle vota à une voix de majorité, la divisa en deux camps, divisés eux-mêmes en fractions presque irréconciliables ; par surcroît, la question politique se compliqua d'une question religieuse, encore à l'état latent, mais près de passer à l'état aigu.

Grâce aux chevau-légers, arbitres de la première élection sénatoriale, la garnison républicaine avait été mise dans la frêle forteresse, sortie de terre par surprise. Que ferait à son tour le suffrage universel, le grand silencieux ? N'ouvrirait-il pas les portes de la Chambre au gros de l'armée, dont l'avant-garde était déjà installée au Sénat ?

Comme en 1851, les conservateurs restaient stupéfaits de leur œuvre. Des luttes intestines avaient conduit leurs devanciers à l'Empire, qu'ils ne voulaient pas ; les mêmes fautes venaient de les conduire à la République, qu'ils ne voulaient pas eux-mêmes. En 1851, l'échec de la fusion entre les princes avait entraîné celui de la Monarchie ; en 1875, l'échec de la fusion entre les troupes avait eu le même résultat. L'occasion, perdue deux fois en vingt-cinq ans se retrouverait-elle une troisième ? C'était le secret de l'avenir.

Quant aux catholiques, ils venaient de traverser une période heureuse, et se croyaient en sûreté. La vague vision de dangers possibles, quelques symptômes déjà menaçants ne les avaient décidés ni à s'organiser, ni à profiter du pouvoir pour réaliser quelques-unes des réformes sociales, d'où dépendaient et la paix intérieure et leur popularité. Comme les monarchistes, ils s'étaient persuadés garder la majorité, en se débarrassant du scrutin de liste, instrument de leur victoire en 1871, et n'avaient réussi qu'à aliéner une de leurs dernières chances. Quel mode de votation, d'ailleurs, eût pu les tirer de l'impasse où ils s'étaient engagés !

Après avoir laissé naître la République, ne plus songer qu'à l'empêcher de vivre ; essayer de la rendre impossible après l'avoir rendue inévitable, c'était déjà bien difficile ; la combattre, non de front mais à la sourdine, en affectant de n'en pas prononcer le nom, c'était un tour de force. Il fallait beaucoup d'illusions pour croire, qu'ayant triomphé d'attaques ardentes, elle ne résisterait pas à de savantes réticences ; il en fallait plus encore pour se persuader que le suffrage universel comprendrait cette stratégie subtile, vrai jeu de cache-cache.

Catholiques et monarchistes, coalition sans étiquette ni programme, se heurtaient à un parti républicain concentré audacieux et bruyant. Enveloppés dans la pénombre, ils se mesuraient avec des adversaires avides de bruit et de lumière. Soutenir le Maréchal, sans soutenir le Président de la République, quelle stratégie !

Dans ce désarroi, ce fut pour les catholiques une chance heureuse de trouver dans leurs rangs un orateur en renom, courageux et jeune, étranger aux manœuvres où l'Assemblée Nationale avait laissé son crédit. Ils cherchèrent un siège à Albert de Mun et le trouvèrent en Bretagne. La lutte fut chaude et un instant incertaine. Le jeune candidat s'y jeta visière levée et drapeau déployé. De son premier programme dépendait l'orientation de sa vie politique, il fut un acte de foi.

« La foi catholique, dit-il à ses électeurs, est, dans l'ordre social aussi bien que dans l'ordre politique, la base nécessaire des institutions et des lois. Seule, elle peut porter remède au mal révolutionnaire, conjurer ses effets, et assurer le salut de la France. La question religieuse domine de toute sa hauteur la question politique. Je suis le candidat des catholiques. »

Il était aussi le candidat de l'extrême-droite. Son nom, la notoriété de ses opinions, les patrons de sa candidature valaient un programme. D'ailleurs, loin de faire mystère de ses convictions royalistes, il avouait hautement ses relations avec le comte de Chambord, dont il avait reçu de précieux témoignages de sympathie, un surtout encore récent qui lui avait été au cœur. Son dernier enfant était le filleul du couple royal ; cet honneur avait été rehaussé par une lettre qui l'avait rempli de gratitude. « Vous avez compris, lui avait écrit le Prince à cette occasion, que pour aller sûrement au cœur d'hommes bons et honnêtes mais égarés, il fallait les aborder sans hésiter, avec la franchise du soldat et le zèle de l'apôtre. Vous n'appartenez pas à l'école tant de fois condamnée par Pie IX ; vous n'êtes pas de ceux qui recherchent la popularité dans les compromis et les concessions vaines. Vous présentez la vérité sans alliages, le devoir sans déguisement, la foi sans retour. »

Malgré de tels liens, il tint à ce que son entrée en scène dans la vie publique fût une manifestation purement catholique.

Louis Veuillot, en lisant sa circulaire, eut un élan de joie. « Cet homme, dit-il, est porteur d'un mandat impératif ; pour la première fois de ma vie, je suis flatté et honoré de faire partie du corps électoral. Dieu veut être servi effrontément. » Albert de Mun fut élu, mais ses amis échouèrent.

Les élections de 1876 ouvrent cette longue série de défaites conservatrices, qui a duré quarante ans sans interruption. Un incident montra la gravité de l'échec ou plutôt de la déroute. Le Président du Conseil, celui-là même qui avait fait voter la Constitution, M. Buffet, échoua dans sa circonscription d'origine et dans trois autres qu'il avait cru de premier choix.

La date de février 1876 marque, dans l'histoire du parti républicain, celle de son avènement au pouvoir par le jeu régulier des institutions. Jusqu'alors il ne l'avait jamais exercé qu'après l'avoir usurpé. Cette fois, et c'était la première, il représentait, non plus la violence révolutionnaire, mais la légalité et l'ordre public.

Son inexpérience des affaires, son éducation politique, sa fragile origine, rendaient sa tâche difficile. La France démembrée n'était plus « l'insolente nation » qui frappait Guillaume d'Orange d'admiration. Accablée sous le poids d'humiliants souvenirs, elle attendait, avec une obstination patiente, la revanche qui devait lui rendre avec ses provinces perdues, l'auréole séculaire, sans laquelle elle ne pouvait vivre heureuse.

D'autre part, la jeune République était une mince tige, plantée d'hier dans un sol ingrat et presque sans racines. Les crimes de la Commune avaient ranimé avec le besoin d'autorité les aspirations monarchiques. Si la restauration ne s'était pas faite un an avant, c'était grâce au refus du comte de Chambord d'accepter le drapeau tricolore ; encore la tentative avortée avait-elle laissé dans le Septennat une pierre d'attente, et au Sénat une réserve prête à l'offensive.

La France ne paraissait pas mûre pour le régime nouveau. Elle avait le goût plus que les mœurs de la liberté, un amour de l'égalité mêlé à beaucoup de préjugés, et une idolâtrie de l'État à peine tempérée par son esprit critique.

Les révolutions n'avaient pas effacé l'empreinte de sa longue formation monarchique et chrétienne ; les doctrines de la paix universelle n'avaient pas raison de son vieux génie militaire et le scepticisme philosophique altérait la surface de ses croyances, sans en détruire la substance ; malgré sa mobilité, deux grands sentiments survivaient en elle, l'un national, l'autre religieux ; et le sort de la République dépendait de l'habileté avec laquelle elle saurait concilier ces traditions avec les idées nouvelles dont elle était l'incarnation.

Par malheur, la question religieuse se glissait déjà derrière la question constitutionnelle. Pour les nouveaux vainqueurs, monarchie et religion étaient deux formes de la réaction ou plutôt la réaction tout entière. Gambetta, son chef, avait dit à Belleville « ne plus compter sur la puissance divine pour la direction des affaires humaines ».

L'incrédulité, décorée du nom d'esprit moderne, avait fait, au cours du siècle, de rapides progrès dans certains rangs de la bourgeoisie, et de profonds ravages dans le monde ouvrier. Le libre examen aboutissait à la négation, sous deux formes appropriées à ces deux milieux, l'une savante, le positivisme, l'autre brutale, le matérialisme. Positivisme et matérialisme portaient le même nom habilement équivoque, l'anticléricalisme.

Le conflit religieux, qui datait de loin, s'était fort aggravé pendant les cinq années de l'Assemblée Nationale, les querelles confessionnelles s'étant mêlées aux rivalités politiques. De plus le clergé qui n'avait pas caché ses sympathies pour le comte de Chambord, passait pour hostile au régime nouveau. De là, une foule de malentendus, et, dans certains milieux politiques, le réveil de passions qu'on croyait assoupies, depuis la défaite de la Commune.

Le jeune député de Pontivy se rendait peu compte des nouveaux courants qui traversaient le pays. Il se persuadait que la religion avait gardé dans toute la France le crédit dont elle était entourée en Bretagne. Quant à la République, il la jugeait éphémère et à la merci du moindre mouvement d'opinion. Loin de s'en effrayer, il lui savait presque gré, au fond du cœur, de la leçon qu'elle venait de donner aux monarchistes tricolores, coupables d'avoir barré la route au roi du drapeau blanc. Il voyait en elle une transition, non une solution, un simple relais d'étapes vers la res-

tauration que la timidité de l'Assemblée avait rendue impossible.

Résolu, comme le lui avait dit Louis Veuillot, à servir
Dieu « effrontément », il éprouva, dès son entrée à la Chambre,
l'hostilité d'une majorité, enivrée de sa victoire et avide de
représailles. D'ordinaire, une menace d'invalidation a le
don d'exercer sur la victime désignée au sacrifice une sorte
d'hypnotisme, qui la dispose aux ménagements. L'officier
de Saint-Privat n'était pas de cette école. Que pouvait sur
cette âme bien trempée le souci de l'intérêt personnel ?

Son invalidation rentrait dans le plan républicain ; elle
était, au début de la législature, une opération de haute
politique, une passe d'armes avant l'ouverture des hostilités,
le premier jalon planté sur la voie laïque où la politique
allait être engagée.

Au cours de la période électorale, l'évêque de Vannes,
voyant aux prises dans son diocèse deux catholiques, l'un
laïque d'une orthodoxie rigoureuse, l'autre prêtre enclin à
un gallicanisme jugé excessif, avait écrit au premier une
lettre où il indiquait ses préférences : « Votre insuccès, y
« était-il dit, serait un malheur public. Toute âme sacer-
« dotale forme le même vœu et partage le même espoir.
« Le Morbihan s'honorera en vous choisissant pour défendre
« sa foi catholique, apostolique et romaine. »

Ce vœu d'un évêque constituait pour les républicains,
casuistes sévères, l'ingérence cléricale. L'ingérence cléricale, telle était déjà la formule consacrée, dans laquelle la
majorité républicaine et libre penseuse résumait ses frayeurs
politiques et ses haines religieuses.

Le Bureau, chargé d'examiner l'élection d'Albert de Mun,
dressa un acte d'accusation en deux chapitres avec un rapporteur spécial pour chacun ; et la majorité chargea deux
de ses leaders de se partager le réquisitoire, MM. Brisson et
Gambetta. L'opération, en partie double, fut menée avec brio.

L'accusé ne monta pas sans émotion à cette tribune qui
est, pour les anciens eux-mêmes, un objet d'effroi.

Une Chambre populaire, avec ses passions toujours en
éveil, ses agitations toujours prêtes à dégénérer en tumultes,
a des mobilités houleuses qui étonnent les vétérans et dé-
concertent les novices. Elle passe tour à tour de l'indolence à l'exaltation, du calme d'une Académie au brouhaha
d'une réunion publique. Elle est, pour le pays et pour elle-
même, un objet de continuelle surprise ; le débat le plus
attendu s'y déroule dans l'indifférence, et de futiles incidents y déchaînent des orages. Là, tous les âges sont sans
pitié. Comme elle est foule, elle a plus d'esprit que personne,
découvre avec une surprenante pénétration les moindres
défaillances et les souligne cruellement. Il y a toujours,
dans ses rangs, ou un clairvoyant pour voir dans un raisonnement le défaut de la cuirasse, dans un discours la
parole malheureuse, ou un narquois pour trouver le mot
pour rire au moment pathétique. Elle a le goût du talent,
avec l'invincible besoin de le dénigrer. Les habitués de la
tribune y sont indulgents, les muets impitoyables ; ceux
qui sifflent et ne chantent pas y sont légion.

C'est devant cet auditoire troublant qu'Albert de Mun
fit ses débuts en accusé. La présence de cet ancien capitaine
de cuirassiers, qui passait pour un missionnaire en éperons,
éveilla d'abord dans la Chambre une curiosité moqueuse ;
mais la curiosité se changea vite en surprise et la surprise
en admiration. Cette parole simple et chaude, prenante
par sa sincérité, fut pour des auditeurs sceptiques une révélation. Ils restaient confondus du tranquille courage avec
lequel ce croyant, proclamé fanatique, déployait son drapeau, et le tenait haut, sans bravade. M. Brisson, peu facile
à émouvoir, fut touché de cette franchise ferme et douce ;
Gambetta attaqua le catholique, mais loua l'orateur.

Albert de Mun ne fit rien pour désarmer les hostilités :
« Je me suis présenté, dit-il, comme candidat catholique, annonçant l'intention de prendre les enseignements
catholiques comme règle de ma vie politique. L'Église
est menacée, attaquée, elle se défend. Je viens vous dire,

moi : le défi a été entendu, et les catholiques ont relevé le gant. Vous cherchez l'occasion d'un scandale religieux. Si vous refusez aux candidats catholiques le droit de se poser en champions de leur religion menacée, alors vous n'avez qu'une chose à faire, invalidez mon élection.»

Il ne convenait pas à ses adversaires si hardiment démasqués de le suivre sur ce terrain ; ils ne se sentaient pas encore de force à se battre en pleine lumière et se firent modestes, presque respectueux.

M. Brisson déclara ne pas parler au nom d'une secte ennemie ; il défendait seulement l'équité, la liberté de conscience, l'indépendance nationale menacée ; son seul souci était de dénoncer ce mélange de sacré et de profane qui faisait toute l'équivoque, dont on usait contre les républicains.

A ces mots, M. Keller, indigné, se leva pour revendiquer le droit des catholiques à soutenir leurs candidats, « à condition de ne pas attaquer les institutions du pays » : « Non, « non, s'écria-t-il, il n'est pas politique de mettre, dès le « début, la République en hostilité avec les sentiments reli- « gieux de la France. »

Telle était aussi à ce moment l'intime pensée de Gambetta. Il en était, dans la joie d'une première victoire, aux illusions optimistes, et nourrissait le secret espoir de rallier à la République les conservateurs résignés, de conquérir même la confiance du Maréchal, dont il rêvait de devenir le ministre. Son discours, d'une forme courtoise, fut une avance.

« Ce que combat le parti républicain, ce n'est pas la religion : c'est l'ingérence cléricale. Il faut que le clergé, qui a droit au respect de tous, sache bien que, pour le mériter, pour ne pas s'exposer à des représailles qui d'ailleurs ne viendraient pas, il doit vivre dans notre société comme un agent de concorde et de pacification. »

Par malheur, ce langage nuancé faisait avec la conclusion le plus choquant contraste : il aboutissait à réclamer l'enquête nécessaire pour mettre en lumière l'ingérence cléricale et rendre l'invalidation possible. Elle fut votée sans difficulté.

Pendant que les émissaires parlementaires parcoururent le Morbihan à la recherche des histoires de village, le ministère centre gauche, constitué au lendemain des élections, essaya, sous la conduite de M. Dufaure, de mettre d'accord la majorité de la Chambre devenue républicaine et la majorité du Sénat restée conservatrice.

Il y fallait beaucoup de tact et souvent des concessions. La loi sur la collation des grades universitaires en fut une. L'Assemblée Nationale, en organisant la liberté de l'enseignement supérieur, avait reconnu aux universités libres le droit de conférer des grades, ayant la valeur de ceux de l'Université. Les républicains et le Gouvernement considérèrent ce droit comme l'abandon d'un des privilèges de l'État laïque et en réclamèrent l'abrogation. Leur initiative provoqua les protestations unanimes de l'Épiscopat, l'opposition violente de la droite.

La prudence eût conseillé le silence à Albert de Mun candidat à l'invalidation ; mais il n'était pas homme à sacrifier un devoir à un intérêt et il se jeta dans le débat, sans se préoccuper de savoir s'il n'en serait pas la première victime.

« N'espérez pas, dit-il, que l'agitation dont vous par-
« lez, vienne à se calmer. N'espérez pas que les familles
« catholiques vous regardent avec indifférence détruire
« l'œuvre qu'elles avaient vu édifier, avec de si grandes
« espérances. Fidèles à la religion qui leur commande le
« respect des lois, mais forts de leurs consciences et de leurs
« droits, les catholiques ne cesseront de protester contre les
« violences que vous allez leur faire. »

S'il eût fallu à ses adversaires un argument pour l'invalider, il le leur fournissait ; mais leur résolution était prise dès le premier jour. Aussi est-ce avec ensemble que la majorité de MM. Brisson et Gambetta annula son élection.

Revenu devant ses fidèles Bretons, il leur dit quelles passions avaient brisé dans ses mains le mandat qu'ils y avaient mis. L'appel fut vibrant : « Debout, enfants de la terre de granit, debout pour l'honneur de la Bretagne, pour la garde de votre foi, pour la défense de vos droits les plus sacrés ; unissez-vous autour du drapeau catholique et marchez au vote comme un seul homme, au chant de votre vieux refrain : *Catholiques et Bretons toujours.* »

Une pression effrénée ne triompha pas de la conscience bretonne. Il fut réélu à quelques centaines de voix de majorité et revint à la Chambre, plus résolu que jamais, reprendre la lutte contre les tenants de la Révolution.

La chute du Ministère suivit de près son retour. La politique centre gauche ne correspondait pas au tempérament de la majorité nouvelle. M. Dufaure mis, en échec devant les deux Chambres, donna sa démission. Le Maréchal, qui l'estimait en dépit de ses opinions'républicaines, s'efforça de le retenir et, pour l'y décider, consentit à laisser M. Jules Simon entrer dans son cabinet transformé.

Les choses ne s'arrangèrent pas, et de concessions en concessions, le Maréchal renonça à M. Dufaure et prit M. Jules Simon pour président du Conseil. « Si la majorité de la Chambre ne m'approuve pas, ajouta-t-il, il ne me restera plus qu'à en appeler à l'opinion publique et à faire le pays juge entre le Parlement et moi. » Le 16 mai était en germe dans ces paroles ; l'habile souplesse du nouveau président du Conseil retarda le dénouement. Le vieux républicain, qui avait été un des cinq sous l'Empire, un des ministres du Quatre Septembre, ne cessa de se dire conservateur, persuadé avec M. Thiers, « que la République serait conservatrice ou ne serait pas ».

Pendant des mois, il fit des prodiges d'équilibre pour ne heurter ni la majorité, ni le Maréchal, ni Gambetta, et aux exigences qui l'obsédaient, répondit par des protestations oratoires. Quand il ne réussissait pas à se dérober, il faisait de vagues promesses ou quelques concessions verbales. La gauche finit par se fatiguer de cette voltige et résolut de le mettre au pied du mur. On était au troisième jour de ce mois de mai, dont le seizième devait devenir historique.

La question religieuse agitait alors l'Allemagne et l'Italie. Le Kulturkampf battait son plein et les lois Minghetti soulevaient les protestations indignées de Pie IX. Les libres penseurs de la Chambre crurent devoir mêler leurs voix à ce concert anticlérical. Pour eux, Jules Simon était un timide et le Maréchal un gêneur ; aussi déposèrent-ils, sous la signature des trois Présidents des gauches, une interpellation sur les menées ultramontaines, piège tendu à l'un, assaut livré à l'autre.

Albert de Mun, devançant les interpellateurs, prit le premier la parole : « Faut-il vous rappeler, dit-il au Gouvernement, que, pendant cette semaine, que d'un bout du monde à l'autre, on appelle la semaine sainte, il y a eu dans toute la presse comme une rage de blasphème, comme une fureur d'impiété qui a fait frémir de honte et d'indignation tous ceux qui respectent encore la foi de leurs pères, et qu'il en est ainsi chaque jour, sans qu'une voix s'élève dans les conseils du Gouvernement, pour venger le Dieu des chrétiens ? »

M. Jules Simon répondit de sa voix la plus douce qu'il était toujours profondément conservateur, profondément républicain, et épuisa les ressources de son brillant esprit pour ne se brouiller avec personne en dosant savamment la louange entre le chef de l'État et le chef de la majorité. A ce moment, Gambetta n'en était déjà plus aux coquetteries avec le Maréchal, auquel il avait tendu la main, sans même obtenir une entrevue discrète au Bois de Boulogne. N'ayant pas été accueilli, il était décidé à s'imposer ; on ne lui avait pas ouvert la porte, il l'enfoncerait. Son discours, où le tribun reparut avec sa violence, fut une longue déclaration de guerre ; ses amis l'applaudirent avec transport, M. Jules Simon l'écouta avec consternation. Son dernier mot fut le cri fameux : « Le cléricalisme, c'est l'ennemi. »

Cet appel aux armes ne s'adressait pas seulement au chef du Cabinet, il était à la fois un défi aux catholiques, une prévenance à M. de Bismarck alors en plein Kultur-

kampf, une menace au Maréchal, réputé l'allié des cléricaux royalistes.

M. Jules Simon, déconcerté par cette philippique, perdit
pied. Il dit de gros mots, fit de grands gestes, et dans un
mouvement d'indignation, qui excita plus de sourires que
d'émotion, déploya un journal où il était attaqué, en lut
quelques lignes, puis le déchira, et en piétina tragiquement
les morceaux.

Les mimiques oratoires réussissent rarement dans une
Assemblée sceptique et blasée. La sienne n'eut aucun
succès.

Elle faisait beau jeu à Albert de Mun qui reprit la parole
sur un ton presque dédaigneux. « J'ai écouté, dit-il, les
orateurs qui ont dénoncé les catholiques, en étouffant les
sentiments d'indignation, prêts à monter de mon cœur à
mes lèvres. J'espérais, pour l'honneur de la France, que
M. Jules Simon, parlant au nom du Gouvernement de la
France, ne laisserait pas flétrir des citoyens dont tout le
crime est leur attachement à leur foi. Je m'étais trompé. Je
n'entends que de banales protestations de respect pour la
religion. »

Les interpellateurs, que le geste théâtral du Président du
Conseil n'avait pas troublés, déposèrent un ordre du jour
impératif l'invitant à user des moyens légaux pour réprimer,
comme antipatriotique, l'agitation ultramontaine. Après
beaucoup d'hésitations, M. Jules Simon se décida non à
l'accepter, mais, comme le lui dit M. Paul de Cassagnac,
« à l'avaler ». Il crut n'avoir fait qu'une habile manœuvre,
le Maréchal y vit une capitulation. Dans un premier mouvement de colère, il voulut congédier son ministre sur-le-
champ ; le duc de Broglie lui persuada d'attendre un acte
personnel, afin que le coup n'atteignît pas tous les ministres, dont quelques-uns étaient des amis.

Le Maréchal s'y résigna difficilement. Dans sa droiture
et sa rudesse militaire, il comprenait peu la stratégie parlementaire. Catholique, il était atteint dans ses croyances ;

élu par une Assemblée conservatrice, il se devait de rester fidèle à sa politique. Le vieux soldat ne voyait rien au delà de sa conscience et de sa consigne ; et il fallut beaucoup d'efforts pour le plier à un ajournement.

Pendant douze jours, il dévora en silence l'affront fait à ses sentiments les plus profonds ; mais le 16 mai, à propos d'un incident parlementaire sans grande importance, il vit, dans l'attitude de M. Jules Simon, la violation d'engagements sur lesquels il comptait, prit sa plume comme il eût pris son épée, et lui écrivit une lettre qui était un congé.

M. Jules Simon donna sa démission ; et le duc de Broglie le remplaça, avec M. de Fourtou comme ministre de l'Inrieur. C'était la crise finale. Les conservateurs jouaient leur dernière carte ; la dissolution étant inévitable, ils faisaient le suffrage universel juge du camp.

Comme ils croyaient les élections de 1876 une surprise, ils ne doutèrent pas de leur prochaine revanche. Quelques sages disaient bien, très bas, que, faute d'être placée sur le terrain revisionniste, la lutte s'égarerait dans les sous-entendus et les équivoques, et qu'on n'entraînerait pas le suffrage universel avec des négations ; ils ne furent pas écoutés.

La dissolution souleva les colères de la gauche. Le consentement du Sénat la rendait constitutionnelle ; mais les nouveaux maîtres du pouvoir se préoccupaient moins des institutions que de leur orgueil démocratique. A leurs yeux, le Président de la République leur était subordonné ; tout acte d'indépendance était de sa part un acte d'indiscipline. En eux, était la toute-puissance ; qui la méconnaissait se mettait hors la loi républicaine. Ainsi, dès la première heure, la pauvre Constitution de 1875 n'était pour la majorité qu'une arme assurant sa dictature.

Malgré toutes les sophistications constitutionnelles, le 16 mai était non pas un coup de force, mais simplement un coup de dés.

Albert de Mun le jugea tel et, loin de s'en réjouir, s'en

alarma. Quoi, encore une fois, on allait, comme aux élections de 1876, ruser avec la vérité et trahir le droit ! Il n'y avait qu'une question à poser au suffrage universel : la question monarchique. L'éluder encore, c'était courir à une défaite sans honneur. Le Maréchal en s'adressant aux électeurs devait dire à quelle condition misérable la Constitution à façade républicaine réduisait le chef de l'État, à quelle anarchie elle condamnait le pays. Ou la vérité ou le silence, ou tout risquer ou ne rien faire. Sans révision intégrale, la déroute était certaine, définitive et méritée.

Quand il vit qu'il s'agissait simplement de renouveler l'expérience électorale de l'année précédente, avec le même programme démodé de l'union conservatrice, et le même personnel du parti sans nom, il éprouva une amère déception et la cacha mal.

Comment croire que le suffrage universel, si indifférent aux petites querelles parlementaires, allait se déjuger à un an de distance, parce que M. Jules Simon avait manqué d'à-propos ou de mémoire dans un de ses discours? Dût-on l'emporter, la victoire ne conduirait qu'à une impasse. A quoi bon se battre, pour aboutir à un saut dans le gâchis?

Albert de Mun n'était pas le seul à juger la partie perdue. Les modérés des partis monarchiques n'avaient pas plus d'illusions que lui. Un des plus distingués d'entre eux, le vicomte de Meaux, écrivit : « C'est à savoir quel aurait été le profit de la victoire. A quoi pouvait-elle aboutir? Était-ce à la monarchie? Impossible en 1873, elle n'aurait pas cessé de l'être en 1877, et les monarchistes, qui avaient dû renoncer à l'établir en 1873, n'étaient point disposés à l'essayer quatre ans plus tard. »

En réalité, la lutte n'était déjà plus entre la République et la royauté. Elle était entre les anciennes classes dirigeantes et les nouvelles couches. Le duc de Broglie conduisait les unes, lasses et désorganisées ; Gambetta entraînait les autres, tambour battant.

Tandis que les 363 s'avançaient en rangs serrés, déployant hautement leur drapeau, les conservateurs marchaient en ordre dispersé, ne s'entendant plus qu'à condition de ne rien dire.

Albert de Mun s'étonnait peu de leur désarroi. Ne subissaient-ils pas l'anathème porté contre les maisons divisées? A mesure que, grâce à leurs scissions, s'étaient obscurcies les grandes traditions nationales, la jeune démocratie, alerte et joyeuse, s'était groupée autour de son idéal républicain et déjà disait à son tour : « Qui m'obéit est maître. » Elle avait, au nom de la République, remporté la grande victoire électorale de 1876 ; c'est en l'invoquant encore qu'elle allait écraser ses adversaires et les réduire pour longtemps à l'impuissance.

Si l'homme politique s'effrayait des élections, le catholique n'éprouvait pas de moindres alarmes. N'était-ce pas la question religieuse qui en était l'enjeu? Le Maréchal n'avait-il pas fait appel au pays, à cause de l'ordre du jour sur les menées ultramontaines que M. Jules Simon avait accepté et la Chambre voté ? Gambetta n'avait-il pas donné ce mot d'ordre à son parti : «Le cléricalisme, c'est l'ennemi » ?

Que la bataille, engagée sur ce terrain, fût perdue, l'anticléricalisme, consacré par le suffrage universel, devenait le pivot de toute la politique.

Dès le début, la campagne électorale prit son vrai caractère. A peine était-elle ouverte que s'éleva, comme au coup d'archet d'un chef d'orchestre invisible, le bruit que les conservateurs voulaient la guerre avec l'Italie pour rétablir le pouvoir temporel. D'où venait-il ? Sur quoi reposait-il ? Sa soudaineté, sa diffusion, révélaient l'action d'une puissance occulte, habile à manier le mensonge. Cette puissance, c'était la franc-maçonnerie allemande, complice de la franc-maçonnerie française. M. de Bismarck était le metteur en scène de cette perfidie. Ses victoires de 1870 avaient ranimé ses ardeurs luthériennes et ses ambitions mondiales. Pourquoi l'unité religieuse ne couronnerait-elle pas l'unité politique? Pourquoi l'Allemagne protestante ne dirait-elle pas, comme jadis la monarchie française : « Une foi, une loi, un roi »?

Dès le lendemain du traité de Francfort, il avait déchaîné le Kulturkampf et essayé de le propager chez nous. « Le moyen de contrecarrer la France, avait-il écrit à son ambassadeur à Paris, est d'abaisser le catholicisme et la papauté qui en est la tête. »

« La politique blanche en Europe » était sa terreur. Sous l'obsession de ce cauchemar, il disait au prince Orloff : « J'aimais, dans le gouvernement de M. Thiers, un gouvernement affranchi de cléricalisme. Il y a une chose que nous ne souffrirons jamais, c'est que la France devienne cléricale et qu'elle cherche à grouper autour d'elle les éléments du cléricalisme qui existent en Allemagne et dans tous les pays de l'Europe. Cela constituerait un danger pour nous et pour l'idée même d'État. »

Sa diplomatie protestante s'était insinuée auprès du Gouvernement français et avait reçu un si favorable accueil que Spuller, le confident intime de Gambetta, faisait part de ses appréhensions à Mme Adam et lui disait : « L'anticléricalisme est prussien [1]. »

La caractéristique des élections de 1877 fut plus anticléricale que politique. Au moment où la presse reptilienne dénonçait les projets belliqueux de la France en Italie, une propagande active dans notre pays secondait son action, avec une ardeur qui décelait une vaste et secrète conspiration, et M. de Bismarck écrivait : « L'anticléricalisme est un poison dissolvant, un utile auxiliaire de ma politique. »

La victoire des 363 fut à leur insu une victoire de l'Allemagne.

Les élections de 1877 marquent le début officiel de la croisade positiviste, qui a duré quarante ans et abouti à la rupture de l'Église et de l'État. On ne comprendrait rien à

---

1. Mme ADAM, *Après la revanche*, p. 171.

l'histoire de notre temps, si on oubliait un instant que la haine du catholicisme, habilement réchauffée par M. de Bismarck, a été dès ce jour et est restée jusqu'à la fin l'âme de la politique gouvernementale et l'inspiration de ce qu'on a appelé la défense républicaine.

Albert de Mun, élu avec peine à Pontivy, se retrouva, dès son arrivée à la Chambre, en face d'une nouvelle menace d'invalidation. L'anticléricalisme victorieux avait besoin de fêter son triomphe par un holocauste. Il était la victime choisie. On revit une seconde édition de l'opération de 1876. Ni les hommes, ni les méthodes n'avaient changé ; déjà le parti républicain avait sa tradition. Son élection fut soumise par le bureau à un examen plein de menaces.

A ce moment mourut Pie IX. Son long pontificat avait été un long martyre. Acclamé à son avènement, il avait assisté à un revirement soudain de son peuple. Son ministre Rossi était tombé à ses pieds sous les coups d'assassins, et il n'avait échappé à un sort semblable que par sa fuite à Gaëte. Une expédition française avait dû l'y aller chercher et le ramener à Rome.

Après de dures années passées sous la protection de nos baïonnettes, il avait vu éclater la guerre d'Italie et commencer, sous la direction de Cavour et de Garibaldi, l'invasion de ses États et même du patrimoine de saint Pierre. Rome ne lui était restée que grâce à une garnison française ; le jour où celle-ci dut se retirer pour défendre notre territoire envahi à son tour, il s'enferma dans le Vatican, seul asile que la monarchie de Victor-Emmanuel lui eût laissé. De cette dernière retraite, il entendit les soldats italiens, entrés par la brèche de la Porte Pia, remplir sa vieille capitale de fanfares joyeuses et s'emparer du Quirinal, son palais d'hier. Il n'eut alors d'autre sauvegarde que la présence de quelques ambassadeurs étrangers ; le nôtre, toujours sur le qui-vive, eut beaucoup à faire pour lui épargner de pénibles humiliations.

Devant cette immense infortune, supportée avec une

indomptable fermeté, le monde s'était senti pris d'admiration et de pitié. Quand la mort y mit un terme, Albert de Mun se persuada que les passions sectaires désarmeraient chez nous. Il se trompait ; notre presse athée, renchérissant sur celle de la démagogie internationale, s'acharna sur le Pontife martyr. Nul n'égala, dans ses violences, Rochefort alors proscrit qui épancha, dans des articles sans signature, des haines que ses propres souffrances n'avaient pas adoucies.

A la lecture de ses outrages, Albert de Mun ne put contenir son indignation et flétrit à la tribune l'écrivain masqué qui était, dit-il « un des complices les plus fameux des assassinats de la Commune ». Rochefort découvert l'accabla de telles injures qu'un instant il crut impossible de les subir en silence. L'ancien officier voulait demander raison à son insulteur ; le chrétien dut se rappeler qu'il était soumis à d'autres règles que celles de l'honneur humain. Ce fut pour ce preux une souffrance dont l'amertume survécut aux années. Jusqu'à ses derniers jours, ce souvenir ne lui revint jamais, sans qu'on retrouvât dans sa parole l'écho des angoisses qu'il avait subies pour rester fidèle à la loi de son maître.

Un événement inattendu détourna sa pensée de ce dur souci. Depuis l'avènement de la majorité nouvelle, le Maréchal de Mac-Mahon était le point de mire des attaques de la gauche, sans toujours trouver à droite l'appui d'une sympathie active. Tandis que les radicaux ne lui pardonnaient pas d'avoir refusé de recevoir Gambetta, les royalistes lui gardaient rancune d'avoir agi de même avec le comte de Chambord. « Se soumettre ou se démettre », répétaient les uns. « Vous ne ferez pas attendre le Roi à la porte du Septennat », ajoutaient les autres.

La lassitude du pouvoir devint du dégoût. Depuis les élections, il avait, à son cœur défendant, laissé sacrifier des fonctionnaires, dont le seul tort était d'avoir cru à sa parole. Le jour où ses ministres refusèrent de renouveler le commandement des généraux ses compagnons d'armes, honneur de l'armée, il se redressa de toute sa hauteur, et sans colère, sans plainte, avec la dignité tranquille d'un grand citoyen et d'un grand soldat, coupa court à toute discussion par un seul mot : jamais. Cela dit, il signa sa démission séance tenante, se leva, dit adieu à ses ministres et quitta l'Élysée.

Avec quel inexprimable soulagement il avait écarté le calice du pouvoir, ce passage de ses mémoires le laisse deviner : « J'ai vu, a-t-il dit, tomber avec regret tous les gouvernements que j'ai servis, sauf le mien. »

Avec le Maréchal disparut le Septennat, refuge des espérances royalistes, après que la monarchie de droit divin se fut enveloppée du drapeau blanc comme d'un suaire. Ce ne furent pas seulement les chances monarchiques qui s'écroulèrent alors, ce furent aussi les garanties religieuses. Le Septennat est le dernier gouvernement qui ait osé se réclamer de l'idée divine. En clôturant l'Exposition Universelle de 1878, le Maréchal avait, dans son discours, le dernier qu'il ait prononcé, « remercié Dieu qui, pour consoler notre pays, avait permis que cette grande et pacifique gloire lui soit réservée ». Depuis ce jour, le nom de Dieu ne s'est plus retrouvé dans aucune harangue officielle. L'éloquence gouvernementale ne s'est plus réclamée que de la science, de la raison, des droits de la personne humaine. La mort elle-même ne lui a jamais arraché une allusion à une autre vie.

Le 16 mai avait été le suprême appel de l'esprit conservateur. La démission du Maréchal, faillite du Septennat, fut la chute des classes dirigeantes ; tout était fini, la dernière ancre était brisée. Quand le Maréchal abandonna le pouvoir, les désastres de l'année terrible étaient presque réparés ; la réorganisation nationale ébauchée par M. Thiers, poursuivie ensuite d'après ses méthodes, touchait à son terme. La majorité conservatrice, fidèle à ses traditions d'ordre, de discipline, de sagesse, avait eu la vraie conception de l'intérêt public ; les finances étaient prospères et les affaires actives ; l'armée arrivait à une puissance qui autorisait tous les espoirs ; l'Exposition révélait les trésors de vitalité que recélait la vieille France ; la paix religieuse n'était pas profondément troublée. Tout faisait prévoir une période de calme et de prospérité.

Les conservateurs pouvaient être fiers de cet effort de relèvement. S'ils avaient eu autant d'esprit politique que d'esprit d'organisation, leur règne eût été assuré pour long-temps, et la reconstitution de la famille nationale aurait peut-être récompensé un jour leur clairvoyante vigilance. Mais, ni les déceptions, ni les enseignements ne leur avaient démontré l'impossibilité de remonter les courants nouveaux, et ils avaient manqué, à l'heure décisive, de cette vision des réalités, qui, dans les grandes crises, sauve les partis et les causes.

Aussitôt après la démission du Maréchal, la Commission, chargée de statuer sur l'élection de Pontivy, acheva son enquête, et proposa l'annulation. Elle avait, pendant des mois, entassé dans un monceau de pièces encombrantes une collection de récits puérils et de sottes calomnies.

Il eût fallu à l'accusé de longues semaines pour lire le ramassis d'histoires grotesques, sorties de l'imagination des Homais bretons. La Chambre lui donna huit jours. Devant ce déni de justice, il se contenta de demander l'apport du dossier, afin qu'on pût juger, par ses dimensions, des procédés dont il était victime.

Sa défense fut éclatante de sincérité et admirable d'élo-quence. Justifiant son œuvre des Cercles, qui lui était repro-chée, il écarta, en quelques paroles courageuses, les équi-voques et les mensonges : « A la base de cette œuvre, dit-il, « il y a une idée fondamentale que je ne désavoue pas. Je « veux parler de la contre-révolution. Si, il y a quatre-« vingts ans, la France, se souvenant qu'elle avait été la « fille aînée de l'Église, était revenue franchement à sa « vocation chrétienne, elle aurait pu se sauver par la

« réforme de nos mœurs et de nos institutions. Au lieu de
« cela, elle a renié son titre et sa tradition pour se jeter
« dans les bras de la Révolution, et cette erreur fatale a
« décidé de tout un siècle. »

Entraîné par son sujet, il s'en prit au suffrage universel,
à la souveraineté nationale, si bien que son langage finit par
causer quelque émoi à ses amis et faire scandale parmi
les bonapartistes. Ceux-ci ne voulurent pas, en votant silencieusement sa validation, paraître solidaires de ses doctrines
et envoyèrent à la tribune un des leurs marquer leur désaccord.

Sa réplique aggrava le dissentiment : « Je remercie, dit-il,
« l'orateur qui descend de cette tribune, d'avoir confirmé la
« différence fondamentale, qui sépare les gouvernements
« issus de la Révolution de celui qui, au contraire, s'appuie
« sur la contre-révolution. Lorsque, parlant du droit natio-
« nal, il a voulu prétendre pour son parti à l'honneur de le
« représenter, il s'est trompé gravement. Le droit national
« est dans la tradition séculaire, il n'est pas, il ne peut-être
« ailleurs. »

L'accueil fut froid, même à droite ; quant à la majorité,
elle l'invalida avec entrain.

Que cet appel à la contre-révolution lui attirât les foudres
républicaines, il n'en pouvait être surpris ! Il fut en revanche
stupéfait d'entendre les critiques s'élever de certains milieux royalistes et catholiques.

L'approbation publique du comte de Chambord le con-
sola des imprécations passionnées et des désaveux discrets.
C'est à cette occasion qu'il reçut du prince une lettre se
terminant par cette phrase devenue historique : « Il ne faut
pas craindre de dire à la Révolution triomphante ce qu'elle
est dans son essence et dans son esprit, et à la contre-
révolution, ce qu'elle doit être dans son œuvre de réparation et d'apaisement. Il faut, pour que la France se sauve,
que Dieu y règne en maître pour que je puisse rentrer en
roi. »

Cet encouragement public, qui avait la valeur d'un manifeste, était la glorification de la contre-révolution. Le
Prince et lui la comprenaient-ils de même? L'un l'a définie,
la doctrine qui fait reposer la société sur la loi chrétienne ;
l'autre y voyait la réorganisation politique et sociale de la
France, d'après un plan emprunté aux traditions du passé.
Mais l'heure n'était pas aux distinctions, elle était à la
lutte.

Chassé de nouveau de la Chambre, il n'éprouva ni surprise, ni colère. Il s'était armé de courage, avant de jeter à
la tribune son cri de guerre à la Révolution. En se décidant
à risquer sur un mot tout son avenir politique, il s'était dit,
comme le général de Sonis à Patay : « J'ai enfermé Dieu
dans ma poitrine, et Dieu ne capitule jamais, jamais. »

Quand il quitta la Chambre, au milieu des cris de triomphe
de la majorité, Gambetta suivit du regard, avec une sympathie secrète, ce croyant audacieux, sur le front duquel la
bravoure venait de mettre une auréole. « C'est peut-être,
dit-il, un nouveau Montalembert. »

L'hommage était flatteur, mais non pleinement juste.
Entre les deux hommes, dont les cœurs se ressemblaient
plus que les esprits, il y avait autant de divergences que
d'affinités.

Ils ont été les ouvriers de la même œuvre, mais n'y ont
point travaillé sur le même plan, d'après les mêmes méthodes. D'accord sur le but, ils ne l'ont pas été sur les
moyens. Avec une égale sincérité dans la foi, une égale
ardeur dans l'action, ils n'ont pas porté le même jugement
sur les problèmes vitaux de leur temps, la démocratie, la
liberté politique, le régime parlementaire, les limites du
pouvoir civil et du pouvoir spirituel.

Dans la Révolution, Montalembert réprouvait la guerre
religieuse, les atrocités sanguinaires, la rage folle de tout
détruire ; mais il avait plus que de l'indulgence pour ses
premières réformes et surtout pour les articles de l'unanimité, qui avaient fondé l'égalité civile et le régime constitu-

tionnel ; il espérait voir le terrible conflit de 89 se terminer par une transaction monarchique et libérale.

Albert de Mun maudissait tout d'elle, aussi bien l'œuvre politique et sociale que l'œuvre religieuse. Il la jugeait, avec de Maistre, « satanique dans son essence ». Toute transaction lui paraissait une trahison. La monarchie qu'il désirait devait en être non le correctif mais l'antidote, et il s'indignait qu'on osât dire : « En politique, il n'y a de légitime que ce qui est possible ; il faut pardonner à l'inévitable. »

L'un croyait qu'il n'y avait pas de question sociale ; l'autre qu'elle était aiguë et inséparable de la question religieuse.

Ils n'ont pas non plus compris de même leurs droits vis-à-vis de l'Église. Montalembert aspirait à être son conseiller, presque son guide, en matière politique. Albert de Mun la considérait comme investie d'une juridiction, dont il ne lui appartenait pas de tracer les limites. L'un a vu dans le Syllabus un corps de doctrines politiques et sociales, plus laïques que confessionnelles, et l'autre la condamnation d'un ensemble de propositions, dont le sens absolu contredisait l'enseignement de l'Église. L'un a vu dans l'infaillibilité du Pape une affirmation inopportune, presque un empiètement ; l'autre la consécration, trop longtemps attendue, d'une parole divine, et la sauvegarde nécessaire de la Révélation.

Il n'est pas jusqu'à leur éloquence qui ne fût dissemblable. Tout en puisant aux mêmes sources, elle n'avait pas les mêmes allures. Celle de Montalembert, ardente, fougueuse, avait, à certaines heures, l'impétuosité du torrent qui se brise contre les rochers ; celle d'Albert de Mun calme, d'une émotion toujours contenue gardait, jusque dans les heures d'orage, la beauté tranquille du fleuve qui déroule, à travers ses rives, le cours paisible de ses eaux.

Quant à leurs destinées, elles ont été aussi très diverses,

Montalembert a trouvé la voie largement ouverte. Pair de France avant d'être majeur, il a reçu tout de suite les encouragements de l'opinion et les avances du pouvoir. Au milieu de sa carrière, il a eu la joie de voir le succès couronner sa glorieuse campagne pour la liberté de l'enseignement. Albert de Mun s'est fait sa place de haute lutte et n'a jamais quitté le camp des vaincus. Après de longues années de combat, il a laissé l'Église sans statut et sans ressources, l'école publique sans Dieu, l'école privée sans maîtres, les ordres religieux sans asile. Sa seule consolation a été de saluer, dans ses derniers jours, l'aurore de la rédemption nationale et les deux jeunesses, prétextes à tant de sophismes, confondant leur héroïsme et leur sang, sous le même drapeau, au service du même idéal.

La majorité victorieuse avait renvoyé « le nouveau Montalembert » devant le suffrage universel. Il y rencontra l'hostilité déclarée du parti qu'il avait osé braver. Emporté par le courant, il sombra dans le naufrage, où venait de s'engloutir la fortune des conservateurs.

Le mouvement monarchique de 71 finissant par une république, où la souveraineté du nombre n'avait nul contrepoids ; la renaissance religieuse, qui avait suivi la guerre et la Commune, se terminant par l'incrédulité officielle ; les efforts de l'Assemblée Nationale pour reconstituer la France, remis en question, compromis peut-être ; lui-même frappé d'ostracisme à trente-cinq ans, quelle initiation à la vie publique pour un royaliste catholique, qui avait mis tout son espoir dans la monarchie de droit divin ! Après deux années, consacrées à disputer son mandat de député aux passions d'une majorité sans justice, il se trouvait, en pleine jeunesse, en pleine renommée, rejeté hors du champ de bataille, impuissant à servir les causes sacrées, auxquelles il avait voué sa vie.

Combien il eut besoin alors de se rappeler cette maxime d'un sage, qu'il appliqua un jour à une autre victime du suffrage universel : « Homme, de quoi te plains-tu ? La lutte, c'est la condition de la victoire, l'injustice, qu'est-ce cela pour un immortel ? »

La défaite le trouva fort, et ce fut avec des paroles d'espoir qu'il se sépara de ses fidèles Bretons : « Ne courbez pas « la tête devant la Révolution, leur dit-il. L'avenir est à « nous. Nous nous sommes levés pour Dieu, Dieu ne nous « abandonnera pas. »

Sa consolation fut de reprendre dans le pays l'apostolat social, qu'il ne pouvait plus continuer à la Chambre, et de développer ses cercles ouvriers.

A ce moment, la République passait de l'âge ingrat à l'âge viril. Avec M. Grévy, le vrai parti républicain entrait à l'Élysée et eût même occupé toutes les positions, si, au Luxembourg, le centre gauche, soutenu de la droite, ne lui eût disputé la majorité.

Le Président Grévy appartenait à cette génération de doctrinaires, qui, en 1848, avaient, tout en rêvant la République de Platon, traversé les journées de juin et préparé les voies au prince Louis-Napoléon. Il s'était alors signalé par un amendement supprimant la Présidence de la République. Ce souvenir a dû le faire sourire, le jour où il a franchi les portes de l'Élysée.

Légiste en renom, considéré pour la fermeté de ses convictions et l'intégrité de sa vie, il occupait une grande place au Palais et au Parlement. L'Assemblée Nationale l'avait, en 1871, appelé à la présider ; rentré dans le rang, il était resté le représentant le plus autorisé de cette gauche modérée qui flotte entre la réaction et la révolution, dans ce juste milieu où les faits dominent les principes.

C'était un sceptique à allure puritaine. Nourri de la philosophie du XVIIIᵉ siècle, il avait gardé, avec un vague spiritualisme, le respect des croyances perdues. Les négations brutales de Gambetta le blessaient autant que ses hardiesses politiques. En revanche, il avait tous les préjugés universitaires et les antipathies de l'ancienne bourgeoisie parlementaire pour les Jésuites. Jules Simon, son coreli-

gionnaire et son ami, définissait leur état d'âme en disant :
« Nous n'étions ni des voltairiens, ni des catholiques, nous
étions des incertains. » Ces incertains ont été les parrains
de la République libre-penseuse.

Devenu chef de l'État, M. Grévy confia la présidence du
Conseil à un protestant, M. Waddington, qui fit entrer dans
son cabinet trois de ses coreligionnaires et quelques francs-
maçons. MM. de Freycinet et Jules Ferry y représentaient
la nouvelle école, que Gambetta avait baptisée « opportuniste ». Celle-ci gravitait autour de deux idées maîtresses :
le parlementarisme, la libre-pensée. Le reste dépendait
des circonstances ; car l'opportunisme était, par essence,
l'art de prendre le temps comme il vient et d'accommoder
ses convictions à ses intérêts.

Des deux principaux personnages du Cabinet, l'un, M. de
Freycinet, était un savant sceptique, l'autre, M. Jules Ferry,
un légiste positiviste. Celui-ci se vantait d'avoir fait rayer
des statuts de la franc-maçonnerie le nom du Grand Archi-
tecte de l'Univers et disait fièrement « que si l'État ne se
débarrassait pas de l'Église, s'il ne désenténébrait pas l'esprit français, la République était perdue, le catholicisme
étant l'embrigadement de la sottise ».

Séparés sur quelques points, tous les ministres étaient
d'accord pour déplorer les progrès de l'enseignement congréganiste, et l'influence croissante de l'esprit catholique
dans les jeunes générations. Ils eussent fort désiré abroger
cette loi de 1850 que le Père Lacordaire avait appelée l'édit
de Nantes des temps nouveaux et rétablir le monopole
universitaire, au moins l'autorisation préalable. Mais l'enjeu leur parut trop gros ; ils n'osèrent pas tenter l'aventure.
Comme il fallait pourtant faire quelque chose, ils imaginèrent l'article 7, qui interdisait l'enseignement aux congrégations non autorisées et fermait ainsi ces « Jésuitières »,
d'où sortait, disaient-ils, une jeunesse cléricale et réactionnaire.

M. de Freycinet a écrit que l'article 7 avait été la

rançon de l'impunité accordée aux ministres du 16 mai. L'explication est une défaite ; en réalité, il était un gage offert à la clientèle anticléricale et un coup de barre vers la gauche positiviste.

La discussion de l'article 7 fut âpre ; c'était la première grande bataille irréligieuse. La droite, aidée de républicains modérés, s'insurgea énergiquement contre cet attentat à la liberté d'enseignement. La gauche, obligée de suivre le Gouvernement, jugea qu'il l'avait mal engagée et vota de si mauvaise grâce que le Cabinet, se sentant amoindri, se retira sans bruit. M. de Freycinet, qui passait pour l'*alter ego* de Gambetta, forma un nouveau ministère, chargé de porter au Sénat l'article vainqueur, légèrement meurtri par les coups reçus à la Chambre.

M. Jules Ferry, resté ministre de l'Instruction publique, eut mission de l'y faire réussir. Il eut à subir un assaut redoutable, conduit par un de ses anciens maîtres, maintenant son ami, Jules Simon. La veille du jour où celui-ci devait prendre la parole, il lui écrivit : « Vous allez donc m'étrangler de vos mains parricides ; tout le monde le dit et je le crains fort. Je suis, en attendant le fer de Calchas, votre affectionné. » Calchas mania le fer avec ménagement ; mais M. Dufaure le lui prit des mains et l'enfonça sans pitié. Le projet de loi ne s'en releva pas.

Le vote sénatorial qui rejeta l'article 7 souleva dans les rangs avancés les plus vives colères. « Nous nous étions résignés, dit M. Floquet, entendant proclamer le scrutin, à ce minimum. Puisque le centre gauche ne veut pas de transaction, nous lui montrerons que nous avons encore du sang jacobin dans les veines. »

L'article 7 était la conception d'un voltairianisme vieillot. Avec son caractère universitaire, qui rappelait l'époque censitaire, il avait paru singulièrement timide à la nouvelle école démocratique, dont Gambetta était le chef.

Son échec fut le coup de grâce à ce tiers parti qui avait joué un si grand rôle à la fin de l'Assemblée Nationale et procuré à la République son unique voix de majorité. Désormais l'influence de M. Thiers s'effaçait devant celle « du fou furieux ».

La politique de Belleville entrait en scène ; les temps héroïques de l'anticléricalisme commençaient.

M. de Freycinet, par nature, se souciait peu des besognes violentes. Protestant, il jugeait de mauvais goût le rôle de persécuteur des catholiques. Mais le maître ayant parlé, il ne restait qu'à obéir. Puisque le Sénat n'avait pas défendu aux Congrégations d'enseigner, la consigne était de les empêcher de vivre. Il s'y conforma docilement.

Un vieux décret de ventôse, signé par le Premier Consul dans un accès de colère, sommeillait dans des cartons oubliés. M. de Freycinet alla l'y exhumer et en fit, non plus un épouvantail comme au temps de Bonaparte, mais un arrêt de mort. Le texte en était obscur, la légalité douteuse ; mais on y pouvait voir la proscription des ordres religieux. Sous la poussière qui le couvrait, il n'était plus qu'un lambeau d'arbitraire archi-usé.

Quand M. Grévy vit apparaître cette vieille loque, il eut, dit-on, un mouvement de répulsion. Mais avec ses doctrines sur les droits du Président de la République, il s'abstint de toute opposition et laissa faire.

Pourtant depuis un demi-siècle, les Dominicains, reconstitués à la voix du Père Lacordaire, avaient rouvert les grandes voies de la justice et de la liberté, et, à leur suite, les anciens ordres monastiques avaient reconquis un à un droit de cité. En 1850, M. Thiers, lors de la loi Falloux, avait posé à la tribune la question des Jésuites et obtenu gain de cause. Depuis, collèges congréganistes et couvents s'étaient ouverts au grand jour avec l'assentiment de tous les Gouvernements et avaient acquis la possession d'état. Il fallut que le parti le plus ardemment attaché au droit d'association devînt maître du pouvoir, pour qu'il fût violé en la personne des religieux.

L'homme politique qui servit alors ses passions avec le

plus de violence, M. Jules Ferry, avait, en 1869, lors de sa
première candidature, écrit dans sa profession de foi : « Pour
fonder en France une libre démocratie, il ne suffit pas de
proclamer l'entière liberté de réunion, l'entière liberté d'association. Ce n'est pas assez de décréter toutes les libertés, il
faut les faire vivre. » Le député de 1869 devenu, en 1880,
ministre de l'Instruction publique, allait montrer comment
il entendait faire vivre ces libertés, « fondements d'une libre
démocratie ».

M. de Freycinet eût fait volontiers la part du feu et sacrifié seulement les Jésuites, comptant sur la grande ombre de
Pascal pour le couvrir. Quand il les eut chassés de leurs couvents, et qu'Albert de Mun fut passé, donnant le bras à l'un
d'eux, sous l'œil souriant de la police, il se jugea satisfait
et voulut s'arrêter.

A son instigation, de discrètes Sabines ouvrirent à Rome
une négociation qui, moyennant une déclaration de loyalisme, eût épargné l'expulsion aux autres ordres religieux.
Gambetta, informé par une très volontaire indiscrétion,
protesta violemment. Sur un geste de lui, M. de Freycinet,
pris en faute, dut quitter le pouvoir, laissant à M. Jules Ferry
l'honneur de continuer le rôle d'exécuteur des hautes
œuvres anticléricales. Gambetta pensait, comme Machiavel, que « s'il y a péril à commencer les crimes, il y a profit
à les achever ».

La grande opération, dont l'expulsion des Jésuites avait
été le prologue, fut aussitôt reprise et généralisée.

Sur tous les points de la France, la campagne d'expulsion
s'organisa et force resta au décret de ventôse. Pendant des
semaines, la même scène se renouvela à tous les coins de la
France. Au point du jour, une colonne de soldats et d'agents,
encadrant des ouvriers requis de force, s'arrêtait devant un
couvent et le cernait. Après quelques formalités, un commissaire de police, entré par la porte enfoncée, pénétrait
dans la chapelle et les cellules et en ramenait des religieux, quelques-uns vieux et infirmes, d'autres malades et

marchant à peine. La foule les voyant apparaître chantait des cantiques et applaudissait. Pour venger une telle offense, la police s'emparait des plus bruyants manifestants, et le cortège officiel se retirait fièrement, emmenant ses prisonniers.

L'opinion révoltée eut une consolation. Elle vit renaître les vieilles traditions d'indépendance, qui ont fait la gloire des Parlements.

Tandis que du barreau s'élevaient des voix éloquentes, celle de Berryer par-dessus toutes les autres, invoquant la vieille devise « *forum et jus* », des légions de magistrats de tout âge et de tout rang descendirent de leurs sièges le front haut, préférant l'obscurité d'une vie difficile et pauvre à la complicité d'un attentat contre le droit.

En même temps les tribunaux rendirent des décisions d'une si haute et courageuse impartialité, que le Gouvernement affolé courut les porter au Conseil d'État, pour qu'il dessaisît au plus vite les juridictions de droit commun.

Pour obtenir un arrêt de conflit, il dut même envoyer le ministre de la Justice revendiquer la présidence du Conseil, prérogative presque honorifique, depuis longtemps tombée en désuétude. Grâce à elle, les portes du prétoire furent fermées aux victimes des décrets.

Ce haut fait accompli, M. Jules Ferry continua l'œuvre de laïcisation si bien commencée. Les jurys mixtes de l'enseignement supérieur, avaient déjà disparu. Le Conseil supérieur et les Conseils académiques, où siégeaient des représentants du clergé et de la magistrature, furent purifiés de ces éléments dangereux et composés exclusivement d'universitaires. Les instituteurs libres durent remplir des conditions de capacité presque irréalisables. Une taxe dite d'accroissement, ruse fiscale, condamna à la ruine les congrégations autorisées, toutes hospitalières ou enseignantes.

A l'édifice laïque manquait son couronnement, la réforme scolaire. A la fin de l'Empire, on avait vu apparaître, dans le programme des irréconciliables, une formule jusque-là inconnue : « instruction gratuite obligatoire et laïque ». Elle était due à la franc-maçonnerie, convaincue avec raison que l'avenir appartient à qui a l'enfance. La Commune, dès son installation avait traduit en acte la conception des loges, congédié des écoles publiques les instituteurs congréganistes, arraché les crucifix des murs, et interdit toute instruction religieuse.

M. Jules Ferry, malgré son aversion pour la Commune, tint à honneur de recueillir cette part de son héritage et commença par lui emprunter ses procédés.

Le Préfet de la Seine, à l'exemple du délégué de l'ancien Comité central, fit le tour des écoles publiques de Paris et donna l'ordre de décrocher les crucifix suspendus aux murs et de les emporter dans des tombereaux.

Ce glorieux exploit remplit d'aise le monde anticlérical ; c'était un heureux présage. Quels horizons s'ouvraient devant ces iconoclastes ravis? Après les images, viendraient les doctrines ; après les Crucifix, le Crucifié ; et au terme, le suprême trophée, l'expulsion de Dieu des écoles publiques.

M. Jules Ferry, qui n'avait pas fait ce pas pour reculer, s'attacha tout de suite à la grande œuvre maçonnique, la réforme scolaire. Au moment de s'attaquer aux droits les plus sacrés de la conscience, aux sentiments les plus profonds de l'âme populaire, il ne put se défendre d'une vive appréhension. N'allait-il pas soulever contre lui « les vieux préjugés, les superstitions enracinées de la foule » ?

Par prudence, il détacha du plan d'ensemble les deux parties les moins blessantes ; la gratuité, l'obligation, et les présenta à la Chambre avec des paroles anodines. Quand vint le tour de la laïcité, il redoubla de précautions oratoires. « La neutralité, dit-il, n'est pas une atteinte à la croyance religieuse ; elle en est au contraire la sauvegarde. L'école cesse d'être confessionnelle, elle restera spiritualiste. » Un jour même, il alla plus loin : « Il est, dit-il, une forme de l'esprit sectaire dont il faut se garder, il faut prendre garde de pousser trop loin les conséquences des principes, et vouloir, à toute force, séparer l'enseignement moral de toute notion dogmatique sur l'origine et la fin des choses. J'estime que tous les réconforts, qui fortifient l'enseignement moral, qu'ils viennent des croyances idéalistes, spiritualistes, théologiques, nous sont bons ; je proteste contre les allégations de mes collègues, disant que nous voulons faire une école dans laquelle il est défendu de prononcer le nom de Dieu. »

Mais il ne put soutenir jusqu'au bout ce personnage difficile. A maintes reprises, la vérité lui échappa, si bien qu'à la fin personne ne douta plus que la laïcité ne fût une machine de guerre contre l'Église catholique, et la neutralité l'embuscade de l'incrédulité. Gambetta se chargea d'ailleurs de déchirer tous les voiles. « Les citoyens, dit-il, n'auront pas besoin de se faire à eux-mêmes leur libre pensée. Ils l'auront sucée avec le lait de leurs mères et la parole de leurs maîtres. Le rationalisme descendra de l'école normale supérieure dans les écoles normales ordinaires, pour se répandre dans les écoles de village. »

La laïcité signifiait exclusion du surnaturel, élimination de l'idée divine, morale indépendante. M. Jules Ferry, tout positiviste qu'il fût, s'épuisait à dissimuler que sa loi le fût comme lui. Mais un jour, acculé dans ses derniers retranchements par un interrupteur indiscret, il eut avec lui ce colloque : « Quelle morale enseignera-t-on aux enfants, lui demanda-t-on ? — La vieille morale de nos pères. — Mais elle repose sur la croyance en Dieu. — Quel Dieu ? » répondit-il. — Quel Dieu ? Le mot était à la fois un blasphème et un aveu. Il voulait dire que Dieu, étant « l'inconnaissable », l'enseignement public l'ignorerait.

La grande bataille, celle qui dissipa toutes les équivoques, se livra sur l'enseignement des devoirs envers Dieu.

Cette fois, la question était nettement posée ; de la solution dépendait le sens de la loi et le but de la réforme.

M. Jules Ferry ne s'y méprit pas et épuisa tout ce qu'il eut de ressources d'esprit et de subtilités rusées pour esquiver une réponse formelle. La philosophie maçonnique est féconde en ambiguïtés savantes, en formules nuageuses presque incompréhensibles, derrière lesquelles se déguise l'audace de ses négations athées ; il les employa toutes, et, sans la sommation catégorique du contradicteur simpliste qui lui avait arraché un jour une parole imprudente, les auditeurs de bonne volonté eussent pu conserver encore quelques illusions. Ses habiletés réussirent ; l'enseignement des devoirs envers Dieu fut repoussé par un vote de la Chambre.

Albert de Mun, quoique sans illusions, fut indigné de ce dénouement et s'écria : « C'est satanique. » Cacher dans une loi, d'apparence inoffensive, des embûches contre la conscience, s'emparer de l'âme des jeunes générations pour les arracher à leurs croyances lui paraissait un acte impie. Combien il eût voulu en dévoiler la malfaisance à la tribune de la Chambre, et montrer des sectaires dans les prétendus champions de la raison libre. Ce qui lui était impossible au Parlement, il le tenta dans une succession de réunions, à Paris et en province. La première, au Cirque d'Hiver, eut un immense retentissement et a laissé dans la mémoire de la génération qui s'en va d'ineffaçables souvenirs.

Il rappela d'abord ces paroles d'Étienne Lamy : « Les sectaires ont soulevé contre eux la coalition de la pitié et de la générosité françaises, et c'est une force qu'on ne brave pas impunément », puis il ajouta : « On nous dit que nous sommes une faction ; non, nous sommes la conscience publique indignée, froissée dans ses sentiments les plus vifs, dans ses droits les plus certains, la conscience qui est toujours une force mais devient, quand elle est la conscience religieuse, une des plus formidables puissances de ce monde. » Son discours, qui était un appel aux armes, s'acheva au milieu des bravos d'un auditoire exalté jusqu'à la passion.

A ce moment, le comte de Chambord, désireux d'activer

la propagande royaliste à l'approche des élections, lui demanda son concours pour l'organiser. Avec quel empressement il le promit ! Il croyait la République sur ses fins ; en brisant avec l'idée religieuse, elle avait cessé d'être nationale. Désormais le Prince, qui, depuis un demi-siècle, gardait inviolable, dans son exil, le dépôt du principe monarchique, restait à ses yeux le seul pilote capable de sauver du naufrage le vaisseau qui portait la fortune de la France.

C'est aux jeunes qu'il adressa son premier appel. « Nous devons, leur dit-il, provoquer une action politique et remonter le courant désastreux qui mène à l'abîme. » Et leur donnant l'exemple, il recommença son tour de France comme jadis au temps des Cercles ouvriers.

Au cours d'une de ses tournées, il prononça à Vannes, dans un milieu religieux, un discours fameux qui était à la fois un cri de guerre contre la Révolution et un hommage à la monarchie chrétienne, discours résumé dans cette formule lapidaire : « Nous voulons le roi et non un roi ».

Ce coup de clairon transporta de joie les royalistes, mais effraya Rome. Il avait oublié qu'en sonnant la charge dans une réunion catholique, il avait compromis l'Église qui ne veut être associée à la prise d'armes d'aucun parti. Léon XIII le lui rappela par un avertissement bienveillant mais ferme. Tels étaient ses entraînements, que lui, le plus soumis des fidèles, ne voulut y voir qu'un geste protocolaire, imposé par le Concordat. Persévérer ne lui parut pas désobéir. A la veille d'élections décisives pour la paix religieuse, il crut un acte d'indépendance nécessaire et l'osa.

Moins engagé dans la lutte, il eût mieux compris le conseil de sagesse, venu de Rome. Solidariser l'Église avec la monarchie, c'était, en cas de défaite, lui en faire partager les disgrâces, et en cas de succès, les responsabilités. N'a-t-il pas écrit lui-même : « L'Église, qui laisse à ses fils la libre hardiesse de leurs opinions, ne leur donne pas cependant le droit de l'entraîner à leur suite sur des chemins mal frayés, ne leur permet pas de confondre les principes et les faits, et d'étendre jusqu'à la témérité la conséquence de ses doctrines. »

Arrivèrent en 1881 les élections, anxieusement attendues, dont il espérait la condamnation de la politique du Gouvernement. On avait tant répété autour de lui que le succès était assuré ; on l'avait tant applaudi ; il s'était si bien habitué à voir, dans le groupe de ses amis, la nation tout entière, qu'il ne doutait plus d'un résultat favorable. Ce fut pire qu'en 1876 et 1877 !

Il avait bien constaté, au cours de la période électorale, un fléchissement de l'opinion, même en Bretagne. La clientèle catholique restait fidèle, mais n'avait plus l'entrain du passé, et les adversaires étaient plus ardents. Il était visible que la République gagnait du terrain. Les attentats, commis en son nom, n'avaient pas soulevé l'immense réprobation sur laquelle il comptait ; et grande fut sa tristesse, quand il dut constater que dans sa circonscription une majorité moins forte lui avait coûté plus d'efforts.

Quant à ses amis, ils se heurtèrent à des résistances telles que beaucoup furent battus et que les autres n'échappèrent qu'à grand'peine. Évidemment, le glissement à gauche commencé en 1876, s'accentuait d'année en année.

Les conservateurs en eurent le sentiment si vif, qu'un instant ils se laissèrent aller à cette résignation passive qui fait des âmes de vaincus. La flamme des grandes passions s'éteignait, la source des énergies viriles se tarissait. Trois défaites successives, trois coups de massue, les laissaient déconcertés et humiliés. Ils ne renonçaient pas à leurs espérances, ils ne pardonnaient pas à leurs ennemis ; mais ils se réfugiaient dans un hautain dédain qui leur cachait leur impuissance.

Quant à Albert de Mun, il restait le royaliste inflexible et le catholique immuable ; mais se retournant vers les dernières années pour en résumer l'histoire, il ne pouvait se défendre d'un serrement de cœur. A l'époque où il était entré dans la vie publique, la religion occupait encore une

place importante : l'enseignement primaire était confession-
nel, l'enseignement secondaire aux mains de maîtres chrétiens, le Concordat respecté même dans son esprit, et, selon
ses prescriptions, les consuls, en la personne du Maréchal
et de ses ministres, faisaient profession de catholicisme.

Aujourd'hui l'incrédulité, dans sa marche victorieuse,
occupait déjà les avenues du pouvoir et s'installait au sommet. Les ordres religieux étaient dispersés et leurs collèges
presque déserts ; une loi, à la veille d'être définitivement
votée, neutralisait l'école primaire et proscrivait le nom de
Dieu ; le Concordat, faussé dans son application, était
debout, mais les consuls, MM. Grévy et Ferry, faisaient
ouvertement profession ou d'indifférence ou d'hostilité.

Les crucifix, arrachés des murs et jetés dans des tombereaux, symbolisaient l'avènement du nouvel état laïque.

III

LÉGISLATURE DE 1881 A 1885

Ministère Gambetta. — Ministère de Freycinet.
Les lois scolaires. — Le nouveau ministère Jules Ferry.
Le Tonkin.

III

Les élections de 1881 étaient les troisièmes depuis le vote
de la Constitution ; celles de 1876 avaient consacré la République naissante ; celles de 1877 déjoué l'entreprise du
16 mai. Désormais le nouveau régime s'installait avec sa
vraie physionomie, dont l'anticléricalisme était le trait
principal.

L'hostilité religieuse qui, au début, avait paru n'être
qu'une arme de guerre politique devenait une doctrine
d'État. Le Gouvernement, apôtre de la libre-pensée, se
servait de la loi comme d'un bélier contre le catholicisme.

La droite, qui avait compté sur les élections pour amorcer
une réaction, constatait maintenant que le suffrage universel venait de donner au parti républicain un bill d'indemnité pour le passé, un blanc-seing pour l'avenir. La
bataille finie, les vainqueurs crurent tout sauvé et les vaincus
tout perdu ; les uns exagéraient leur victoire, les autres
leur défaite ; la résistance conservatrice n'était pas brisée,
la République anticléricale n'était pas fondée.

Albert de Mun, élu à Pontivy, vint attristé reprendre sa
place dans la minorité décimée. Il s'en fallut de peu que
la majorité triomphante ne lui offrît, comme don de
joyeux avènement, une censure solennelle.

L'expédition de Tunisie avait été engagée au grand dé-
plaisir des antimilitaristes, ennemis jurés des expéditions
lointaines. Pour donner libre cours à leur mauvaise humeur, ils interpellèrent Jules Ferry et lui répétèrent, avec
une aigreur ironique, qu'ils ne prenaient au sérieux ni les

révoltes des tribus, ni les crimes des Kroumirs, à leurs yeux simples Arabes du Cirque.

De leur côté les conservateurs, sans attaquer le principe de l'expédition, en critiquaient amèrement l'exécution. Albert de Mun, leur organe dans le débat, parla de l'impossibilité où était le Gouvernement de défendre sérieusement l'honneur national. Le mot fit scandale ; la majorité, blessée dans son orgueil, jeta les hauts cris. L'orateur avait outragé le Gouvernement et encouru les rigueurs du règlement.

Gambetta, sur un ton de maître, somma le Président de sévir. Celui-ci, ne se souciant guère d'inaugurer ses fonctions par une mesure disciplinaire contre un des députés les plus en vue, chercha des faux-fuyants, puis perdit la tête, confondit « impossibilité avec difficulté », consulta le règlement, la sténographie, et, de guerre lasse, ne sachant plus où il en était, finit par se rasseoir. Dans cette confusion, les colères s'apaisèrent et Albert de Mun échappa aux foudres parlementaires.

M. Jules Ferry, en butte lui aussi aux colères radicales, fut moins heureux. Sentant le terrain s'effondrer sous ses pieds, il ne songea qu'à se dérober et, après un ordre du jour équivoque, s'empressa de disparaître.

Enfin Gambetta vint ; son avènement fut un grand jour ; l'ère de Belleville s'ouvrait. Ce n'est pas qu'il ne fût déjà attaqué par les extrémistes ; mais, en dépit d'eux, il restait l'orgueil et l'espoir de son parti. Son prestige presque intact lui faisait une situation hors de pair, et la foule saluait en lui le Messie de la 3e République. M. Jules Grévy, juriste prudent, s'effrayait de ses hardiesses. Pour s'excuser de l'avoir laissé attendre longtemps à la porte du pouvoir, il disait l'avoir tenu en réserve ; de fait, il l'avait tenu à l'écart.

Gambetta connaissait trop son parti pour ne pas éprouver d'appréhension. Il savait sa popularité fragile, et l'expérience qu'il tentait aventureuse. La composition de son Cabinet fut une première déception ; ses ministres étaient des amis, plus connus pour leur attachement à sa personne que pour l'ampleur de leurs idées, ou des débutants dont la réputation était encore à faire. La déclaration ministérielle en fut une seconde : de ses généralités se détachaient cependant deux réformes, la révision constitutionnelle, suspecte au Sénat, le scrutin de liste, suspect à la Chambre.

Les débuts du Grand Ministère, qu'on espérait éclatants, furent embarrassés. Le ton du chef était cassant, ses allures autoritaires, mais sa volonté restait incertaine, et sa main laissait flotter les rênes.

Survint la grosse affaire égyptienne. Tout le monde comptait sur l'énergie de l'orateur qui avait vivement poussé le précédent Gouvernement l'épée dans les reins et dénoncé sa mollesse. On s'attendait à le voir revendiquer les droits de la France sur cette terre que Bonaparte avait conquise, M. Thiers défendue au risque de sa popularité, et où M. de Lesseps avait ouvert une route au commerce du monde.

Ce fut au Quai d'Orsay une grande surprise de voir l'ambassadeur à Londres, M. Challemel-Lacour, faire partager à Gambetta une confiance qui devait aboutir fatalement à une duperie.

Le désenchantement fut profond ; le colosse avait des pieds d'argile. La politique intérieure ne réchauffa pas les enthousiasmes ; les adversaires cachés relevèrent la tête, « les esclaves ivres » sortirent de leurs repaires et très vite le sol fut miné sous les pas du maître. Les démocraties se lassent bientôt des fortunes éclatantes et des popularités qui durent. On l'accusa d'aspirer au pouvoir absolu. « Ma dictature, répondit-il, serait la risée du monde. » Mais les suspicions et les jalousies, loin de désarmer, l'encerclèrent de plus en plus.

La révision et le scrutin de liste furent les écueils, où après trois mois d'une navigation difficile, se brisa la barque qui portait sa fortune. L'organisateur de la défense nationale, le fondateur de la troisième République, fut rejeté dédaigneusement, comme un de ces politiciens éphémères avec lesquels jouent les majorités parlementaires. Pris de dégoût, il disparut de la scène et se confina à Ville-d'Avray, comme jadis à Saint-Sébastien. Ainsi que Danton, qu'il admirait fort, il était « saoul des hommes ».

Sa chute ramena M. de Freycinet au pouvoir. Le brillant second n'avait pas de goût pour la bataille. De tempérament modéré, de caractère incertain, plus homme de science qu'homme d'action, plus sceptique que sectaire, il essaya d'apaiser les conflits, en affectant de les ignorer. Sa politique d'effacement permit à l'Angleterre de débarquer à Alexandrie, tandis que notre flotte croisait paisiblement au large. Du coup, la France fut évincée de cette terre d'Égypte, arrosée de son sang, enrichie par son génie. Après ce dénouement, le Président du Conseil écrivit avec une sérénité que n'eût pas désavouée Talleyrand : « Nous n'avons plus qu'à reprendre notre liberté d'action et à nous appliquer à sauvegarder, sur les bords du Nil, nos intérêts légitimes et les traditions de notre pays. »

Pendant que M. de Freycinet abandonnait, sur les bords du Nil, nos intérêts et nos traditions, il en faisait tout aussi bon marché au Parlement. La lutte religieuse reprit plus active que jamais sur le terrain choisi par la franc-maçonnerie : l'enseignement populaire. La gratuité et l'obligation étant votées, restait la laïcité encore en discussion. Accueillie avec entrain par la Chambre, la loi laïque avait été corrigée au Sénat par l'adoption de l'amendement prescrivant les devoirs envers Dieu ; mais elle venait d'être rétablie dans son texte primitif au Palais-Bourbon, elle revint au Luxembourg au moment où Gambetta disparut, emporté par un mal mystérieux.

Dès qu'il fut mort, les injustices et les ingratitudes firent silence dans son parti. Ce fut même un concert de regrets bruyants, un assaut de manifestations tapageuses. Ses plus violents détracteurs s'épuisèrent en lyriques hommages et avaient hâte de lui élever des statues.

Son corps fut déposé, non pas sous l'Arc de Triomphe, comme celui de Victor Hugo, mais dans une des salles du Palais-Bourbon. Après quoi, Paris eut le spectacle de mangifiques funérailles civiles, faites aux frais de l'État. Une foule immense, ne se souvenant plus que de la guerre, salua, dans un respectueux silence, le Français résolu qui, aux heures tragiques, n'avait pas désespéré de la patrie.

Suivant l'usage pratiqué sous l'ancien régime pour les hauts personnages, son cœur fut mis à part. Déposé dans sa villa de Ville-d'Avray, il y resta jusqu'au jour où, trente-quatre ans après, lors des fêtes de la Victoire, le Gouvernement se souvint que Gambetta avait chèrement disputé à l'Allemagne cette Alsace et cette Lorraine aujourd'hui reconquises. Il vint alors chercher aux Jardies le précieux coffret et, après l'avoir promené sur un char fastueux dans Paris étonné, le porta au Panthéon auprès du cercuëil de Zola, déjà installé par la reconnaissance de la France laïque.

La mort de Gambetta n'interrompit que quelques instants la discussion de la loi sur la laïcité scolaire. Jules Ferry, redevenu Président du Conseil, consacra à la réalisation de cette grande œuvre, toute sa fermeté vosgienne ; mais ce ne fut pas sans peine qu'il fit renoncer le Sénat à l'enseignement des devoirs envers Dieu, une première fois accepté par lui et supprimé depuis par la Chambre.

Depuis son premier vote, la majorité sénatoriale était passée de droite à gauche, lors du dernier renouvellement triennal. Quand Jules Simon reparut devant elle pour défendre de nouveau l'idée divine, il retrouva son ancienne vaillance, mais plus son ancien auditoire ; le positivisme avait fait des recrues au Luxembourg. En vain déploya-t-il les ressources de son talent et les souplesses de son expérience ; en vain cita-t-il cette phrase d'Edgar Quinet : « Un peuple qui perdrait l'idée de Dieu, perdrait par là même tout idéal » ; la nouvelle majorité sénatoriale resta sourde aux sentences du libre penseur radical, comme aux adjurations de « l'incertain spiritualiste ».

Jules Ferry ne triompha des résistances qu'à force d'habileté. Il se fit encore une fois doucereux et presque humble, pour calmer la défiance des uns et encourager la défection des autres. A l'entendre, il n'en voulait qu'au catholicisme politique, il ajouta même avec émotion : « Quant au catholicisme religieux, il a droit à notre respect, à notre protection. Est-ce que je dis cela pour la première fois? Est-ce que je le dis pour les besoins de la cause? Oui, nous avons voulu la lutte anticléricale, mais non la lutte antireligieuse, jamais, jamais. »

Si ses subtiles distinctions réussirent à convaincre une majorité sénatoriale, riche en sectaires et en complaisants, elles ne trompèrent pas le pays. De toutes parts s'éleva le même cri : « L'école sans Dieu, c'est l'école athée. » Effrayé de la clairvoyance des consciences populaires, Jules Ferry fit adresser aussitôt aux instituteurs une circulaire, où il répudiait l'école sans Dieu. Pour mieux se disculper, il fit publier par l'*Officiel* et afficher dans les écoles des programmes scolaires, où figurait en bonne place l'enseignement des devoirs envers Dieu. C'était le texte même de l'amendement voté d'abord malgré lui au Sénat, rejeté sur sa demande par la Chambre et définitivement rayé au Luxembourg, après ses instances.

Un jet de lumière avait-il illuminé le libre penseur, une inquiétude patriotique avait-elle troublé l'homme d'État? Nullement. Du premier jour, son parti avait été pris, et son plan arrêté. La religion n'était pour lui qu'une superstition, indigne d'une nation civilisée, et il voulait « libérer les consciences et émanciper les intelligences ». S'il parlait d'école laïque et non pas d'école libre penseuse, c'était seulement par prudence. Laïque, signifiant non-confessionnelle, était un mot inoffensif dont les initiés seuls comprendraient le vrai sens ; les simples s'y tromperaient. La vieille monarchie, elle aussi, était laïque.

Saint Louis ne défendit-il pas, contre Rome, l'indépendance de sa couronne? les successeurs de Charles VII ne poursuivirent-ils pas l'abrogation de la Pragmatique de Bourges qui avait confisqué tant de droits régaliens? les Valois et les Bourbons ne furent-ils pas les champions inlassables des libertés gallicanes?

La publication à l'*Officiel* des programmes scolaires, leur affichage dans les écoles, appartenaient à la même politique rusée que les subtilités philologiques et les évocations historiques. Le but était de tranquilliser l'opinion et de prévenir les grèves d'enfants. Le public s'aperçut bientôt qu'il était mystifié. De fait, jamais à l'école il n'a été question des devoirs envers Dieu, ni dans les livres, ni dans les leçons. Quand les familles se sont plaintes, on leur a répondu par des défaites. A la Chambre, les ministres se sont toujours dérobés ; et l'un des plus modérés, plus sincère que les autres, devait un jour protester contre cet enseignement qui, à ses yeux, violait la neutralité scolaire.

Celle-ci, tout de suite, fut pratiquée avec le caractère rationaliste, qu'elle a depuis toujours gardé. Elle avait été la grande ambition de la franc-maçonnerie ; elle était maintenant sa grande conquête et devait rester son dogme intangible.

M. Jules Ferry, enivré de ce premier succès, en rêva tout de suite un second. La laïcisation de l'enseignement secondaire eût été le couronnement de son œuvre et il y travailla sans perdre un instant. La loi de 1850 n'avait-elle pas été une victoire de la réaction? Ne lui devait-on pas les ravages faits par le catholicisme dans les rangs de la vieille bourgeoisie voltairienne, et les deux jeunesses qui se dressaient irréconciliables, l'une en face de l'autre ?

Sans doute, la tâche n'était pas aisée ; mais les catholiques français, au lieu de se soulever comme l'avaient fait les catholiques belges, venaient de se résigner avec une stoïque sagesse à uu premier attentat, et paraissaient ne devoir pas se départir d'une silencieuse prudence. De son côté, le centre gauche, longtemps leur allié, avait proclamé, par la bouche de Léon Say, qu'il fallait combattre l'arbitraire, mais, après son succès, en demander simplement l'application tolérante. La voie était libre.

M. Jules Ferry supputa ses chances et rassuré tenta l'aventure. Loin de prendre le taureau par les cornes et de proposer l'abrogation de la loi de 1850, il recourut à un détour ; le fruit ne lui parut pas mûr. Le Vosgien se fit Normand et imagina un expédient qui rappelait celui de l'article 7. Il proposa d'imposer aux professeurs de l'enseignement libre, la plupart congréganistes, des conditions de capacité au-dessus de leurs forces.

Ce n'est pas qu'il les crût des maîtres médiocres. Les succès de leurs élèves au baccalauréat et aux examens des grandes écoles attestaient leurs aptitudes professionnelles ; c'était même là la cause de l'hostilité dont il les poursuivait. Mais il savait qu'ils manquaient de cette science théorique qui ne s'acquiert que par de longues et hautes études. Grâce aux lacunes de leur formation, ils seraient refusés par le jury de l'État et le vide se ferait vite dans le personnel enseignant des écoles libres. Tout fier de ce machiavélique calcul, le rapporteur de la loi qui consacrait ce nouvel excès dit gravement : « Il ne faut pas laisser l'ignorance s'emparer de la jeunesse. Protégeons les études et les idées qui nous sont chères. »

Albert de Mun protesta au nom de la justice de la bonne foi et surtout des faits. Il dressa des statistiques, rappela les diplômes des élèves de l'enseignement libre, la liste de ses polytechniciens et de ses saints-cyriens, et ajouta, en finissant : « Vous ne vous occupez qu'à porter à l'enseignement « libre un dernier coup en rétablissant l'autorisation préa- « lable. Je supplie la Chambre de réfléchir et de considérer « que de telles mesures attaquent non seulement ceux qui « en peuvent être aujourd'hui les victimes, mais ceux qui, « demain, pourront, par un revirement des circonstances,

« s'y trouver exposés. Les lois durent plus longtemps que
« les hommes, et, quand on les fait, il faut s'isoler de toutes
« les passions du moment, de tous les entraînements de
« parti, pour ne songer qu'à la justice qui doit être pour tout
« le monde. Si on ne le fait pas, les lois ne sont que des ins-
« truments qui servent, aux mains des vainqueurs, à écraser
« les vaincus et la liberté de tous est alors dans un grave
« péril, car, suivant le mot de Burke, les mauvaises lois sont
« la pire des tyrannies. »

Ces belles et nobles paroles se perdirent dans le tumulte
des passions déchaînées et ne retardèrent que de quelques
instants la victoire du Gouvernement.

De par ces lois de guerre, le cléricalisme devenait le principal ressort de la politique. Jules Ferry y apportait le
mélange de fanatisme et de rouerie auquel il avait dû ses
premiers succès, et que, depuis, il n'avait jamais répudié.
Son habileté consistait à dissimuler ses mauvais desseins
derrière la raison d'État. A l'entendre, il était plein de
respect pour la liberté de conscience et voulait simplement soustraire les jeunes générations à l'action sédi-
tieuse de maîtres antirépublicains. Cette tactique, qui lui
permettait de couvrir ses excès d'un voile politique, fut
d'un puissant secours aux ennemis de l'Église et fournit
de commodes prétextes aux dupes volontaires.

La vérité, M. Jules Ferry l'avait dite clairement le jour
où il avait proclamé « qu'il fallait apprendre à l'humanité à
se passer de Dieu ». « Se passer de Dieu », tel a été le mot
d'ordre dès le début, tel a été depuis le critérium qui a servi
à classer les partis. Le vrai républicain ne pouvait être que
libre-penseur, tout croyant était réactionnaire, c'est-à-dire
ennemi. Mme de Maintenon a écrit : « Le roi n'entend pas
que ses sujets aient une autre religion que la sienne. »
Les maîtres du jour eussent écrit volontiers : « Nous enten-
dons que les citoyens aient la même irréligion que nous. »

Dans leur ardeur, ils ne s'arrêtèrent pas en chemin, et
poursuivirent dans la famille leur œuvre de désorganisation.

Après l'enfant, vint la femme ; après l'autorité paternelle,
le foyer conjugal. L'indissolubilité du mariage, comme la
croyance à Dieu, était une vieillerie peu digne d'une civilisation, fille de l'esprit moderne. Sus donc au mariage ; le
divorce, c'est le progrès.

Depuis longtemps, la franc-maçonnerie poursuivait, avec
le concours du roman, du théâtre et des mauvais ménages,
une campagne acharnée. Un député israélite, M. Naquet,
la conduisit à la Chambre. On ne parlait plus qu'avec des
larmes dans la voix, des femmes incomprises, des maris
malheureux, des enfants martyrs ; le mariage était une
geôle dont il fallait au plus vite ouvrir les portes. M. Jules
Ferry, grand émancipateur, obtint aisément de son parti
la délivrance des malheureux captifs. Ils étaient foule ; la
loi à peine votée, les prétoires furent envahis par les époux
las de leur joug. Les procès de divorce se multiplièrent si
bien que les tribunaux les jugèrent aussi prestement que les
affaires de murs mitoyens ; les statistiques prirent des proportions effrayantes. Le mouvement une fois lancé, l'union
libre fut exaltée même à la tribune, comme une simplifica-
tion heureuse ; un ministre appela le mariage « un contrat
de louage » et l'adultère devint un péché véniel, à peine assi-
milable à un délit de chasse.

Tant de victoires épuisèrent le crédit du cabinet Freycinet, déjà usé par ses déchirements intérieurs et les faiblesses de sa politique étrangère. Un jour, il s'écroula à
l'improviste.

Après lui, se succédèrent des ministères éphémères, sans
autorité ni programme. Toutes les fois qu'ils prenaient une
initiative, ils se heurtaient aux incohérences de leur majorité. Un d'eux se signala par une ébauche de réforme
judiciaire, qui d'ailleurs ne tenait pas debout ; un autre, par
une loi d'exil, à la suite d'un manifeste et de l'arrestation
du prince Napoléon. Albert de Mun n'eut pas beaucoup d'efforts à faire ce jour-là pour montrer la disproportion ridicule entre la faute et la sanction et ce fut pour lui l'occasion

d'un succès de tribune et de scrutin. La Chambre allait devant elle à tâtons, sans direction.

L'atmosphère parlementaire devint si lourde que la majorité en désarroi désira un chef énergique. M. Jules Ferry lui apparut comme le sauveur attendu ; sa rudesse, son dédain des nuances, le désignèrent à son choix.

Il avait bien écrit jadis : « La France a besoin d'un gouvernement faible. » Aujourd'hui, il jugeait qu'elle avait besoin d'un gouvernement fort et se croyait appelé à en être le chef. Il se faisait illusion sur lui-même. Il n'avait d'un chef que les apparences et les aspirations. Il rêva bien pour la France un vaste empire colonial, et un régime démocratique faisant figure de grande puissance, mais il ébaucha l'un timidement, sans oser même l'avouer, et paralysa l'autre, en lui attachant aux pieds le boulet de l'anticléricalisme.

Il débuta par un acte de représaille mesquine. Il avait gardé de sa campagne des décrets une profonde rancune contre les magistrats qui avaient osé défendre le droit contre lui, et lui laissa libre cours. Un ancien garde des Sceaux, M. Humbert, avait bien accablé de ses mépris les audacieux qui avaient résisté à l'arbitraire ; lui, voulait de plus efficaces sanctions.

Sa vengeance fut une coupe sombre dans les rangs des vieilles compagnies judiciaires. Si la France avait eu une Charte, comme en ont toutes les nations libres, l'inamovibilité y eût été inscrite ; mais dans leur hâte, les constituants de 1875 n'avaient pas pris tel souci.

Le Parlement se trouvait investi d'un pouvoir souverain, qui lui permettait de jouer à son gré avec les libertés que M. Thiers avait appelées « nécessaires ». M. Jules Ferry en profita pour obtenir de sa majorité la mise à la retraite de huit cents magistrats, qu'il alla chercher aux bons endroits, c'est-à-dire là où il avait trouvé les consciences les plus droites et les caractères les plus fermes. Il poursuivit l'opération, en rendant au principe de l'inamovibilité les mêmes hommages qu'il avait prodigués à la liberté d'enseignement, au moment de la réforme scolaire.

Cet exploit accompli, il eut l'ambition de devenir un novateur et tenta de réaliser une des plus anciennes promesses du parti républicain, la liberté d'association. Il l'imagina si bien ligotée par des autorisations préalables que la Chambre s'insurgea contre une réforme dont l'Administration eût été l'arbitre souveraine. Cet excès d'étatisme fit scandale, et son projet resta mort-né ; mais les groupements ouvriers, mis en goût, ne voulurent pas être dupés et parlèrent si haut que M. Jules Ferry dut leur en apporter un nouveau, adapté cette fois à un principe de liberté. Ce fut la loi des syndicats.

Cette loi de 1884, complément de celle sur les coalitions qui avait fait jadis la fortune d'Émile Ollivier, répondait à une idée de justice. Si la question sociale a une solution, l'association en est la base ; aussi Albert de Mun ne ménageat-il pas les hommages à l'équitable pensée, sur laquelle reposait la nouvelle législation mais il en signala avec une courageuse clairvoyance les lacunes et les dangers. Que la grève fût légalisée, il y consentait, à la double condition d'être précédée d'une tentative de conciliation et suivie aussitôt d'une tentative d'arbitrage. Que les syndicats eussent des droits étendus, tel était encore son avis ; il leur eût même concédé celui de posséder. En revanche, il n'admettait pas des unions de syndicats formées, sans souci de la diversité des professions et des nationalités. Au lieu d'une organisation de combat, il rêvait une organisation familiale. « Votre loi, dit-il, ne sera pas un remède contre les divisions entre patrons et ouvriers. Dans tous ces syndicats se rencontre une idée de lutte, de résistance contre le capital. Ce qu'il faut, c'est un système social, qui repose sur l'organisation du devoir et non sur l'égoïsme, c'est une organisation du travail, qui rapproche les hommes au lieu de les diviser. »

Les sociologues sceptiques de la majorité crurent dé-

mêler dans ce libéral langage une inspiration chrétienne,
et il suffit pour en détruire l'effet qu'un d'eux prononçât
le mot de corporation. Aussitôt le souvenir de l'ancien régime se dressa comme un spectre devant l'Assemblée saisie
d'effroi, et Albert de Mun parut un revenant.

« Ayez confiance, avait dit Jules Ferry, vous verrez ce
que dans vingt ans les syndicats auront produit. » Il ne fallut
pas vingt ans pour qu'il eussent produit l'Internationale et
la Confédération Générale du Travail.

Après ces tentatives de réformes administratives et sociales, Jules Ferry, pris d'une plus haute ambition, pensa à
une révision constitutionnelle. Aucune n'était plus nécessaire, car l'improvisation de 1875 était fausse dans son
principe, inachevée dans son organisation, dangereuse
dans son application.

Elle créait des pouvoirs publics, rien de plus. Quant
aux franchises et aux libertés de la nation, il n'en était pas
question ; de l'ancienne Déclaration des droits de l'homme et
du citoyen, il ne restait pas même un souvenir. On n'aurait
pas pu redire, comme en 1830, « la Charte doit être une
vérité » ; il n'y avait pas de charte. Tout le système constitutionnel se réduisait à la juxtaposition de deux Chambres,
dépositaires de la plénitude du pouvoir. L'oligarchie parlementaire avait une omnipotence sans bornes et sans sanctions. La souveraineté du nombre aboutissait à une dictature collective et anonyme qu'aucune déclaration des droits,
aucune Cour suprême, aucun referendum populaire ne
limitait.

M. Jules Ferry n'avait pas de si hautes visées, et ne
songea pas à corriger des vices, qui faisaient de la République une variété du régime absolu. Son opportunisme terre
à terre se proposait simplement de placer le principe du
Gouvernement au-dessus de la souveraineté nationale, et de
supprimer sénateurs inamovibles et prières publiques. Son
génie réformateur n'allait pas au delà.

Albert de Mun s'émut peu du sort des inamovibles ; mais

il jugea puérile la prétention de faire une République de
droit divin et odieuse la répudiation de tout appel à l'assistance divine. Son discours au Congrès est un des plus beaux
qu'il ait prononcés. Il y fut plein de dédain pour un Sénat
péniblement élu par l'influence des préfets, où nulle place
n'était réservée aux élites intellectuelles et aux autorités
sociales. Il plaisanta agréablement ces doctrinaires démo-
crates qui, après avoir pompeusement proclamé la souveraineté du peuple, l'enchaînaient à une forme de Gouvernement
immuable ; en revanche, il trouva d'admirables accents
pour proclamer les droits de Dieu sur les sociétés humaines
et flétrir la triste insolence qui se dressait contre lui. Son
auditoire, malgré son hostilité, l'écouta avec un recueillement où la surprise se mêlait à l'admiration.

Sa dernière parole fut une affirmation de sa foi politique.
« Quoi que vous fassiez, dit-il, la conscience populaire ramè-
nera tôt ou tard le pays désabusé de vos fautes à la monarchie traditionnelle et réparatrice qui lui rendra son
Dieu, sa foi, son honneur et sa prospérité. »

Ses amis, en l'applaudissant, s'étonnaient de ne plus
retrouver, dans son langage la flamme des anciens jours.
Où étaient les fanfares guerrières et les anathèmes contre-
révolutionnaires? Ce discret hommage à une monarchie,
« que la conscience populaire devait ramener tôt ou tard »,
ressemblait presque à un adieu.

Un événement récent expliquait ce changement de ton ; le
comte de Chambord était mort. Le chef de la Maison de
France, dernier rejeton de la branche aînée des Bourbons,
type légendaire presque mystique de la royauté traditionnelle, avait emporté avec lui les espérances légitimistes.
Après plus de quarante ans d'exil, les événements l'avaient
un instant si fort rapproché du trône qu'il lui eût suffi d'un
mot pour y monter. Ce mot, il l'avait refusé aux supplications
de ses fidèles et aux instances d'une grande Assemblée, non
par orgueil de race, mais par sentiment d'honneur et scrupule de conscience. Persuadé qu'il eût mal servi son pays te

manqué à ses devoirs envers lui, en inclinant devant le drapeau tricolore, symbole de la Révolution, le génie historique de la vieille monarchie nationale, il avait préféré renoncer à la couronne qu'au drapeau blanc.

Albert de Mun avait suivi avec angoisse sa longue et douloureuse agonie. Sa mort, si prévue qu'elle fût, lui causa, comme il l'a écrit, « une impression d'effondrement ».

Tout s'écroulait autour de lui : plus d'idéal politique, plus d'espoir d'une restauration, plus d'étoile pour le guider dans le tourbillon révolutionnaire. La nuit se faisait soudaine et profonde : désormais il allait marcher à tâtons dans des chemins inconnus. L'alliance de la Croix et du Drapeau blanc, rêve de sa vie, devenait une chimère. Ses plus chères espérances s'ensevelirent dans le caveau de Goritz, avec le Prince, qui n'avait pas voulu être le « roi légitime de la Révolution ».

Aucun événement n'a eu sur sa destinée un retentissement plus profond. Il marque la fin de cette période enflammée de sa vie, où sa foi religieuse et sa foi royaliste se confondaient dans un même élan.

La monarchie de droit divin répondait seule à ses sentiments, à ses croyances, à son éducation, à un atavisme attaché à sa chair et à ses os. Après qu'elle eut disparu, il ne fut plus le même homme. Des vues sociales, le cours du temps, les exigences du devoir, l'ont entraîné dans d'autres voies ; mais l'empreinte, laissée sur son âme par ses premières convictions, resta ineffaçable. Un roi était encore possible, le roi ne l'était plus.

Malgré l'amertume de sa douleur, il refusa de s'associer aux entraînements que d'autres subirent autour de lui. Si le drapeau blanc servait de linceul à l'aîné des Bourbons, le drapeau tricolore restait, dans les mains de l'aîné des d'Orléans, le symbole de la patrie ; si la monarchie contre-révolutionnaire était morte avec le comte de Chambord, le principe monarchique survivait avec le comte de Paris. Loin de marchander son concours à l'héritier du trône, il s'employa à lui ramener les hésitants, à désarmer les hostiles. Ce fut lui qui, à Goritz, après les funérailles du Prince, provoqua et rédigea la dépêche apportant au nouveau chef de la Maison de France l'adhésion de la vieille noblesse restée attachée à la branche aînée. Cette dépêche, laconique et décisive, traduisait l'ancien cri de la fidélité monarchique : « Le roi est mort, vive le roi. »

« Cela fait, a-t-il écrit, il y eut encore place, dans mon esprit, pour l'opinion monarchique, il n'y eut plus place, dans mon cœur, malgré mon respect pour le représentant du droit monarchique, pour la croyance à la monarchie. »

De l'opinion à la croyance, il y avait loin ; la foi était perdue, et perdue sans retour. Il servit encore la cause monarchique, mais sans y croire. Il eut des souvenirs, mais plus d'espoirs royalistes.

« J'ai salué le comte de Paris », écrivit-il à propos d'une polémique de presse, « comme le légitime héritier du droit monarchique et je n'ai cessé de penser que le devoir des catholiques était de défendre la cause qu'il représente aujourd'hui, et les idées qui leur paraissent, dans l'ordre politique, religieux et social, les bases d'un régime vraiment conservateur. »

« Un régime vraiment conservateur ! » Combien cette vieille formule appartenait peu à sa langue d'autrefois ! Ce n'est pas ainsi qu'il parlait de la monarchie appelée à faire reculer la Révolution.

La mort du comte de Chambord avait suivi de près deux autres morts, retentissantes aussi : celle de Gambetta, à Ville-d'Avray, celle du Prince Impérial, en Afrique, sous les zagaies des Zoulous.

Ces trois événements bouleversèrent la situation des partis. Les royalistes, divisés depuis l'Assemblée Nationale, se reformèrent autour du comte de Paris, grâce à son influence modératrice. Les bonapartistes, désemparés par la disparition du Prince Impérial, sans chef unanimement reconnu, se sentirent impuissants. Quant aux républicains, la disparition de Gambetta les privait de leur plus haute illustration et de leur chef le plus populaire. La scission entre opportunistes et radicaux, commencée de son vivant, était arrivée après sa mort à ce point que Jules Ferry avait osé dire : » Le péril est à gauche. » L'horizon, depuis longtemps assombri, s'éclaircissait soudain devant les conservateurs vaincus.

Le moment paraissait favorable à la constitution d'un parti monarchique libéral en plein accord avec l'esprit des temps nouveaux. Il se trouvait justement que l'héritier du comte de Chambord, s'il manquait des défauts nécessaires à un prétendant, avait toutes les qualités d'un roi constitutionnel : une conscience scrupuleuse, une grande largeur d'esprit, l'amour sincère de la liberté, la connaissance exacte des aspirations et des besoins de la société nouvelle. Ses séjours prolongés en Amérique, où il avait combattu dans l'armée du Nord, pendant la guerre de Sécession, un long contact en Angleterre avec des institutions et des mœurs libres, avaient ajouté les enseignements de l'expérience à ceux de son éducation.

Par surcroît, c'était un travailleur obstiné, un observateur patient, et, à force de droiture et de bonté, un habile manieur d'hommes. Devenu héritier du trône, il se mit à l'œuvre sans bruit pour réconcilier les conservateurs d'origines différentes, et les faire concourir à un but pratique, les élections prochaines. Ils avaient besoin d'un chef ; il serait celui-là.

Sa justesse d'esprit, la sincérité de son patriotisme furent ses habiletés. Du premier coup d'œil il vit que le pays n'était pas mûr pour une prompte modification de régime, et, qu'à la poursuivre, on le troublerait sans profit. A la mort du comte de Chambord, les comités royalistes s'étaient dissous, il ne les reforma pas. La presse royaliste avait baissé le ton : il ne lui demanda pas de le rehausser. Hostile, en dépit des plus vives instances, à une réorganisation officielle du parti, aux manifestations bruyantes, aux réunions à effet, il ne se départit pas de la réserve, dont, dès le premier jour, il avait fait sa règle de conduite.

Simple dans sa vie, accueillant pour les hommes de tous les partis, il évitait les controverses politiques et s'abstenait de toute attaque contre les institutions établies. Son attitude était celle d'un grand seigneur éclairé et bienveillant, son langage celui d'un bon Français. Mais le grand seigneur et le bon Français laissait toujours apparaître le prince de souche royale. S'il ne se posait pas en prétendant, il se considérait comme la réserve de l'avenir, et ceux qui l'approchaient n'étaient pas tentés de l'oublier. Cette attitude habile porta ses fruits. Le parti conservateur, à demi désarçonné, se remit en selle, oublia ses rivalités et reparut agissant et uni.

Pendant que l'union se refaisait dans ses rangs, les conflits entre opportunistes et radicaux s'aigrissaient. L'expédition du Tonkin en était une des causes. La Tunisie avait mis en goût Jules Ferry ; il souhaitait pour la France des conquêtes lointaines, qui vinssent effacer le souvenir de la mésaventure égyptienne, et permissent d'attendre avec fierté le retour de l'Alsace-Lorraine dans la famille française. Le Tonkin lui parut alors le théâtre possible d'une grande entreprise coloniale et le premier fondement d'un empire asiatique, destiné non pas à égaler, mais à rappeler celui de l'Angleterre aux Indes. Le duc de Broglie y avait, quelques années avant, engagé une opération restée inachevée. Jules Ferry vit l'occasion de la reprendre, sans d'ailleurs en prévoir les proportions possibles. La pensée était patriotique ; l'exécution fut incertaine et féconde en déceptions.

Une partie de la majorité était si réfractaire à toute entreprise la détournant de ses affaires domestiques, qu'il fallut ruser avec elle, lui cacher le but poursuivi, lui arracher à grand'peine de maigres crédits, envoyer des renforts insuffisants et par petits paquets, faire miroiter à ses yeux des espérances trop souvent chimériques. Comme les déceptions se succédèrent et que le dénouement recula sans cesse, elle finit par s'irriter de sacrifices incessants. La droite et la gauche se coalisèrent dans une opposition de jour en jour grandissante.

Le gouvernement, froidement suivi par ses fidèles, trouva un auxiliaire dans un de ses adversaires les plus importants, Mgr Freppel. Celui-ci défendit l'expédition avec son courage et sa logique habituelles, mais aussi avec l'âpre éloquence qui était la caractéristique de son talent, Son attitude souleva à droite de véhémentes protestations et lui valut des colères et des épigrammes. Il était, lui disait-on, l'aumônier de la République, il aspirait au cardinalat. Comme il avait coutume, en parlant, de mettre sa calotte sur la tribune, il lui arriva un jour de l'y oublier. « Vous avez oublié votre chapeau », lui cria-t-on ; le sarcasme ne venait ni de la gauche ni du centre.

Les conservateurs eussent souhaité qu'Albert de Mun prît position contre l'expédition et réfutât l'évêque. Il s'y refusa obstinément. « Mgr Freppel, dit-il, défend des intérêts religieux et des intérêts français ; il croit qu'à la suite des soldats viendront au Tonkin des religieux et des négociants. Je ne le contredirai pas, même s'il se fait illusion. »

L'expédition traîna en longueur, et grâce à de glorieux faits d'armes sur terre et sur mer, devint une vraie guerre. Les Pavillons-Noirs étaient plus difficiles à dompter que les Kroumirs, et la Chine nous combattait sournoisement.

Le Gouvernement faisait espérer le terme heureux des opérations, quand éclata l'incident de Langson. Deux ou trois des chefs militaires manquèrent de sang-froid et expédièrent des dépêches alarmantes qui, dans l'état d'esprit où se trouvaient le Cabinet et la Chambre, leur firent perdre la tête. On crut à un désastre.

On vit alors se déchaîner toutes les haines qu'un ministère, au pouvoir depuis deux ans et l'exerçant sans bonne grâce, avait accumulées contre lui. Soudainement, comme

par une explosion subite, la Chambre, en fureur contre
Jules Ferry, devint le théâtre d'une scène digne de la Convention. En un instant, le puissant ministre d'hier fut
traîné sur la claie ; c'était à qui donnerait le coup de
pied traditionnel au lion abattu. M. Clemenceau, hanté
par ses souvenirs révolutionnaires, s'écria : « Vous êtes
non plus un ministre, mais un accusé », et M. Ribot, d'ordinaire plus calme, en vint presque aux gros mots : « Re-
tirez-vous, s'écria-t-il, vous le devez à la France, à laquelle
vous ne pouvez plus parler avec autorité. »

A ces paroles brutales, répondaient à droite et à gauche
d'incessantes imprécations, et le centre ahuri n'osait tenter
un sauvetage, rôle d'ailleurs auquel il était mal préparé, car
il a plus l'habitude de venir au secours de la victoire que de
la défaite.

Quant à M. Jules Ferry, il ne fut ni le Vosgien obstiné
qu'il se vantait d'être, ni l'homme fort qu'on avait cru
découvrir en lui. Au lieu de tenir tête, il s'effondra sous
l'orage, sans trouver ni le mot ni le geste qui eussent sauvé
l'honneur de cette triste journée. Il tomba affaissé sous les
clameurs de ceux qui l'avaient surnommé fièrement : « le Ministre de l'irréligion publique ». En le voyant sortir honni,
nul ne se fût douté qu'il aurait un jour sa statue aux
Tuileries, autant pour avoir fait l'expédition du Tonkin que
pour avoir expulsé Dieu de l'école.

Cette législature, qui avait commencé par la chute de
Gambetta, s'achevait par celle de Jules Ferry. Les deux
chefs, soumis au même sort, succombèrent sous les coups
de leurs amis. L'anticléricalisme, comme Saturne, dévorait
ses enfants.

La succession des opportunistes étant ouverte, les radicaux s'empressèrent de la réclamer. Elle leur fut dévolue et
M. Brisson, devenu Président du Conseil, se présenta à la
Chambre, entouré d'hommes qui, dit-il, « s'enorgueillis-
saient des conquêtes laïques et entendaient les conserver
intactes ». Les applaudissements saluèrent « les conquêtes

laïques » ; la haine religieuse, au milieu des plus vives préoccupations extérieures, restait l'obsession d'une majorité divisée sur tout le reste.

Sa première réforme ne fut pas heureuse ; il rétablit le scrutin de liste, auquel l'Assemblée de 1871 avait renoncé. C'était plus qu'une faute, c'était le suicide. Le scrutin de liste est la branche de salut des oppositions en détresse ; il rend possibles les grands courants d'opinion qu'arrêtent et brisent les barrages du scrutin d'arrondissement. Comment comprendre que des candidats, libres de rester à l'abri dans un port tranquille, se jettent de gaieté de cœur dans la haute mer et en affrontent les orages ?

Les trois succès de 1876, de 1877, de 1881, étaient pourtant de graves avertissements. Renoncer a ce mode de scrutin après de telles preuves, ce n'était pas de leur part un acte d'abnégation, — c'était un acte d'aveuglement. Il faillit coûter cher aux radicaux.

Les conservateurs surent profiter de cette faute inattendue. Ils se groupèrent autour du drapeau tricolore, maintenant déployé, et conclurent un pacte d'entente qui était le gage de la victoire. A la concentration républicaine au pouvoir depuis dix ans ils opposèrent l'union conservatrice.

Albert de Mun n'y croyait pas ; il y voyait une confusion et un reniement. Aussi songea-t-il à placer la lutte sur le terrain religieux et à lui rendre ainsi son caractère de franchise et sa force d'unité. Dans ce but, il écrivit à l'amiral Gicquel des Touches une lettre publique où on lisait : «La France veut vivre ; la Révolution la tue. Je voudrais que les catholiques, convaincus que là est le véritable terrain de combat, y portent toutes leurs forces. L'heure est venue pour eux de se jeter au gouvernail, et de sauver cette France que l'Église a portée dans ses bras. Quel que soit le régime établi, le parti catholique a toujours sa raison d'être. »

On était trop près des élections pour que cette initiative

fût autre chose qu'un ballon d'essai. L'opinion n'était pas préparée à une entreprise, qui ne correspondait pas plus aux vues politiques de la droite qu'aux intérêts religieux. Albert de Mun en acquit vite la conviction, et, ralliant le gros de l'armée, vint combattre sous la bannière commune.

Au début de la campagne, les chances des conservateurs si longtemps médiocres devinrent sérieuses. Le Tonkin et la chute de Ferry avaient porté à l'opportunisme des coups mortels. Quant aux radicaux de M. Brisson, ils effrayaient la masse paisible de la nation.

Un mouvement de désaffection détachait le pays du régime que, depuis huit ans, il avait acclamé et soutenu ; trop d'excès avaient été commis, trop d'abus étaient restés impunis pour que l'opinion, toujours poussée du même côté, ne se redressât pas vigoureusement. La réaction était dans l'air, sans qu'on pût dire quelle forme elle prendrait. Ce qui était visible, c'est que la France avait la nostalgie de l'ordre, de l'autorité, de la justice.

Tel était le désarroi des esprits qu'un mince incident, prenant tout à coup les proportions d'un événement, les mit en émoi. Quelques semaines avant, l'amiral Courbet, le héros de Formose, était mort à son bord, dans des circonstances émouvantes et des sentiments admirables. Son nom, presque aussitôt légendaire, jeta sur notre histoire militaire, restée si sombre un rayon de lumière et de gloire. Parmi les papiers trouvés à son bord et publiés après sa mort, se trouvèrent des notes intimes, où il avait épanché les secrets de son âme, meurtrie par les procédés d'un gouvernement sans courage, parfois sans franchise. Dans l'une d'elles, il avait écrit, dans un moment d'humeur : « Nous avons un gouvernement de polichinelles. »

Cette boutade traduisait si bien le sentiment public qu'elle eut un extraordinaire succès. Dès le début de la campagne électorale, les journaux, les orateurs de réunions publiques s'en emparèrent et la firent résonner comme une fanfare. « Le gouvernement de polichinelles » devint à la fois un sujet de gaieté et un programme politique.

Ce qui acheva de le rendre populaire, ce fut l'acharnement avec lequel se querellèrent opportunistes et radicaux. A les voir se combattre, on se rappelait le mot de Tacite : « Les haines de famille sont pires que les haines civiles. »

Le Gouvernement, pris entre deux feux, ne sut plus à qui entendre. Il voulait certainement sauver la République, mais laquelle ? il y en avait deux en présence. Choisir entre elles, c'était les compromettre également. Force fut à M. Brisson de se croiser les bras et de compter les coups.

Jamais, l'opposition n'avait eu, depuis dix ans, pareille fortune ; la candidature officielle, la pression administrative étaient condamnées au repos forcé. Le résultat dépassa les espérances des conservateurs ; ils eurent au premier tour 176 élus contre 67, les républicains perdaient plus de 60 sièges. La première manche était gagnée. Restait la seconde, mais que de chances heureuses ! La victoire ne fait-elle pas toujours des prisonniers ?

Par malheur, elle fait aussi des imprudents. Il n'y avait pas une faute à commettre, l'ennemi n'était pas écrasé. La droite, emportée par le succès, n'eut pas la vertu du temps d'arrêt.

La griserie tourna les têtes ; ce fut une explosion de joie folle, un assaut de manifestations tapageuses : la République était blessée mortellement, un dernier coup allait l'abattre. Le journal *le Gaulois* mit à ses fenêtres un transparent, où on lisait : 204 royalistes élus. La foule s'ameuta, et il fallut faire disparaître l'appareil lumineux. Le journal *l'Autorité* écrivit : « On nous demande ce que nous ferons à la Chambre, nous nous battrons. » Le Gouvernement fit imprimer et afficher l'article à des milliers d'exemplaires. La presse de province se mit au même diapason.

Pas n'était besoin de tant de tapage pour donner l'éveil aux républicains. Ils ne se faisaient pas d'illusion et savaient qu'ils luttaient pour la vie. République d'abord, tel fut leur cri unanime. En un instant les dissentiments et les rivalités furent oubliés, les mains se serrèrent ; les groupes se fondirent. La coalition des 363 ressuscita plus vivante qu'aux jours du 16 mai, et des listes parurent où les plus pâles centre gauche voisinaient avec des socialistes notoires.

En trois jours, l'élection prit le caractère d'un plébiscite sur la forme du gouvernement. Le Ministère, ayant les coudées franches, se jeta dans la bataille à corps perdu. La candidature officielle sévit avec une violence qui rappelait aux anciens les beaux jours de l'Empire. Par une ironie du sort, le puritain M. Brisson se fit le continuateur de M. Rouher.

La question était posée de telle sorte que l'issue n'était pas douteuse. Le suffrage universel qui a la terreur des révolutions ne fait pas de saut dans l'inconnu. La forme du gouvernement étant en jeu, il oublia ses griefs et élut 241 républicains contre 25 opposants. Jamais semblable volte-face ne s'était vue. La concentration républicaine triomphait ; toute la sagesse du comte de Paris avait échoué devant l'imprudence de ses amis.

Ceux-ci entraient encore nombreux à la Chambre, mais ils y entraient en irréconciliables, brouillés avec le centre gauche leur auxiliaire nécessaire, et réduits à leurs seules forces. Quel profit tireraient-ils de la dure leçon qu'ils venaient de recevoir? L'avenir allait le dire.

IV

LÉGISLATURE DE 1885 A 1889

L'exil des Princes. — L'affaire Wilson.
Le Boulangisme.

IV

Le résultat des élections causa à Albert de Mun plus de tristesse que de surprise ; il ne comptait pas sur une victoire, qui n'eût été qu'une équivoque. Qu'espérer d'une coalition qui n'avait pas de programme, même pas de nom? Le caractère plébiscitaire du second tour de scrutin créait à l'opposition une situation difficile. Allait-elle s'engager dans une politique d'intransigeance ?

Dès le premier jour la majorité annonça l'intention de la décimer. Il n'en fallut pas davantage pour mettre le feu aux poudres. Cette menace d'invalidation acheva d'exaspérer des hommes déjà irrités par les excès de la pression administrative.

Le comte de Paris s'efforça de calmer cette effervescence. « Vous n'avez réussi au premier tour, disait-il à ses amis, que grâce à votre union et à votre prudence. Restez unis et prudents. Formez un groupe unique comme le font les torys et les whigs ; pas d'appellation provocante, mais un vocable neutre, dans lequel se fondront les nuances, tels sont les gages d'une action commune.»

Pour répondre à sa pensée et réalise. l'unité, une réunion générale fut convoquée à l'Hôtel Continental. Quel ne fut pas l'étonnement de l'assistance, quand elle apprit en arrivant que, la veille au soir, des députés royalistes s'étaient constitués en groupe distinct avec leur nom, et que les bonapartistes allaient en faire autant, avec l'étiquette « appel au peuple ». La réunion, désormais sans objet, se sépara déçue et inquiète.

Les enseignes flamboyantes mettaient en lumière les divisions de la minorité. Aux plaintes qu'on leur adressa, les auteurs de la scission répondirent.» Nous nous sommes affirmés.» S'affirmer, c'est parlementairement une opération verbale, qui dispense et console de toute action effective.

Pour ne pas laisser les diverses fractions de l'opposition dispersées dans des compartiments séparés, fut créé, sous le nom « Union des droites », un groupe central, où tout le monde devait se rencontrer. Cette triple organisation eut pour résultats la création de trois bureaux, trois présidents, trois états-majors.

L'armée, malgré ses trois tronçons, était moins divisée qu'elle ne le paraissait. Si deux groupes se disaient anticonstitutionnels, le troisième l'était sans le dire. Au fond, la trinité n'excluait pas l'unité.

Malgré cette erreur de tactique, l'opposition fit à la Chambre bonne figure. Elle renfermait sans doute des éléments divergents : une aile droite intransigeante très surprise de marcher sous le drapeau tricolore, une aile gauche conciliante pour des raisons économiques et qu'on appelait « le parti de la betterave », un centre servant de médiateur et d'arbitre. Elle avait, dans son ensemble, une haute droiture, un vif sentiment patriotique et un esprit de discipline, que depuis on n'a jamais retrouvé au même degré. Chaque membre avait sa pleine indépendance dans les questions d'affaires ; mais tous faisaient bloc sur les questions politiques et religieuses. On délibérait séparément, on votait ensemble. Les interventions intempestives, et les insubordinations individuelles n'avaient ni succès, ni durée. Les irréguliers et les agités rentraient vite dans le rang, par intérêt autant que par sagesse. Sa cohésion donnait l'impression de la force et imposait le respect. Peu de partis ont fait preuve d'une fermeté plus constante et d'un plus sincère désintéressement.

Que n'eût pas fait cette opposition bien intentionnée, si elle n'eût pas contesté la forme du Gouvernement? Au lieu d'être exclue comme protestataire, elle se fût imposée comme belligérante. Forte de son loyalisme, elle eût pesé d'un poids décisif dans les délibérations d'un Parlement toujours flottant, et, l'événement l'a prouvé, bientôt conquis une part du pouvoir.

En restant intransigeante, elle n'obéit à aucune obstination aveugle : elle voulut, sans illusion et par honneur, garder une attitude conforme à ses tacites engagements électoraux. Plus libre de ses mouvements, autrement aiguillée, elle eût préparé la pacification du pays ; mais, à ce moment, personne ne voulait de pacification, pas même le Gouvernement.

Ce fut lui qui ouvrit les hostilités. La première parole qu'il prononça fut une provocation. « La situation parlementaire, dit solennellement le Président du Conseil, M. Brisson, n'a d'analogue dans aucun autre pays. » C'était une déclaration de guerre. La majorité y répondit en invalidant à tour de bras.

Prétendre qu'une opposition, éloignée du pouvoir depuis dix ans, sans autres moyens d'action que de maigres ressources, avait intimidé ou corrompu le suffrage universel, c'était une dérision ; lui imputer une pression cléricale, quand, depuis dix ans, un gouvernement libre-penseur frappait l'Église à coups redoublés, c'était une audace qui touchait à l'impudence. Ces griefs étaient des moqueries, comme s'en permettent, à l'égard des minorités, les majorités sans scrupules.

L'annulation d'élections parfaitement correctes mit la droite hors d'elle-même. Le Congrès de Versailles, réuni à ce moment pour l'élection du Président de la République, fut le théâtre de scènes, dont il eût mieux valu ne pas donner le spectacle au Corps diplomatique. Peu de jours après, la Chambre, à l'occasion des crédits du Tonkin, rappela les meetings de Belleville.

Au cours de ce débat, Jules Ferry, depuis longtemps silencieux, se leva timidement pour faire une rectification. Aussi-

tôt, la droite et la gauche, prises d'une colère subite, éclatèrent en clameurs assourdissantes. A chaque mouvement de
ses lèvres, à chaque geste de sa main, l'orage redoubla de
fureur. Les socialistes se rappelaient l'envahissement de
l'Hôtel de Ville sous la Commune, et les radicaux l'effondrement de Gambetta, abandonné par les modérés ; de leur
côté, les conservateurs sentaient se rouvrir leurs vieilles
blessures et les catholiques se réveiller le souvenir des outrages faits à leurs croyances. La Chambre démontée ne
s'apaisa que lorsque M. Jules Ferry retomba sur son banc
à bout de forces, les traits crispés, les yeux pleins de larmes.

De telles violences rendaient impossible la situation du
ministère qui, après les avoir provoquées, était impuissant
à les maîtriser. M. Brisson disparut, passant la main à plus
habile. M. de Freycinet, qui lui succéda, prit une voix
et des allures presque caressantes, mais, sans bruit, mit l'administration en bataille. Rien ne correspondait mieux à une
politique, qui n'avait d'autre programme que de transformer
toute élection en un plébiscite sur la forme du Gouvernement ; rien n'était plus agréable à une majorité qui, ne
comptant ni sur ses services ni sur ses talents, plaçait tous
ses espoirs dans les préfets.

Chaque ministre mobilisa les fonctionnaires sous ses
ordres. Dans ce but, il adressa à ses chefs de service des circulaires, diverses de forme mais semblables d'esprit, où il
leur donnait des instructions pour la conduite de leur personnel. Le préfet devait être le guide suprême, le directeur
de conscience politique.

Le recueil de ces circulaires formerait un curieux code de
pression administrative. Les intendants d'ancien régime
étaient de petits seigneurs auprès de ces préfets que les deux
Empires eux-mêmes n'avaient pas élevés à un tel rôle.
M. Clemenceau ne leur a donné que plus tard la plume
blanche des généraux en chef ; mais, à défaut de l'insigne du
haut commandement, ils en eurent tout de suite les attri-
butions et la **puissance**.

Pendant que M. de Freycinet organisait en silence la politique de combat que son parti avait hâte de reprendre, Albert de Mun, effrayé de ce qu'il prévoyait, en revint à son ancienne idée d'un parti catholique. Il en croyait la fondation opportune et l'avenir assuré, mais se rendit compte qu'il n'en trouverait pas les éléments dans la Chambre et se tourna du côté du pays.

Quelle ne fut pas sa déception d'y rencontrer sinon l'hostilité, du moins une passivité invincible. Le bon sens public comprenait que la situation d'un parti catholique dans le Parlement issu des élections de 85, serait fausse et vite intolérable. Comment se tenir à l'écart des questions politiques, dans un tel milieu et en un tel temps? Comment se mêler à l'action sans se heurter à la question constitutionnelle? A chaque instant on lui demanderait s'il acceptait la République. Répondre affirmativement, c'était sortir de la minorité conservatrice et rompre le pacte d'union ; répondre négativement, c'était contredire la doctrine de l'Église, qui commande de reconnaître l'autorité légalement établie. Se dérober à toute explication et dire qu'on était « le parti de Dieu », c'était un prodige d'équilibre, qui n'eût pas résisté au premier choc.

La constitution d'un parti catholique eût été en tout temps une opération difficilement réalisable ; elle était, à ce moment de crise aiguë, une aventure chimérique. Albert de Mun en a eu plus tard le sentiment. Il a écrit : « Quand je proposai la formation d'un parti catholique, je ne demandais pas qu'il s'établît sur le terrain constitutionnel. Si peu de temps après la mort du comte de Chambord, c'était une impossibilité. Parmi les députés catholiques, aucun ne m'eût suivi. Je n'en eus pas la pensée. Ce fut la grande faiblesse de ma tentative. Un parti catholique, pour être viable, doit être constitutionnel, sous peine d'être confondu avec les partis d'opposition purement politique. Je le sentais sans pouvoir l'affirmer hautement. »

Mais, à ce moment, il se fit illusion sur les difficultés et, sans douter du succès, annonça la fondation de son œuvre. « Fidèles, disait-il, aux idées exposées dans la lettre à l'amiral Gicquel des Touches, nous voulons l'entière liberté de l'Église et la protection de l'État.» Notre parti s'appellera « l'Union Catholique ».

Union Catholique, au lieu de parti catholique, tel était le seul correctif, apporté à son premier plan. Ce vocable adouci ne désarma pas les critiques ; elles furent générales. L'école libérale s'indigna d'une audace qu'elle appelait une provocation ; les royalistes s'inquiétèrent d'une conception, funeste à la bonne entente des conservateurs et profitable seulement à l'indifférentisme politique ; dans les milieux religieux, l'initiative d'un laïque, sans mandat de l'Église, parut une usurpation.

Le petit groupe des prosélytes ne s'émut pas de cet accueil. A ceux qui l'accusaient d'ouvrir une école de scepticisme politique, il répondit rester de cœur avec les monarchistes, mais, en attendant des jours meilleurs, courir au plus pressé et servir la religion. A ceux qui n'admettaient d'autre parti catholique que l'Église, il déclara reconnaître sa prééminence, mais ajouta, qu'en temps de guerre, on n'était jamais trop pour combattre le bon combat.

Telle était la foi d'Albert de Mun dans son œuvre, qu'il se préoccupa peu des réalités pratiques et refusa de jeter les yeux sur la carte électorale, féconde pourtant en enseignements. Que de régions, où la léthargie religieuse se révélait par le résultat des scrutins ! Combien étaient rares celles où des affirmations catholiques formelles étaient possibles ! La plupart ne les supportaient qu'avec des tempéraments ultra-gallicans.

Constituer un parti catholique dans une nation à ce point tiède et divisée était un vrai tour de force. Néanmoins, il poursuivit son plan les yeux fixés sur son idéal. Le coin privilégié de Bretagne qu'il représentait lui cachait le reste de la France. D'ailleurs, le témoignage de sa conscience et l'assentiment du Pape lui suffisaient ; le reste lui importait peu.

Quelle ne fut pas sa stupeur, quand il apprit que Rome blâmait son entreprise ! Il crut d'abord à de faux bruits, mais dut se rendre à l'évidence, à la lecture d'une lettre de Léon XIII lui conseillant l'abandon du projet. Frappé en plein cœur, il resta un instant étourdi ; il lui fallut tout son courage pour accepter l'épreuve et se soumettre.

Racontant plus tard cet épisode de sa vie, il a écrit : « Léon XIII m'arrêta d'une main ferme. Ce fut un coup très rude. A la différence de ce que j'éprouvai plus tard quand vint l'heure du ralliement, j'eus cette fois quelque peine à soumettre ma raison. Plus tard, l'expérience et la réflexion éclairèrent pour moi la pensée de Léon XIII. Je compris et je crois fermement aujourd'hui qu'une juste connaissance de notre état politique l'avait inspiré. »

La résignation adoucit à peine sa douleur et la blessure saigna longtemps. Bien des années après, rencontrant un prêtre, que des velléités politiques inclinaient à la désobéissance : « Faites, lui dit-il, ce que j'ai fait moi-même, quand le Pape m'a demandé de renoncer au parti catholique. Je me suis mis à genoux et j'ai demandé à Dieu la force d'obéir. » Et sa voix tremblante d'émotion prit de tels accents, que l'interlocuteur vaincu renonça à une résistance restée jusque-là inflexible.

Obéir était bien, la façon d'obéir fut mieux. Devant la volonté du Chef de l'Église, il ne fit entendre ni plaintes, ni regrets. Il n'eut pas besoin, comme Montalembert dans une épreuve semblable, de trouver à ses côtés, pour le soutenir, un ami tel que le Père Lacordaire, « dépensant, à l'insu du monde entier, les plus riches trésors de son éloquence ». Maître de lui, sans chercher d'encouragement ailleurs que dans le sentiment du devoir, il prit la plume et communiqua à la presse ces simples lignes : « Afin de ne pas soulever de divisions entre les catholiques, je renonce au projet d'organisation, que j'avais annoncé dans ma lettre au vicomte de Belizal.» Ce fut tout : le parti catholique, à peine né, disparut sans retour. Il ne resta de son éphémère existence que le souvenir et l'exemple de l'admirable soumission de son fondateur. Celui-ci, en trois ans, avait vu mourir le comte de Chambord et s'écrouler son projet d'organisation religieuse. Après le rêve de la monarchie du drapeau blanc, s'évanouissait le rêve du parti catholique. De cette double et cruelle déception, le royaliste et le catholique sortirent grandis par la noblesse de leur attitude, mais meurtris jusqu'au fond de l'âme par deux blessures que le temps a pu cicatriser, mais non guérir.

Un haut sentiment du devoir lui interdit de rien laisser paraître de ses intimes souffrances. A voir sa bonne humeur, vertu nécessaire aux hommes politiques, on ne se douta ni de sa douleur, ni de ses efforts pour la dominer. Tout en ayant renoncé à réaliser sa plus chère conception, il resta le soldat sans peur et sans reproche ; mais n'apercevant plus de champ de bataille où déployer son drapeau, il sembla dépaysé, presque étourdi au milieu des agitations parlementaires. Sans le réveil de passionnants conflits, le feu sacré de l'action se fût éteint en lui.

Une loi de violence le ramena au combat.

M. de Freycinet, décidé pour se maintenir à donner des gages à ses amis, dût-il servir des passions qu'il ne partageait pas, en revint au projet de proscription, dont un de ses prédécesseurs avait jadis pris la malheureuse initiative. Les radicaux, fiers champions des droits de l'homme, s'offusquaient de la présence du comte de Paris ; ils ne comprenaient pas que le représentant d'une dynastie, qui avait travaillé pendant mille ans à la grandeur de la France, osât en fouler le sol. Le Prince vivait pourtant sans bruit, tantôt au château d'Eu, tantôt dans un silencieux hôtel du faubourg Saint-Germain. A l'écart de toute manifestation, il restait étranger aux lieux où va la foule. Le mariage de la princesse Amélie, sa fille aînée, avec le prince royal de Portugal, l'obligea, pour se conformer aux usages reçus dans tous les mondes, de donner une soirée de contrat. Force lui fut d'y inviter, avec les membres et les amis des deux familles, les représentants des puissances avec lesquelles le jeune fiancé, héritier d'un trône, allait se trouver en relations obligées.

Il n'en fallut pas plus pour que M. de Freycinet, à l'affût d'une occasion, se scandalisât de cette réunion de caractère intime et la dénonçât comme une manifestation monarchique. Sans perdre un moment, il déposa une loi bannissant le comte de Paris et son fils aîné le duc d'Orléans, âgé de dix-sept ans, et avec eux, le prince Victor-Napoléon, à peine revenu du régiment d'artillerie où il avait fait son service militaire.

Le projet d'expulsion était, pour le parti républicain, un aveu d'impuissance et l'abandon d'un principe. Au pouvoir depuis plus de dix ans, il reconnaissait qu'il n'était plus assez fort pour être juste, et, après avoir condamné, sous tous les régimes, la raison d'État et l'exil politique, il se saisissait de ces armes maudites, pour en frapper des princes qui n'avaient ni violé les lois, ni troublé l'ordre.

Pour défendre cette mesure de salut public, M. de Freycinet n'éleva pas la voix, ne se départit pas de ses procédés de discussion toujours mesurés; mais il rencontra un adversaire, armé de toutes les forces de l'éloquence et de la raison. Albert de Mun ne parla pas en royaliste, mais en serviteur du droit et en citoyen d'un pays libre, fidèle à ses vieilles traditions de générosité.

Sa parole produisit sur l'Assemblée un grand effet, mais ne désarma pas une haine, ne réveilla pas une conscience.

La gauche, qui faisait volontiers étalage « du droit humain, honneur des démocraties », s'abandonna avec joie à la passion impitoyable qui pousse les partis à poursuivre leurs vengeances de génération en génération, sans égard ni pour la vertu, ni pour la jeunesse.

Au premier moment, les monarchistes n'eurent que du dédain pour des proscripteurs dont la violence trahissait la faiblesse. Près de deux cents députés ou sénateurs firent cortège au comte de Paris du château d'Eu au Tréport, et, quand ils le virent s'embarquer sur un frêle vaisseau, lui crièrent : « Au revoir, à bientôt ».

Dans l'émotion que causa cette scène dramatique dans sa simplicité, quelques observateurs inquiets s'étonnaient de l'indifférence de l'opinion publique, du grand silence de Paris, du calme absolu des provinces réputées les plus fidèles à la monarchie. Le mouvement électoral de 1885 avait-il bien le sens qu'on lui avait prêté ? N'avait-il pas été plutôt une protestation contre une politique néfaste, qu'une aspiration vers une restauration ?

M. de Freycinet, enhardi par ce premier haut fait, en ambitionna un autre, d'une inspiration aussi généreuse, Jules Ferry avait laïcisé l'enseignement ; pourquoi lui, ne laïciserait-il pas le personnel enseignant? La présence de Frères et de Sœurs dans les nouvelles écoles positivistes, n'était-t-elle pas une contradiction, même un scandale? On n'en avait pas chassé Dieu, on n'en avait pas arraché les Crucifix, pour y supporter des soutanes et des cornettes.

Il fit donc voter par sa fidèle majorité une loi qui interdisait l'enseignement public aux disciples de Baptiste de la Salle et aux filles de saint Vincent de Paul.

Il s'enorgueillissait d'avoir donné son coup de pioche dans le vieil édifice religieux et se croyait solidement assis au pouvoir, quand il prit fantaisie à la majorité de se débarrasser des sous-préfets, agents inutiles d'une administration archi-compliquée. En prenant leur défense, il ne douta pas que ses amis auxquels il avait si aisément sacrifié les princes et les religieux, lui tiendraient compte de tels services. Il n'en fut rien, il fut renversé, tout comme s'il n'eût proscrit personne.

Le cabinet Goblet, qui succéda au sien, n'eut pas une longue histoire. Sa courte existence ne fut signalée que par deux événements importants : l'affaire de Châteauvillain, l'affaire Schnœbelé.

A Châteauvillain, une descente de police dans un couvent de femmes amena une scène tragique. Un gendarme tira sur une religieuse et la tua. M. Goblet eut à s'expliquer devant une Assemblée aussi honteuse que lui de cet acte inouï. Il crut devoir plaider les circonstances atténuantes pour le gendarme et le Gouvernement, alléguer que force devait rester à la loi, mais n'essaya pas de justifier le crime commis.

Albert de Mun donna au débat une autre allure. Il raconta, avec une accablante précision, les détails de cette scène odieuse, arracha des protestations indignées à la plus grande partie de la Chambre, et, en descendant de la tribune, jeta au Gouvernement cette parole, où il mit toute sa douleur : « Désormais, entre vous et nous, il y a la croix brisée ».

L'affaire Schnœbelé eut un tout autre caractère. M. de Bismarck, repris de velléités belliqueuses, affecta de regarder comme une provocation la prétendue violation de territoire, commise par un agent français au cours d'une opération de police. En réalité, il était inquiet et surtout las de l'attitude du ministre de la Guerre d'alors, le général Boulanger.

Celui-ci, très cher aux radicaux ses patrons, avait pris des allures belliqueuses qui lui avaient valu la sympathie du public, et acquis, grâce aussi à sa sollicitude pour les soldats, une grande popularité dans l'armée, qui l'appelait le Général la Revanche. Le chancelier feignit de prendre au sérieux des mises en scène plus politiques que guerrières et dénonça l'erreur du commissaire Schnœbelé comme un défi. Sa presse, sa diplomatie entrèrent en campagne avec une telle ardeur, que le Gouvernement et le Parlement s'émurent. « Je m'attends à chaque instant », dit M. Goblet dans les couloirs de la Chambre, « à recevoir la dépêche m'annonçant l'entrée des Allemands en France. »

Le ministère fit bonne contenance et Albert de Mun adressa de publiques félicitations au Président du Conseil, le jour où celui-ci dit tout haut: « Quoi qu'il arrive, on n'obtiendra pas de moi une nouvelle confirmation du traité de Francfort. »

L'intervention de l'Angleterre et de la Russie, celle aussi de M. Grévy conjurèrent le danger, et M. de Bismarck dut ajourner à d'autres temps l'espoir de démembrer la France.

L'épisode Schnœbelé avait mis le Président de la République et les opportunistes fort en garde contre les incartades du général Boulanger. Un incident acheva de les irriter. Après avoir disgracié des généraux en renom sous prétexte qu'ils étaient réactionnaires, le ministre de la Guerre s'empressa d'appliquer aux princes, inscrits sur les contrôles de l'armée, la loi qui les en excluait. Au reçu du décret qui le mettait en retrait d'emploi, le duc d'Aumale, doyen des généraux de division, écrivit à M. Grévy une lettre, où le héros de Constantine, le vainqueur d'Abd-el-Kader, l'ancien commandant du 7e Corps, laissa éclater en quelques lignes émues, l'amertume de sa dignité et de son patriotisme blessés. A sa lettre, le général Boulanger répondit par un décret d'expulsion, et le prince dut quitter la France, le cœur meurtri.

Le duc d'Aumale n'était pas seulement l'esprit éminent que l'Académie, le monde des arts et des lettres revendiquaient comme un des leurs, le patriote et le soldat dont l'armée était fière, c'était aussi le Prince des temps nouveaux, aimant tout ce qu'aimait son siècle, le progrès, la justice, la liberté, conciliant les grandes traditions du passé avec les aspirations de la société moderne.

Son expulsion fit grand bruit et grand scandale. Au cours des polémiques qu'elle souleva, allusion fut faite à une lettre que Boulanger alors colonel à Dijon lui avait écrite, lettre débordant de reconnaissance et se terminant par ces mots : « Béni sera le jour, où de nouveau, je servirai sous vos ordres. »

Le Ministre, qui, depuis, avait écrit à d'autres des lettres d'un autre ton, nia l'authenticité de celle-là. Son démenti

amena la publication du texte original. Confondu, il garda
le silence. Du coup, sa situation devint intenable et ébranla
celle du Cabinet qui, bientôt, fut entraîné à sa suite.

Le pouvoir, qui revenait aux opportunistes, les plaçait
dans un grand embarras. Ils voulaient se débarrasser à la fois
de Boulanger, que Jules Ferry avait appelé « Saint-Arnaud
de café-concert » et des radicaux qui exigeaient son maintien. Un cabinet, formé sur ces bases, n'était viable qu'avec
l'appui des conservateurs. Quelle extrémité pour ces laïcisateurs à outrance, qui depuis si longtemps dénonçaient
le cléricalisme de la droite et ses desseins anticonstitutionnels ! Acculés à leurs derniers retranchements, ils jugèrent
les conservateurs moins dangereux que le général et firent
entendre, par des demi-mots, qu'ils étaient prêts à un accord.

A ce moment, une voix s'éleva, dans le Comité directeur
de la droite, qui signala en termes pressants la stérilité
d'une opposition toujours négative, et la nécessité dans la
crise actuelle de rapports directs avec le chef de l'État.
Rien n'était plus sage, mais aussi plus inattendu qu'une
telle ouverture, premier pas dans la voie constitutionnelle.
La personnalité de son auteur ajouta à l'étonnement général. Celui qui osait prendre une telle initiative n'était
autre qu'un des conservateurs les plus respectés et les plus
rigides, un vétéran des luttes parlementaires et de la guerre
de 1870, le premier champion de l'opposition catholique sous
l'Empire, M. Keller. L'embarras se traduisit d'abord par un
long silence. Quand vinrent les objections, il en eut aisément raison : « Il ne suffit pas, répondit-il, à un parti qui
« veut jouer un rôle, de dire ce qu'il ne veut pas, il faut qu'il
« dise ce qu'il veut ; c'est le moment où jamais. » Ce qu'il ne
voulait pas, c'étaient le général de café-concert et l'amiral
Aube que Cassagnac avait appelé « un ours de mer ». Ce qu'il
voulait, c'étaient le retrait des décrets de 1880, et de la
loi de 1886, l'enseignement religieux facultatif à l'école, le
maintien de la dispense du service militaire pour les séminaristes.

Albert de Mun fut d'accord avec le Comité pour prier M. Plichon d'apporter ces revendications au Président de la République. A la suite de sa visite, M. Grévy fit appeler le baron de Mackau, qui passait pour le moins intransigeant des chefs conservateurs.

Celui-ci, dès les premiers mots, précisa la mission qu'il avait reçue de ses collègues. « La droite, dit-il, a voulu renverser le général Boulanger et l'amiral Aube, dans lesquels elle voit un danger pour le pays. Si l'on tient compte de son désir au point de vue religieux et scolaire, si par suite on écarte de la loi militaire la disposition qui soumet les séminaristes au service militaire, si on applique la loi d'enseignement du 30 octobre d'une façon libérale, au lieu de l'exécuter servilement, la droite donnera à un tel ministère ses 160 voix. C'est la majorité assurée pour longtemps. Elle ne veut ni portefeuilles, ni sous-secrétariats d'État, donc pas d'ambition, pas de compétitions à redouter. »

M. Grévy était trop sceptique pour comprendre les préoccupations religieuses de son interlocuteur. Seules deux questions l'intéressaient, la guerre, le budget.

« Si vous voulez faire pivoter votre politique, déclara-t-il,
« autour d'une question de séminaire et d'école, autour de
« questions religieuses qui n'existent plus, c'est une bien
« petite politique et peu digne de la droite. Il n'est plus
« question des décrets ; je les ai regrettés plus que personne.
« Tout cela, c'est de l'histoire ancienne. Il n'y a que deux
« questions qui devraient préoccuper la droite : la guerre et
« le budget ; la guerre qui est pour le pays un péril immense,
« et qui, si elle éclate, sera la désagrégation de la France ; le
« budget, qui ne peut continuer tel qu'il est, car il épuise la
« nation.

« Si j'étais dans la droite, je ne me préoccuperais que de
« ces deux grands intérêts. Je ferais des efforts, sans doute
« pour obtenir ce que je croirais désirable, mais je ne ferais
« pas, à propos de tout, une opposition quand même. Je fe-
« rais une opposition, mon Dieu, je ne tiens pas au mot

« constitutionnelle, mais raisonnée. Je laisserais de côté les
« questions d'écoles, de curés, et autres. Vous citiez la loi
« d'enseignement ; après l'avoir combattue, une fois cette
« loi votée, je ne chercherais pas à ennuyer le Gouvernement.
« Je la ferais abroger, si je pouvais, mais je ne ferais pas
« d'opposition de parti pris. »

La conversation se termina sur ces mots de M. de Mackau : « Si le Cabinet prochain compte dans ses rangs le
général Boulanger, la droite le renversera. » L'accord était
fait implicitement. Cette exclusive mise sur le général
Boulanger répondait trop au sentiment du Président pour
ne pas aboutir à une entente et il ne s'agit plus que de
chercher l'homme politique à qui confier le pouvoir. D'un
commun accord, le choix tomba sur M. Rouvier, que M. de
Mackau fut chargé de faire venir à l'Élysée.

M. Rouvier eut vite fait de constituer un cabinet, sans
le général Boulanger, ni l'amiral Aube. Après la lecture de
sa déclaration ministérielle et avant l'interpellation qu'elle
provoqua, les conservateurs envoyèrent quatre des leurs
s'entendre avec lui. Le procès-verbal de cette conversation
a été longtemps nié ; il existe pourtant, rédigé par le marquis de la Ferronays, l'un des négociateurs. Soumis à la
Commission de la droite il fut unanimement approuvé.

En quittant M. Rouvier, M. Paul de Cassagnac, un des
quatre, avait résumé la pensée commune en ces mots: « Il
est bien entendu que l'accord qui se fait aujourd'hui entre
le Gouvernement et nous sera durable et se prolongera
jusqu'aux élections. »

Albert de Mun, qui n'était pas délégué, approuva cette
attitude, il l'eût même voulue plus formelle. A son avis, il
eût fallu une entente publique, scellée par la participation
des conservateurs au Gouvernement. Mais c'était chose
irréalisable ; une telle solution supposait une liberté d'action que la droite n'avait pas, ou une évolution qu'elle ne
voulait pas faire.

Au cours des pourparlers avec les délégués de la minorité,

M. Rouvier avait dit : « Vous êtes inconstitutionnels, je
« ne puis me solidariser avec vous. Je dirai à la Chambre que
« vous êtes des représentants du pays, ayant les mêmes
« droits que les autres ; mais je n'irai pas plus loin. Si vous
« acceptiez la République, non seulement je vous avouerais
« publiquement, mais je prendrais deux des vôtres dans
« mon cabinet. »

Ce langage était sans réplique ; la démarche était constitutionnelle, la délégation qui la faisait ne l'était pas. Un
Président du Conseil républicain ne pouvait introduire
dans son ministère des adversaires déclarés du régime, où ils
eussent fait d'ailleurs piètre figure. On n'était pas en temps
de guerre, et M. Rouvier ne constituait pas un ministère
d'union sacrée.

Albert de Mun fut frappé de ces paroles. Entre les conservateurs et le pouvoir, il n'y avait donc d'autre barrière
qu'un scrupule constitutionnel. Ne se trompaient-ils pas
en s'isolant dans une intransigeance qui n'avait d'autre
issue qu'une Révolution? Quoi ! ils n'auraient qu'à dire un
mot pour participer aux affaires, y défendre leurs idées, dissiper les malentendus, imprimer à la politique une direction
tolérante, et plutôt que de le prononcer, ils aimaient mieux
se battre sans espoir, provoquer des représailles, ne rien
sauver, peut-être tout compromettre !

Interpellé à la Chambre sur ses complicités avec la droite,
M. Rouvier protesta avec une pudeur offensée : « Si vous
« êtes la majorité du parti républicain, dit-il aux radicaux,
« montrez-le au scrutin, et je m'en vais. » Il était parfaitement rassuré. Il avait fait aux délégués de la droite le dé-
compte des groupes républicains et démontré, par des
chiffres, que les modérés y tenaient la corde.

Grâce à l'appui de cette majorité nouvelle, dont le parti
conservateur était le principal élément, M. Rouvier ébaucha, avec beaucoup d'embarras et de tâtonnements, une
politique un peu moins agressive que celle de la concentration. Il y réussit mal ; et il fallut à ses nouveaux alliés une

patience infinie pour ne pas casser les vitres et dire « assez ».

Son attitude malheureuse dans le débat de la loi militaire fut moins une trahison qu'une défaillance. Les loges, fidèles à leur devise « Les curés sac au dos », en pressèrent le vote : il n'osa pas leur résister.

« Les curés sac au dos » ! c'était, dans la pensée des républicains d'alors, la mainmise sur le clergé, l'obstacle à son recrutement, le piège tendu sous ses pas. Ils se persuadaient avoir forgé l'arme dont il devait périr ; l'avenir les a détrompés. C'est parce qu'ils ont eu le sac au dos, pendant la grande guerre, que les curés ont pu montrer d'héroïques vertus, et conquérir la confiance des poilus, l'admiration des alliés, le respect de l'ennemi. La majorité ne prévoyait guère que l'auteur du *Grand Pan*, M. Clemenceau, lui-même, leur rendrait un jour cet éclatant hommage : « Quand j'ai été sur le front, a-t-il dit longtemps après à la Commission de la Paix, je n'ai pas vu de prêtre qui n'y ait fait vaillamment son devoir. Quand j'interrogeais les soldats sur leur compte, ils me répondaient tous : « Ce sont de braves et bons camarades ; ils se battent avec « nous, et tiennent bon sous le feu. Quand ils en réchappent, « ils consolent les blessés et relèvent les morts ; tout le « monde les aime. »

Albert de Mun prit la parole dans la discussion de la loi militaire. Ce fut un de ses plus beaux jours. Le catholique réclama d'abord l'exonération d'hommes voués au service des âmes, puis l'officier d'Afrique et de Metz trouva, pour glorifier l'obscur dévouement du soldat, des accents qui firent courir un frisson sur tous les bancs. « Il faut, dit-il, « que l'officier qui se retourne vers ses hommes, en les regar- « dant dans les yeux pour leur montrer, avec la mort pro- « bable, le devoir rempli et la gloire acquise, lise dans leur « regard l'abnégation prête à tous les sacrifices. »

En l'écoutant, la Chambre admira les progrès d'une éloquence, à laquelle le temps avait apporté cette force concentrée, et cette simplicité prenante, qui fait les grands orateurs.

Il fut très applaudi, mais pas suivi. La loi fut votée sans adoucissement.

M. Rouvier ne jouit pas en paix de sa victoire. Presque aussitôt le général Boulanger, qu'il avait envoyé en disgrâce à Clermont, rentra bruyamment en scène. Une sanction légère, prononcée par un Conseil d'enquête, le fit apparaître comme une victime des partis de réaction et il retrouva au centuple, dans les milieux ouvriers, la popularité perdue dans les milieux dirigeants.

Lors de son départ, la foule vint le chercher à son hôtel et le reconduisit à la gare où elle s'entassa. En quelques instants, elle envahit les voies et les quais, déborda au dehors et devint une mer humaine. Quand sonna l'heure du départ, impossible d'aborder les wagons et de mettre en marche le train, devant lequel étaient couchés sur les rails des fanatiques, résolus à s'y laisser écraser.

La police, qui avait réussi à cacher le général dans un bureau, l'entraîna dans un coin de la gare, et le fit monter à la dérobée sur une machine isolée, qui le conduisit clandestinement à Charenton attendre le rétablissement du service.

Que fût-il arrivé, s'il eût déclaré que la place d'un général en chef, regagnant son commandement, n'était pas sur une machine de fortune, entre le chauffeur et le mécanicien, et que, devant l'impuissance du Gouvernement à assurer son départ, il rentrait chez lui. A sa vue, il y eût eu dans la foule un remous formidable. Entouré d'un cortège toujours grossissant, il eût traversé Paris dans une apothéose, dont aucune force armée n'eût pu ou voulu arrêter l'explosion. N'eût-il pas été conduit de gré ou de force jusqu'à l'Élysée, ou même retenu en route à l'Hôtel de Ville, le baptistère de toutes les Révolutions?

A aucun jour de cette étonnante odyssée boulangiste, la révolution n'a été plus proche ; à aucun jour, le Gouvernement n'a été plus à la merci d'une crise redoutable. Que faire devant une trombe humaine?

M. Rouvier eut-il, dès ce jour-là, le sentiment de la faiblesse de l'adversaire qui avait ainsi laissé passer cette occasion? Il le faut croire ; car il ne fit preuve d'aucune pré-
voyance. Au lieu de grouper autour de lui une majorité
résolue, il laissa les choses aller et la majorité se dissoudre.
Au lieu de s'appuyer sur la droite à laquelle il devait tout,
il la blessa par des maladresses, proclama qu'il ne lui céde-
rait rien, et écrivit des circulaires que M. Jules Ferry n'eût
pas désavouées.

Le châtiment ne se fit pas attendre. Tandis qu'il prodiguait les flatteries à la gauche, l'affaire Wilson éclata comme
une bombe. Le député Wilson était le gendre du Président
Grévy, gendre peu bruyant et peu brillant, mais très homme
d'affaires. Comme il n'avait pas de scrupules, il se mit à
distribuer des décorations à des créatures, et se servit d'un
intermédiaire maladroit qui se laissa prendre la main dans
le sac.

L'affaire des décorations, dévoilée à la tribune, passa de
la Chambre au Palais de Justice, où l'instruction révéla les
complaisantes faiblesses du Président pour le mari de sa
fille.

Devant l'émotion publique et l'attitude du Parlement,
M. Grévy crut conjurer l'orage en priant son ministère
d'obtenir de la Chambre un vote de confiance. M. Rouvier
s'exécuta courageusement. L'issue de l'opération dépendait
de la droite. Dans une réunion plénière, ses chefs les plus
accrédités, ses militants les plus ardents, jugèrent habile
de sauver M. Grévy ; la République, disaient-ils, ne pouvait
avoir de président plus discrédité. Les simples, Albert
de Mun en fut, refusèrent de se faire les cautions de
M. Grévy. On les accusa de maladresse ; ils aimèrent mieux
être maladroits que complices.

Faute de leurs votes, le Cabinet n'eut plus de majorité et
M. Grévy plus de ministres. On eut alors un spectacle sans
précédent. Le chef de l'État fit le tour du parti républicain, à
la recherche d'un Président du Conseil et n'en trouva pas :

il frappa à toutes les portes, aucune ne s'ouvrit. Les vieux parlementaires restaient stupéfaits de cette grève de ministrables ; ils n'avaient jamais vu, ni soupçonné pareil prodige. La situation se prolongeant, la Chambre finit par perdre patience, se mit en permanence, réclama d'urgence un cabinet, et envoya sommation sur sommation au Président éperdu, qui répondait toujours en demandant des délais. Au soir du troisième jour, elle apprit avec soulagement que M. Grévy, abandonné de tout le monde, venait de faire approcher sa voiture, y était monté sans bruit, et, disant adieu à l'Élysée, avait été demander asile à son gendre.

Dans les jours qui précédèrent le Congrès, survinrent des incidents qui faillirent changer le cours des événements. La candidature de M. Jules Ferry était posée et paraissait réunir, grâce au concours supposé de la droite, les chances les plus sérieuses. Les radicaux la redoutaient par-dessus tout et menaçaient, si elle réussissait, de ne pas laisser le nouvel élu entrer à l'Élysée.

Le général Boulanger, en disgrâce à Clermont, accourut pour empêcher une élection, dont sa mise à la retraite devait être la conséquence. Son premier mouvement fut de s'entendre avec les radicaux, qui, disait-on, préparaient en secret de graves résolutions. Grande fut sa déconvenue, quand il constata que leurs conciliabules se passaient en palabres.

Irrité, ahuri, pressé par le temps, il se retourna vers la droite et demanda à M. de Mackau une entrevue, qui, le soir même, eut lieu chez un député ancien officier, M. de Martimprey. Là, il exposa que si M. de Freycinet était élu Président, il serait son ministre de la Guerre et pourrait ainsi servir les intérêts conservateurs.

M. de Mackau, stupéfait de cette ouverture, évita tout engagement et réserva l'assentiment de ses collègues qui, sous sa Présidence même, avaient mis l'exclusive sur M. de Freycinet, auteur de la loi d'exil.

Avant de les consulter, il jugea sage de prendre l'avis du comte de Paris, que l'élection de M. de Freycinet aurait pu personnellement blesser. Une lettre, rédigée dans un style trop diplomatique, lui fut aussitôt adressée ; mais elle dut aller le chercher à Sandrigham, où il était en villégiature chez le prince de Galles. Il fallut beaucoup de temps pour le rejoindre et, à la lecture de la lettre, le Prince ne comprit pas de quel général il s'agissait. Il demanda des explications au jeune envoyé qui, ne sachant rien, ne put les lui donner et revint à Paris les chercher.

Pendant ces voyages, le Congrès de Versailles se réunit et élut M. Carnot. La droite, sans direction, perdit ses voix sur un candidat qui n'avait aucune chance. Cette opération a un nom consacré ; elle s'appelle se compter ; ce qui signifie, montrer qu'on ne compte pas.

Le lendemain, la majorité qui avait failli se couper en deux était reconstituée ; et le nouveau Président, recevant la Commission du budget que conduisait M. Clemenceau, lui dit : « La droite, c'est l'ennemi. »

Cette parole, doublement surprenante dans la bouche du chef de l'État et de l'ancien collègue de M. Rouvier, était la répudiation de la politique de l'ancien Cabinet et une provocation à une partie de la représentation nationale. Celle-ci, acculée à se défendre, releva le gant. Ainsi a été rendue possible l'étonnante crise qu'on a appelée le Boulangisme.

Le général avait gardé rancune à M. de Mackau et à ses amis de l'insuccès de sa démarche et rompu toute relation avec eux. Quelques jours après, le soir du 1er janvier, à la suite de ses réceptions officielles, il avait même disparu de Clermont pour aller à Prangins frapper à la porte du prince Napoléon. Il y avait été accueilli avec bonne grâce, mais sans recevoir ni promesses, ni encouragements. A la fin de sa visite, son hôte lui avait fait visiter le musée où étaient conservés les souvenirs de l'Empereur et, prenant le sabre que le premier Consul portait à Marengo, lui avait dit: « Si vous rendez à la France l'Alsace et la Lorraine, je vous le donnerai. »

Ce fut le seul résultat de sa visite. On ne songeait plus à lui depuis des mois, quand on apprit que des personnalités, appartenant aux fractions les plus diverses de l'opposition, s'étaient groupées et formaient un Comité mystérieux, désireux de mettre à profit sa popularité et de faire des sondages dans le pays. Leurs efforts se traduisirent d'abord par sa candidature posée dans des circonscriptions alors vacantes.

L'opération débuta par des échecs ; mais poursuivie avec obstination, quoique sans organisation ni grandes ressources, elle aboutit à des demi-succès, puis à des majorités inattendues qui encouragèrent les meneurs.

Alors s'organisa une grande entreprise nationaliste et plébiscitaire, dont le développement tint presque du prodige. Il fallait que l'opinion fût bien lasse de ses dirigeants, pour que, sur tous les points de la France, elle se manifestât avec cet ensemble et cette puissance. Le général ne faisait qu'apparaître, sa présence suffisait à provoquer des courants irrésistibles.

En très peu de temps, il fut le chef d'un grand parti sorti de terre, avec des comités formés spontanément, des journaux s'offrant d'eux-mêmes, des ressources alimentées par de volontaires souscripteurs, et ce simple programme tout de suite populaire : Dissolution, Revision, Constituante.

On a beaucoup reproché à Albert de Mun d'avoir été un des promoteurs du mouvement, et surtout d'y avoir amené le comte de Paris. La vérité est tout autre.

Il a été au Congrès de Versailles sans rien savoir de l'entrevue du général avec M. de Mackau. En s'y rendant, un de ses amis, mieux informé, fit allusion à la candidature de M. de Freycinet. Il déclara ne rien entendre à ce propos et l'entretien en resta là.

Si, par la suite, il a parlé avec le comte de Paris des pro-

grès du boulangisme, il ne lui a demandé d'encouragement
ni pour lui, ni pour ses collègues alors engagés dans la même
voie. Il savait le Prince résigné à subir en silence ce qu'il
ne pouvait empêcher, mais résolu à éviter tout entretien
avec des amis, très décidés à lui désobéir, croyant le servir.

Deux faits éclairaient son intime pensée, le refus
d'un don magnifique de 3 millions pour la campagne boulangiste, une lettre adressée à tous les maires de France
exposant la doctrine et les titres de la monarchie constitutionnelle. Le général d'ailleurs ne se faisait aucune illusion
sur ses sentiments. Aussi éludait-il tout engagement formel
au sujet de la monarchie ; il voulait être Bonaparte et non
pas Monck.

Albert de Mun n'a jamais obéi qu'à ses inspirations personnelles. Partisan de la monarchie, il n'en croyait le rétablissement possible et désirable que s'il s'accomplissait,
sans·coup de force ni effusion de sang, par la seule action
de la volonté populaire ; et Boulanger lui semblait destiné
à provoquer cette action. Ignorer l'agitation que son nom
créait lui paraissait puéril ; s'y opposer, dangereux et vain ;
l'utiliser, profitable. Telle était toute sa politique.

A ce moment l'extraordinaire popularité du général
avait acquis une telle force qu'il fallait ou la soutenir ou
la combattre, sous peine de ne plus compter. Aussi les plus
modérés jugèrent-ils sage de s'en servir, afin d'arriver à la
revision de la Constitution, leur dernière branche de salut.

Albert de Mun exposa ses idées dans une réunion plénière de la droite et montra la situation avec ses périls. Si les
conservateurs se présentaient aux élections avec leur programme de 1885, ils seraient non pas battus mais balayés
par le courant boulangiste. Le nom du général était devenu
un talisman. Sans doute le plébiscite était le premier article
de son programme, celui autour duquel le suffrage universel,
dans toutes ses nuances, se groupait avec entrain ; mais il
s'agissait d'un plébiscite, non pas créateur d'un régime
nouveau, mais consécrateur des décisions d'un Congrès.

Cette ingénieuse subtilité rassurait peu la raison et la conscience d'un auditoire habitué à chercher ailleurs que dans la souveraineté populaire l'origine et les titres du pouvoir. L'évidence du danger lui fit pourtent accepter le plébiscite, comme un de ces remèdes héroïques qui sauve ou qui tue. Personne ne se méprit sur la gravité d'une telle résolution ; mais personne ne voyait plus d'autre issue à une situation devenue inextricable.

Jeter un parti sur une voie contraire à celle qu'il avait toujours suivie était un jeu dangereux ; on s'exposait, après une telle déviation, à ne plus le retrouver ; mais à ne rien risquer on s'exposait à tout perdre. Les plus sincères avouaient eux-mêmes qu'on jouait la dernière carte, et qu'en cas d'échec, il ne resterait plus qu'à accepter la République.

La décision une fois prise, les conséquences apparurent aussitôt. Le général, chef et oracle, voulut imposer ses conditions ; et la première de toutes était l'adhésion à la République, au moins l'engagement de la reconnaître si le suffrage universel la reconnaissait lui-même. Beaucoup se résignaient aisément ; d'autres se réfugiaient derrière cette formule qu'ils croyaient inoffensive, tant ils croyaient au succès : nous nous inclinerons devant la volonté du pays. Presque tous faisaient, plus ou moins sciemment, acte de constitutionnels, se réservant peut-être de s'en dégager en cas d'échec.

Le général connaissait mieux la stratégie militaire que la stratégie politique. Il ignorait les idées, la langue, le personnel du monde où il était entré. Sans plan, ni but, ou du moins sans autre plan que de faire du bruit, sans autre but que de réussir, il allait devant lui au hasard, là où le flot le portait.

Quant à ses amis, ils formaient le plus curieux assemblage. Les uns voulaient la République parlementaire, les autres la République consulaire, plusieurs ne voulaient d'aucune. A côté de convaincus et de patriotes, il y avait des agités et des sceptiques, à côté de vrais braves, des prudents. Parmi ceux-ci, il en était un, très qualifié pourtant, qui avait soin d'avoir toujours une barque amarrée au pont de la Concorde, comme Siéyès, au 18 brumaire, avait une voiture cachée dans les bois de Saint-Cloud.

Après les appels timides au suffrage universel, vinrent les candidatures à grand fracas et les élections triomphales. Le général n'avait plus qu'à frapper la terre du pied pour en faire sortir des légions d'électeurs. On ne lui demandait même plus son programme ; son nom en était un, qui disait tout. Personne n'était sûr de l'avoir pour lui ; mais personne ne se sentait de force à l'avoir contre.

A voir cette inexplicable popularité, on eût dit qu'il avait fait la campagne d'Italie et qu'il revenait d'Égypte.

Le pays était si dégoûté de l'anarchie parlementaire, si saturé des brouillards des bas-fonds ! Il s'était aperçu que le cléricalisme était un gagne-pain pour les uns, un tremplin pour les autres ; l'oppression maçonnique l'irritait et l'humiliait. Après de longues illusions, il voulait secouer les influences malsaines, reprendre ses traditions nationales, respirer un air pur et redevenir le peuple idéaliste et généreux, si longtemps modèle de tous les autres. Ces aspirations encore confuses, si elles ne se traduisaient pas en termes clairs, agitaient le fond des âmes et soulevaient les masses. La révision constitutionnelle résumait tous les sentiments, symbolisait toutes les espérances.

A ce moment, se produisit une vacance législative à Paris. L'occasion était tentante, mais périlleuse. Vaincre n'était pas tout ; cette fois il, fallait profiter aussitôt de la victoire ou succomber sous elle.

Le Comité du général Boulanger décida de jouer la partie, et gagna la première manche. La majorité fut énorme et le succès de l'élection écrasant. Le plébiscite, commencé en province, s'achevait à Paris triomphalement.

Le soir, la foule envahit les boulevards. On n'entendait que les cris : « Vive Boulanger », ou la chanson du Pauvre

Jacques, Jacques, c'était le nom du candidat battu. Paris était-il passionné ou gouailleur? Le général eut deux heures pour le deviner. S'il tombait juste, la route de l'Élysée s'ouvrait devant lui ; s'il se trompait, c'était celle de Vincennes. Pendant qu'il délibérait, Déroulède tira sa montre : « Dans un quart d'heure, dit-il, il sera trop tard.» Avant la fin du quart d'heure, le général était monté en fiacre et rentré chez lui. Il crut s'être tiré d'un mauvais pas ; il s'était perdu. Tacite l'a dit : « *Nihil in vulgo modicum*» ; la foule ne connaît pas de milieu entre l'enthousiasme et le dégoût.

Le lendemain, l'heureux élu se rendit à la Chambre, récoltant çà et là de maigres applaudissements. Son entrée y excita plus de surprise que d'émotion. Quand il fut assis paisiblement à son banc, ses amis eurent un mouvement d'angoisse, et ses adversaires un élan de joie. Il était visible qu'il avait laissé passer la minute décisive ; le charme était rompu. Pour les clairvoyants, il n'était déjà plus qu'un héros évanoui. Quelques jours plus tard, après le dépôt malencontreux d'un projet de dissolution et de révision, il parut un politicien fini. « A votre âge, lui cria M. Floquet, Napoléon était mort. » — « A votre âge, Monsieur Floquet, répondit Paul de Cassagnac, Mirabeau était mort. » Ce colloque donnait le nouveau diapason de l'opinion.

Le Gouvernement, remis d'aplomb, prépara sans bruit un procès en Haute-Cour pour complot contre la sûreté de l'État. Quand le général en fut informé, il prit en hâte le train de Bruxelles. Un de ses amis, M. Laguerre courut l'y chercher et le ramena non sans peine. Quelques semaines plus tard, sur le bruit qu'il allait être arrêté, il repartit de nouveau, mais cette fois, comme la colombe de l'arche, ne revint pas.

Le Sénat, transformé en cour de justice, le condamna par contumace. C'était la fin de l'épopée. Son Comité essaya bien un petit plébiscite sur son nom, aux élections du Conseil général. L'échec fut piteux.

Grande fut la déconvenue de la droite. Elle se rendit compte qu'elle avait quitté la grande route et s'était égarée dans des sentiers de traverse. Royalistes et catholiques s'étonnaient du chemin parcouru, de la grandeur et de l'inutilité de leurs sacrifices.

Quant à l'opinion publique, déconcertée et injuste elle s'en prit âprement à l'opposition qui l'avait déçue. Elle oubliait qu'elle était la première coupable et qu'en cédant à ses instincts césariens, c'était elle qui avait créé le Boulangisme et forcé la main à ses députés.

De cette folle équipée qui avait si vite tourné court, de cette extraordinaire fortune emportée au premier souffle d'orage, le pays retira un profit. Les vainqueurs revenaient de si loin qu'ils furent effrayés de leur succès et reprirent leur vieille formule « *suaviter ac fortiter* ». A force de tendre l'arc, ils avaient failli le briser ; les adversaires, si rapidement vaincus, pouvaient avoir un sursaut de colère et se relever. La crainte fut, pour eux, le commencement de la sagesse. Aussi, au lieu de pousser des cris de triomphe, s'empressèrent-ils de protester de leurs bonnes intentions et de répudier toute idée de représailles. Au Sénat, on entendit des paroles conciliantes. A la Chambre, M. Jules Ferry fit appel à l'apaisement.

L'ancien chef opportuniste, « le Tonkinois », longtemps frappé de cet ostracisme, qu'il appelait « l'enfant irrité de la cité antique », n'avait plus repris la parole, depuis ce premier jour de la session, où il avait soulevé tant d'orages et subi tant d'injures. Quel accueil lui réservait la Chambre? Ennemi juré de Boulanger, il avait contribué à l'abattre ; les radicaux lui en savaient gré. Restait la droite, que sa campagne antiboulangiste ne lui avait pas ramenée. Il compta sur un de « ces pardons sans oubli » dont bénéficient, même en politique, les auteurs des pires méfaits.

A la tribune, il le prit avec elle sur un ton presque mielleux. Elle l'écouta silencieuse et stupéfaite. Albert de Mun ne l'interrompit pas, mais eut peine à maîtriser sa colère. En l'entendant prodiguer les plus douces paroles, toute l'histoire du passé lui revint en mémoire : l'expulsion des religieux, l'enlèvement des crucifix, l'école sans Dieu, le blocus de l'enseignement libre, l'État athée. Ce qui n'était pour M. Ferry qu'une simple habileté oratoire lui parut une inconscience, un défi, presque un scandale.

En lui répondant, son irritation prit un ton acerbe qu'on ne lui connaissait pas :

« Il faut dire, s'écria-t-il, sur quelles bases et quelles « garanties vous prétendez conclure la paix que vous nous « proposez. Ce n'est pas sur votre repentir, est-ce donc sur « votre passé politique? — Mais vous avez donc tout ou- « blié, et cet article 7 inventé par vous pour les besoins de « votre radicalisme d'alors, intercalé, comme une provoca- « tion, dans une loi que vous appeliez, par dérision, loi sur « la liberté de l'enseignement supérieur, et toute cette cam- « pagne d'accusations violentes et passionnées, commencée « par vous et vos amis, et promenée ensuite dans toute la « France, non seulement contre les Jésuites, mais contre « la religion elle-même, dont vous attaquiez la hiérarchie, « le culte, les prêtres, sauf, comme le disait M. Lamy, à res- « pecter tout le reste, où, pour vous débarrasser de quelques « religieux, qui vous portaient ombrage, vous fouliez aux « pieds la liberté d'association, la liberté individuelle, la li- « berté de penser, malgré tous les vieux libéraux de votre « parti, de M. Dufaure, de M. Jules Simon, malgré les « consultations des jurisconsultes les plus éminents, de « M. Rousse, de M. Demolombe, malgré les protestations « qui vous arrivaient couvertes d'un million de signatures.

« Vous avez oublié tout cela, et les décrets du 29 mars qui « pèsent sur votre nom d'un poids trop lourd, pour que vous « puissiez jamais le secouer. »

Plus le terrible accusateur poursuivait son réquisitoire, plus sa parole se précipitait, emportée par la passion ; son éloquence, subitement transformée, prenait des accents en- flammés, et débordait de son cœur, chargé des longues souf-

frances silencieusement endurées. Ni les applaudissements,
ni les interruptions n'arrêtaient le cours de l'inspiration
presque dramatique, qui l'entraînait jusqu'aux limites où
cessent les immunités parlementaires.

« Vous avez coupé la France en deux, s'écriait-il d'une
« voix frémissante, vous avez créé deux Frances ; et cette
« République, que vous aviez la charge de faire accepter,
« malgré les fâcheux souvenirs de son histoire, à un pays
« fatigué de divisions et de luttes intestines, vous en avez
« fait une République inhabitable pour la moitié des
« citoyens. Voilà votre responsabilité. Vous vous en aperce-
« vez aujourd'hui. Sans trop vous compromettre par des
« repentirs extérieurs, vous voudriez vous arrêter et reve-
« nir en arrière, car les élections approchent.

« Il va falloir rendre vos comptes, la guerre religieuse
« n'a plus la vogue d'autrefois ; elle ne suffit plus à satis-
« faire le peuple trompé, ni le pays qui en a assez, qui veut
« autre chose. Que veut-il? je vais vous le dire, il demande
« tout simplement à être délivré de cette dictature à vous,
« qui est la plus intolérable de toutes. »

Ces paroles impétueuses, où se traduisaient les indignations de la France chrétienne, remplirent la Chambre d'émotion mais n'éveillèrent pas d'écho au dehors. Le pays était
retombé sur lui-même et redevenu sourd aux voix qu'il
applaudissait hier. Dans l'amertume de sa déception,
il ne pardonnait pas aux faux prophètes ses illusions
perdues.

Quant à l'opposition, elle était désorganisée. A bout de
souffle, elle n'avait plus ni prestige, ni programme, ni chef.
Son prestige, elle l'avait laissé dans une aventure où elle
s'était presque désavouée elle-même ; son programme de
révision, elle l'avait discrédité, en le faussant ; son chef,
condamné par contumace, était réfugié à l'étranger, sans
même avoir conservé ses droits civils.

Des deux partis en présence, l'un, le Bloc, se vantait
d'avoir défendu à la fois ses doctrines et l'ordre public ;

l'autre, la droite, paraissait avoir abandonné les siennes et préparé une révolution. Au regret d'avoir perdu la partie s'ajoutait, pour elle, le remords de l'avoir jouée.

Le Gouvernement put célébrer joyeusement et sans crainte le centenaire de la Révolution de 89. Il se glorifiait de l'avoir sauvée d'un dernier et grave péril. Tous les maires de France assistèrent aux Tuileries à un immense banquet, fête pompeuse qui, leur disait-on, rappelait le serment du Jeu de Paume.

La campagne électorale s'ouvrit sous ces auspices. La brillante minorité de 1885 fut décimée. Combien douloureuse était son histoire ! Arrivée confiante et belliqueuse, elle avait laissé sa jeune vigueur s'évaporer en paroles, se compromettre en fausses manœuvres et vu ses princes partir pour l'exil. Après s'être proclamée intransigeante, elle s'était faite modestement l'auxiliaire d'un ministère opportuniste, qui ne lui donnait rien et parfois la bravait. Devenue, par la division du parti républicain, l'arbitre d'une élection présidentielle, elle avait, pour sauvegarder l'intégrité de son programme, donné la mesure de son impuissance. Enfin, de guerre lasse et presque en rougissant, elle avait suivi un général indiscipliné, qui ne savait ni vouloir, ni agir.

Elle avait essayé de tout et échoué à tout ; l'expiation dépassait la faute.

Déçue d'avoir cru à l'irréalisable, irritée de s'y être brisée, il ne lui restait plus qu'à profiter de la dure leçon des événements pour rassembler ses dernières forces et chercher une revanche plus digne sur un terrain plus sûr.

V

LÉGISLATURE DE 1889 A 1893

Le Ralliement. — L'Accord Russe.
Le Panama.

V

·La triste issue du boulangisme et les élections malheureuses de 1889 causèrent à Albert de Mun des déceptions qui emportèrent ses dernières espérances monarchiques.

De cette dure bataille longtemps douteuse, la République sortait raffermie. Fortifiée par le temps, à l'abri des surprises, elle semblait n'avoir plus à redouter que ses propres fautes. C'était la septième fois que le suffrage populaire soit universel, soit restreint, la consacrait. Au cours des quatorze dernières années, elle avait triomphé des conservateurs, du maréchal Mac Mahon, du général Boulanger. L'opinion publique, suivant sa coutume, s'était rangée peu à peu du côté de la victoire, et adaptée, en dépit d'anciennes défiances, à un régime qui maintenait l'ordre dans la rue et la paix à l'extérieur.

Que faire dans une telle situation? S'enfermer dans le culte des souvenirs, se réfugier dans des espérances de restauration indéfiniment ajournées, et, en attendant, se croiser les bras, assister en stoïciens à la désorganisation du pays, sauf à se consoler de son impuissance, en se disant qu'elle était synonyme de fidélité? Cette attitude acceptable, honorable même pour des hommes politiques, qui, ne comptant pas avec le temps, se résignent aux longues attentes, était-elle possible à un chef catholique, engagé dans une lutte religieuse de plus en plus âpre, dont chaque jour aggravait les périls?

Sans doute, le rôle d'un Berryer, s'imposant à l'admiration d'une assemblée où il était isolé, eût eu de quoi séduire

un grand orateur «n'ayant pas besoin de réussir pour persévérer» ; il ne pouvait tenter un croyant tel qu'Albert de Mun.
Se consoler de son impuissance par des satisfactions d'amour-
propre, ce n'était ni le devoir ni l'honneur.

Il était aux prises avec ces anxiétés, quand s'ouvrit la
législature de 1889. Il y trouvait une majorité heureuse,
mais stupéfaite de sa victoire, une minorité découragée et
dissociée, des vainqueurs mal remis de la dernière alerte,
des vaincus attendant les événements, sans prétendre les diriger, ni même les prévoir.

Après la crise du boulangisme, les républicains n'eurent
d'abord qu'un souci : consolider leur bloc pour faire tête à de
nouveaux périls. Ils venaient de vérifier la vérité des conseils donnés jadis par Michel de Bourges à leurs devanciers :
« Unissez, dans un même sentiment d'admiration et de re-
« connaissance, les Girondins qui fondèrent la République
« et les Montagnards qui la sauvèrent. » M. Clemenceau
a raconté que, dès le début de la session, un pacte tacite, mais
connu de tous, avait été conclu entre les républicains, pacte
d'après lequel un Gouvernement devait prendre la direction
de la majorité parlementaire, au nom de tout le parti. A
tout le parti, il avait donné cette devise : La Révolution est
un Bloc ; la majorité doit en être un [1].

Cette majorité se composait d'éléments d'origine et de
tempéraments différents, unis surtout par un sentiment
d'hostilité religieuse qui allait du parfait nihilisme à un
intellectualisme sceptique. A côté de socialistes mal unifiés,
et de radicaux fidèles au programme de Belleville, se trouvaient des opportunistes de l'école Ferry et de vagues libéraux, disciples lointains de M. Thiers se disant centre
gauche. A côté d'athées déclarés, de francs-maçons, de
positivistes, flottaient des incertains et des habiles, voire
même de ci-devant catholiques, prêts à le redevenir après
leur retraite de la vie publique.

1. Séance du 8 mai 1891.

Cette masse confuse, obéissant au mêmemot d'ordre : « Le cléricalisme c'est l'ennemi », formait la colonne d'assaut destinée à frayer la route à la laïcité. Jusqu'où irait-elle? A quels excès se laisserait-elle entraîner? Nul ne le pouvait dire et tout était à craindre.

La Chambre était à peine réunie que se produisit dans les rangs conservateurs une tentative d'organisation, qui fit peu de bruit à son origine, mais prit par la suite une importance imprévue. Il s'agissait de la fondation d'un groupe constitutionnel.

L'idée n'était pas neuve. On l'avait vue se produire au lendemain des élections de février 1876 ; mais la lutte contre la République était trop ardente, et la Constitution encore trop fragile. Reprise en 1886 par Raoul-Duval, qui la liait à l'acceptation des lois scolaire et militaire, elle n'avait abouti qu'à un beau discours de son promoteur et à quelques rares adhésions.

Une longue série de déceptions, le caractère des dernières élections, l'acuité de la crise religieuse, semblaient en 1890 lui donner de meilleures chances et une plus évidente opportunité. Beaucoup d'élus n'avaient-ils pas pris, au cours de la période électorale, des engagements nettement constitutionnels? Comment s'en dégager après la défaite et répudier, comme députés, l'attitude prise comme candidats?

Le boulangisme avait créé à l'opposition une situation qui ne se conciliait plus avec des revendications dynastiques. Sans doute, il était dur de renoncer à d'anciennes préférences, et de ne plus combattre un régime si longtemps dénoncé comme malfaisant, dur surtout de faire violence à des sentiments et à des scrupules personnels. Le comte de Paris était proscrit ; ne plus arborer le drapeau royaliste, n'était-ce pas manquer au malheur? Et puis, de quel prix serait payé un tel sacrifice? La majorité, croisée sous la bannière de la libre-pensée, consentirait-elle jamais à reconnaître comme belligérants, les protestataires d'hier, restés les adversaires déclarés du sectarisme? Renoncer à toute ambition, s'exclure soi-même du pouvoir, était chose aisée ; encore fallait-il, pour garder une action dans le pays et une place à la Chambre, que le suffrage universel, qui tenait les clefs de la maison, consentît à en ouvrir les portes ; et tout était à redouter de son intolérance, tant il était saturé de préjugés et encerclé par l'administration.

Ces doutes aboutissaient à des flottements dans les idées et des hésitations dans la conduite. Comme toujours, les résolus furent prisonniers des timides. Tandis qu'à l'extrême-droite, ceux qui se préoccupaient « non de ce qui est, mais de ce qu'ils voulaient qui fût », se firent sarcastiques et imaginèrent le mot ralliement, à la fois louche et équivoque, à gauche, les heureux possesseurs du pouvoir crièrent à la perfidie.

Pour tenir tête à ce double assaut, il eût fallu un nom et un programme clairs. Le nom droite républicaine était tout indiqué. Le programme s'offrait de lui-même: paix politique par la révision de la Constitution, paix sociale par la représentation professionnelle et une équitable législation ouvrière, paix religieuse par l'application rigoureuse de la liberté et l'affirmation publique de l'idée divine.

Rien ne paraissait plus simple que l'acceptation de ce nom et de ce programme. Rien n'était alors plus irréalisable. De telles affirmations eussent paru à beaucoup de dangereuses hardiesses. Les leur imposer, c'eût été les licencier. On était si près des campagnes monarchiques, si loin encore d'une juste vue des événements, qu'il était déjà très osé de prononcer le mot constitutionnel, et de ne pas craindre celui de clérical. Aller plus loin, c'était faire une œuvre mort-née.

Albert de Mun ne se laissa impressionner ni par les injures ni par les railleries. La politique du nouveau groupe répondait à ses impressions personnelles et aux nécessités du temps ; elle lui semblait la dernière ressource des conservateurs vaincus et divisés. S'il comprenait l'intransigeance politique des révolutionnaires, bénéficiaires éventuels des grandes crises, et celle des césariens, toujours à l'affût d'un sauveur, il s'expliquait mal celle des modérés et des catholiques. Outre que leurs troupes n'étaient pas prêtes à descendre dans la rue, elles défendaient des idées sages, qui les excluaient des héritages révolutionnaires. Vouées par leurs opinions à ne jamais conquérir le pouvoir de haute lutte, mais à s'y acheminer lentement, comme la réserve suprême de l'ordre légal, elles n'avaient qu'une chance ; se concilier l'opinion par la correction de leur attitude et une activité résolue mais prudente.

Une jeune génération chrétienne, fille d'une société oublieuse du passé, avait grandi dans le tumulte des idées nouvelles et respiré à pleins poumons l'air qui venait du large. Témoin des luttes stériles soutenues par son aînée, elle n'avait plus d'espoir que dans des méthodes nouvelles, où le loyalisme politique s'allierait à la fidélité religieuse. La seconder dans ses efforts sans méconnaître ses aspirations, lui apporter, par surcroît, le secours d'éléments jusqu'alors réfractaires, c'était ouvrir la voie, où elle pouvait retrouver l'influence perdue par une longue succession de fautes et de malheurs.

Depuis cent ans, la France, désemparée par la bourrasque révolutionnaire, avait essayé de toutes les formes de réaction, sans réussir à en acclimater aucune. Au lieu de s'obstiner à jeter au travers du fleuve des barrages toujours emportés par le courant, ne valait-il pas mieux tenter de tracer son lit et de régler son cours ?

Aux États généraux de 1597, d'anciens ligueurs envoyèrent des députés à Henri IV pour lui demander d'imposer de force l'unité de culte. Il leur répondit : « Je vous prie de considérer non seulement ce que vous désirez, mais ce que pauvre royaume comporte, comme le malade qui ne prend pas ce qu'il trouve bon, mais même ce qui est déplaisant, comme plus favorable à sa santé. »

Albert de Mun pensait comme Henri IV. « Votre programme, disait-il, aux constitutionnels, est le bon sens

même. J'en ai eu longtemps un autre ; mais, après les mécomptes que les événements m'ont apportés, j'en arrive à
penser comme vous. Mon passé m'interdit d'entrer dans vos
rangs, où je vous compromettrais. Tenez bon, le temps vous
donnera raison. »

L'évanouissement de ses deux grands rêves, monarchie
du drapeau blanc, parti catholique, l'amenait à cette conviction qu'il fallait choisir entre la lutte sur le terrain nouveau imposé par les événements, ou l'inutilité d'une attitude négative, c'est-à-dire suivant une parole célèbre, à
n'être plus un fait pour rester une ombre et un bruit. Sans
doute des influences positivistes dominaient le monde diri-
geant ; mais étaient-elles irréductibles? Dieu a fait les nations guérissables. La République n'était pas athée par essence. Le cardinal de Bonald n'était-il pas allé jusqu'à
écrire en 1848 : « Le drapeau de la République sera toujours
pour la religion un drapeau protecteur [1]? »

Pendant qu'à la droite de la Chambre, on élaborait cette
formation nouvelle, le jeune duc d'Orléans, conscrit de la
classe de 1889, réussit à déjouer la police, et le Gouvernement apprit sa présence à Paris par la lettre où il réclamait
son inscription sur les contrôles militaires.

La première pensée de M. Constans, alors ministre de
l'Intérieur, fut de faire reconduire le prince à la frontière ; le Président Carnot l'en empêcha en lui rappelant les
sanctions de la loi d'exil. Il chercha alors à étouffer l'affaire,
en lui appliquant la procédure du flagrant délit ; mais l'accusé invoqua le droit commun, et il fallut renvoyer le
débat à l'expiration des délais légaux. Le droit commun
aboutit à de brillantes plaidoiries, à de simples et nobles
paroles du prince, mais aussi à une condamnation à deux
ans de prison.

Une manifestation dans les couloirs du Palais et à la statue d'Henri IV fournit au Gouvernement un prétexte pour

1. LECANUET, *Montalembert*, t. II. La liberté d'enseignement,
p. 378-379.

ne pas accorder la grâce que l'opinion réclamait. Le duc d'Orléans fut transféré de la Conciergerie à Clairvaux.

Sa belle audace, sa jeunesse, son patriotisme, son attitude faite de résolution et de bonne grâce, intéressèrent le public, sans le passionner. Un petit-fils d'Henri IV, traduit en justice et condamné pour avoir demandé à servir la France en soldat, c'était un spectacle digne de l'émouvoir. Son habituelle frivolité n'y prêta qu'une attention distraite.

Albert de Mun s'affligeait de ce fléchissement de l'idée monarchique qui démontrait l'urgence d'une nouvelle politique, quand le toast d'Alger retentit comme un coup de clairon. Le cardinal Lavigerie, osant dire tout haut, dans une grande fête officielle, ce que des députés avaient chuchoté, quelques mois avant, dans l'intimité de réunions parlementaires, et conviant les catholiques, au nom de l'Église, à se placer sur le terrain constitutionnel, quel acte inattendu, quel jet de lumière au milieu des obscurités de la situation !

L'émoi fut grand dans le camp conservateur : ce fut, au premier moment, du dédain et bientôt de l'indignation. On crut d'abord à une initiative isolée, qu'expliquait la chaleur du banquet, peut-être celle du climat ; on disserta à l'infini sur la portée des mots, la valeur théologique de la doctrine, l'inspiration à laquelle avait obéi l'orateur. Comme Rome ne se prononça pas tout de suite, ou ne se prononça qu'en termes voilés, les adversaires s'enhardirent, prirent le cardinal à partie, et jetèrent assez d'incertitude dans les esprits pour que le toast parût un acte, presque un écart individuel.

Ceux qui en méconnurent le caractère ignoraient l'état d'esprit de Léon XIII et les précédents de sa politique.

Dès son élévation au Pontificat, il s'était ému des dangers que couraient le Concordat et l'Église ; aussi le premier de ses nonces à Paris avait-il reçu mission de prendre, vis-à-vis de la République, une attitude conciliante et vis-à-vis des partis un rôle de modérateur.

M. Ranc [1] a raconté qu'un diplomate français le pria un jour de remettre secrètement à Gambetta, alors président de la Chambre, une lettre de Mgr Czacki. Après l'avoir lue, Gambetta lui déclara, qu'en diverses occasions, le nonce avait parlé, en termes enveloppés, de l'adhésion possible des catholiques à la République, et que sa mystérieuse lettre en précisait les conditions ; abandon de la laïcisation des écoles, maîtrise de l'Église sur l'enseignement du peuple. « Au prix qu'ils veulent y mettre, ajouta-t-il, en forme de conclusion : c'est trop cher.» Il connaissait d'ailleurs depuis longtemps l'intime pensée de Léon XIII. Dans deux lettres familières, qui datent du lendemain du conclave, il avait écrit : « Pecci ne rompra pas avec les traditions et les déclarations de ses prédécesseurs ; mais sa conduite, ses actes, ses relations, vaudront mieux que ses discours. S'il ne meurt pas trop tôt, nous pouvons espérer un mariage de raison avec l'Église. »

Rebuté du côté républicain, le nonce s'était retourné du côté royaliste. Dans une conversation avec le marquis de Dreux-Brézé, représentant du comte de Chambord, il avait insisté sur l'intérêt qu'avaient les partis d'opposition à changer d'attitude. « Les légitimistes, avait-il dit, perdent « toute influence, en persévérant dans leur intransigeance. « Le bien qu'ils peuvent faire, c'est à un autre point de vue « qu'il faut l'envisager. Ce point de vue, c'est celui du « triomphe des intérêts religieux. Le terrain où ils peuvent « essayer de l'accomplir, c'est celui de l'acceptation de la « transformation de la France en République. Autour des « questions religieuses et pour leur défense, se peuvent « unir, sans blessure pour aucun d'eux, tous les partis « quelle que soit leur origine, quels que soient les sentiments « qui d'ailleurs les divisent [2]. »

A cette ouverture, M. de Dreux-Brézé avait répondu

1. Article du journal *le Matin* (18 avril 1899).
2. M. DE DREUX-BRÉZÉ, *Notes et souvenirs*, page 156 (imprimerie Desmoulins).

froidement « que le comte de Chambord n'accepterait pas ».

Déçu, le nonce s'était alors adressé au duc de Blacas‘ et avait obtenu, à force d'instances, que les vues du Pape fussent transmises au prince. A cette communication, celui-ci,sans perdre une minute, avait répondu par cette simple dépêche : « Tenez ferme, lettre suit. » La lettre, confirmation de la dépêche, déclarait qu'un changement de politique serait pour lui et son parti un suicide. Aussitôt les comités royalistes reçurent ordre d'accentuer aux élections « le cachet politique de leur intervention », et de se placer, non sur le terrain de l'union conservatrice, mais sur celui du principe monarchique.

Le « c'est trop cher » de Gambetta, le « tenez ferme » du comte de Chambord avaient coupé court à toute négociation.

Après la mort de l'un et de l'autre, Léon XIII avait repris son projet, et songé, la veille des élections de 1885, à s'adresser directement aux catholiques français. Mais à cette nouvelle, leurs chefs laïques, pris de peur, avaient dépêché l'un d'eux à Rome pour conjurer le danger d'une intervention pontificale. L'ambassadeur avait dépeint la situation sous de telles couleurs que le Saint-Père n'avait pas insisté ; et les choses en étaient restées là.

La législature de 1885 fut trop agitée pour que Léon XIII songeât à intervenir au milieu de la confusion des luttes de partis. Mais après l'échec du boulangisme et la défaite électorale qui suivit, il pensa que les illusions des conservateurs étaient dissipées et que c'était l'heure de reprendre l'œuvre de pacification, ébauchée quelques années avant. Le toast du cardinal Lavigerie répondit à cette préoccupation. S'il n'en avait pas dicté les termes, il en avait inspiré l'esprit.

Quand il le vit incompris, il fit écrire par son secrétaire d'État, le cardinal Rampolla, une lettre aux évêques destinée à en préciser le sens. La lettre eut le sort du toast. Objet d'interprétations diverses, de controverses contradictoires, elle ne produisit pas l'effet attendu. A la nouvelle de la fondation d'un groupe constitutionnel à la Chambre, il désira causer avec un des députés qui en avaient pris l'initiative et s'éclairer sur ses intentions.

Dans des entretiens prolongés parfois au delà des usages protocolaires, il lui exposa ses vues, avec une éloquence et une hauteur, qui eussent frappé d'admiration ses plus obstinés adversaires. Il montrait, en termes émouvants dans leur simplicité, la situation troublée de la France, la crise qui menaçait l'Europe, le catholicisme attaqué dans les pays mêmes où il était encore religion de l'État, l'autorité du Souverain Pontife affaiblie, « quoique couvrant encore de son influence le monde chrétien », le péril d'un retour offensif des doctrines païennes.

La France était son principal souci. Les fautes commises n'avaient pas diminué son affection pour la fille aînée de l'Église. Aucune nation, disait-il, n'égalait sa générosité et son dévouement ; aucune n'était plus riche en œuvres, aucune n'était dans le monde une apôtre plus active de l'Évangile. Qu'elle rétablisse chez elle la paix religieuse, et revienne aux traditions chrétiennes qui ont fait son unité, elle aura vite repris sa place à la tête des nations. C'est aux catholiques de travailler à cette œuvre de conciliation, en donnant l'exemple du sacrifice. La République est établie. Qu'au lieu d'en menacer l'existence, ils la reconnaissent comme le régime légal du pays. Lui-même était monarchiste ; mais que pèsent les préférences politiques devant les intérêts religieux?

Au souvenir du toast d'Alger, sa voix prenait des accents pénétrants. « Quelle scène ! disait-il, en étendant les bras et « se soulevant à demi sur son fauteuil. Tous les représentants « de l'État étaient là, autorités civiles, magistrats, géné- « raux, officiers de l'escadre. En s'adressant à eux, le cardi- « nal parlait à la France entière, faisait appel à sa foi sécu- « laire, l'exhortait à rétablir la paix religieuse, et, comme « premier gage de conciliation, l'assurait de son respect pour « ses institutions. En tenant ce langage il n'avait qu'une pen-

« sée, lui être utile. Cette pensée, elle est aussi la mienne. »

Rappelant alors les services qu'il avait rendus à la France, et ceux qu'il voulait lui rendre encore, il racontait ses efforts pour maintenir notre prépondérance en Orient, et rassurer Alexandre III, inquiet de se lier à une nation antireligieuse. A propos du renouvellement prochain de la Triple Alliance, il invoquait ses rapports intimes avec l'empereur d'Autriche et l'influence qu'ils pouvaient lui donner.

Il s'étonnait que le Gouvernement français ne comprît pas l'intérêt de bons rapports avec le Saint-Siège, et semblait souhaiter que de l'Épiscopat s'élevassent des voix qui missent en lumière ses sentiments pour la France et ses instructions aux catholiques.

C'est sans doute ce désir, maintes fois exprimé, qui décida plus tard les cardinaux français à adresser aux évêques une lettre collective, où se trouvait, avec l'affirmation des droits de l'Église, une très discrète reconnaissance des institutions existantes.

Cette manifestation, si importante qu'elle fût, ne mit pas un terme à l'agitation soulevée par le toast d'Alger. Léon XIII, ému des incertitudes de l'opinion, jugea nécessaire de les faire cesser, en parlant lui-même nettement.

Que d'efforts, une fois cette résolution connue, furent prodigués pour l'empêcher ! Les ambassadeurs vinrent de partout, et remplirent le Vatican de leurs objurgations et de leurs prières. Mgr Freppel accourut, avec une lettre signée de quarante députés de la droite. Le duc de Bisaccia, président du groupe royaliste, le suivit de près, et combien d'autres avec eux !

Léon XIII les recevait avec une bonne grâce souriante et une fermeté inflexible. Sa détermination était prise, et irrévocablement prise. En dépit de tout, il prononça les paroles décisives [1].

Au bruit de cette voix auguse, Albert de Mun tressaillit

1. Voir Appendice.

d'émotion. Devant la grandeur d'un tel acte, il ne se méprit ni sur son retentissement, ni sur ses suites.

La pensée du Pape ne laissait place à aucune incertitude. Il conviait les catholiques à s'affranchir de toute solidarité avec les partis dynastiques et à faire de la reconnaissance du régime légal la base de leur action publique, sans que cette reconnaissance impliquât, de leur part, ni affirmation doctrinale, ni préférence personnelle.

L'initiative pontificale fut le signal de controverses ardentes. Comment obtenir d'adversaires déclarés de la République l'abandon même provisoire de leurs convictions? Les uns invoquaient les longues traditions de leurs familles ; les autres des sentiments et des engagements personnels. Quant au clergé, sa surprise allait jusqu'à la stupeur. Quatorze années d'hostilités incessantes, une succession de lois et de mesures violemment aggressives ne le disposaient pas au loyalisme réclamé de lui.

Se placer sur le terrain constitutionnel, c'était reconnaître le principe d'un gouvernement, combattu avec acharnement jusqu'alors, et désarmer en face d'un régime ouvertement hostile. De tels sacrifices ne dépassaient-ils pas l'obéissance due au Saint-Siège? Quelques-uns la refusaient nettement ; d'autres ne s'y soumettaient qu'en apparence, et avec des réserves mentales, très voisines de la révolte. N'allait-on pas assister à un déchaînement de polémiques violentes, à des échanges de coups meurtriers entre croyants, à des divisions d'où sortirait le désarroi? Et puis, les controverses théologiques n'étaient-elles pas à prévoir? On disserterait à l'infini sur les droits du Pape, sur les devoirs des fidèles ; ce serait le désordre, peut-être le scandale dans la société chrétienne.

En même temps que ces perspectives s'offraient à l'esprit d'Albert de Mun, il faisait un retour sur lui-même et mesurait la gravité de l'épreuve qui s'ouvrait pour lui.

Sans doute, son clairvoyant esprit n'éprouvait aucune répugnance à obéir. Il l'a dit lui-même : « Lorsque Léon XIII

« fit appel aux catholiques pour leur demander d'accepter
« l'ordre constitutionnellement établi, l'acquiescement de
« ma raison aida l'élan de ma conscience vers une prompte
« et complète obéissance, et soutint mon cœur dans les
« épreuves parfois cruelles qu'elle lui imposa. »

Pour s'armer contre elles, et soutenir son cœur, il essayait de pénétrer jusqu'à l'intime de la pensée pontificale
et de démêler les causes profondes de cette résolution imprévue. Plus il y réfléchissait, plus il les voyait apparaître,
avec un caractère plus pressant.

La République venait d'atteindre sa quinzième année.
Au lieu de passer comme une crise éphémère, elle s'était peu
à peu implantée dans le pays. On l'avait jugée d'abord une
tente provisoirement dressée sur le sol, qu'un coup de vent
suffirait à emporter ; mais, à la voir résister aux orages, on
en arrivait à se demander si elle n'était pas la résultante fatale de plus d'un siècle de révolutions, « le gouvernement
naturel d'une société qui avait perdu toutes ses traditions
et toutes ses ancres [1] ». Sans doute, elle était irréligieuse ;
mais l'irréligion n'était pas forcément attachée à son principe et la faute en était aux hommes, non aux institutions.

Que la nation revînt à sa tradition chrétienne, et la
République, se faisant à son image, deviendrait chrétienne
aussi. La monarchie le serait-elle, disait le cardinal Gui-
bert, si la nation ne l'était pas?

Comment se refuser à l'évidence et persévérer dans une
lutte sans espoir? La France s'adaptait visiblement à des
principes et à des mœurs, contraires à l'esprit monarchique.
Les partis dynastiques s'étaient mis au travers du courant
et avaient été emportés. L'Église, en leur venant en aide,
ne s'était-elle pas déjà affaiblie? A s'obstiner contre l'impossible, à s'immoler aux souvenirs du passé, sans espoir de
le faire revivre, qu'arriverait-il d'elle? Ses traditions, son
histoire, lui traçaient une autre conduite.

1. *Père Lacordaire* (v. 1728), par le Père Chocarne, page 505.

Si, au cours des siècles, à travers des bouleversements inouïs, elle avait poursuivi victorieusement sa divine mission, c'est, qu'au lieu de heurter les peuples de front, elle les avait suivis dans leurs évolutions, s'était pliée aux divers états de leur civilisation, opposant, avec une invariable douceur à la mobilité des événements politiques l'immuable fixité de ses doctrines.

Le monde avait changé de face les empires s'étaient écroulés, les races ruées les unes sur les autres ; elle toujours debout avait placé si haut son idéal qu'elle avait traversé, sans en être atteinte, les plus formidables tourmentes. Elle avait consolé les vaincus, dompté les vainqueurs ; sa faiblesse, supérieure à tout pouvoir humain, avait opposé à la violence triomphante la puissance du droit et empêché la force d'établir, parmi les hommes, son règne détestable. Pourquoi, après avoir baptisé à Reims un roi barbare, ne baptiserait-elle pas aujourd'hui « l'héroïne sauvage », la démocratie?

Sa mission était non pas de contrôler le mérite des institutions politiques, mais de les faire servir à son action religieuse en les pénétrant d'esprit chrétien. C'était à ce prix qu'elle avait gardé son empire sur les sociétés les plus diverses, et était restée assise à leurs foyers, sous les régimes changeants qu'elles s'étaient donnés. Montalembert, qui n'était pas démocrate, n'avait-il pas écrit : « Le christia- « nisme se prête à toutes les formes de gouvernement ; mais « il ne s'identifie à aucun. Le christianisme est fait pour « survivre à tous les pouvoirs, plus ou moins éphémères, « quand ils dureraient quatorze siècles, comme a duré la « royauté française. »

Portant ses regards du passé sur l'état de notre société issue de la Révolution, Albert de Mun constatait avec douleur le terrain perdu par l'idée religieuse. Sans doute, le Concordat lui donnait encore une consécration officielle ; mais le Concordat supposait un gouvernement faisant profession de la foi catholique. Combien aujourd'hui était-il méconnu dans son esprit, faussé dans son application, menacé dans son existence : l'administration, la législation, l'enseignement étaient ouvertement antireligieux. Il y avait bien une église dans chaque commune ; mais que de places vides dans beaucoup d'entre elles. Le peuple était toujours attaché, dans son ensemble, aux vieux usages ; mais que de faubourgs de grandes villes, que de campagnes même, où l'hostilité et l'indifférence en avaient presque effacé le souvenir. Une vague d'incrédulité passait sur les masses ouvrières et certaines couches de la bourgeoisie. Socialisme était synonyme d'athéisme, et Proudhon achevait dans les classes laborieuses l'œuvre de Voltaire dans les classes élevées.

Comment s'étonner qu'un observateur aussi clairvoyant que Léon XIII eût mesuré l'étendue du danger et tout sacrifié pour le conjurer.

Ces réflexions achevaient, dans le ferme esprit d'Albert de Mun, une conviction, depuis longtemps commencée ; mais elles n'apaisaient pas le trouble de son cœur. Après s'être donné à lui-même de décisives raisons, il songeait, avec de secrets déchirements, aux amitiés qu'il fallait rompre, aux êtres chers qu'il allait attrister, à son parti vaincu qu'il semblait abandonner dans la défaite, au Prince dont il honorait les hautes vertus et qui lui avait prodigué des témoignages de confiance?

Préférences politiques, situation sociale, prestige personnel, affections anciennes et chères, tout lui commandait, sinon la résistance ouverte, du moins une prudente réserve. Mais personne n'était moins fait pour ruser avec sa conscience. Devant le devoir certain, il n'avait qu'à obéir. « Tu te feras tuer là, dit le chef à la sentinelle, placée à un poste périlleux. — Oui, mon capitaine, répond le soldat, dans son tranquille héroïsme. » Il était de cette trempe.

Il n'a pas livré au public le secret de ses tourments ; mais on devine aisément ce qu'a dû souffrir son âme fière, et ce qu'il a dépensé d'énergie, pour aller jusqu'au bout du sacrifice. Il y a dans sa vie beaucoup de belles actions ; il n'y en a pas de plus émouvante que cette immolation de lui-même, accomplie avec tant de courage et de calme.

Sa résolution, une fois arrêtée, ne fut pas tout de suite mise à exécution. Il attendait l'heure favorable, ne voulant rien précipiter.

Pendant qu'il délibérait avec lui-même, il fut appelé à Grenoble, pour présider un congrès de jeunesse catholique. Il s'y rendit sans prévoir qu'il y rencontrerait l'occasion depuis longtemps différée. Il ne se proposait pas de faire dans une telle réunion une manifestation, dont le caractère politique semblait dominer le caractère religieux. Mais dès son arrivée, il fut enveloppé d'une atmosphère de sympathie, qui, peu à peu, le pénétra. Cette jeunesse croyante avait des enthousiasmes contagieux. Lasse des vieilles servitudes politiques, elle était impatiente de se jeter dans la mêlée, avec toute la liberté de ses opinions, toute l'ardeur de ses chaudes espérances. Elle n'avait pas peur des mots, frappés d'anathème, que les anciens ne prononçaient qu'avec effroi. La République ne lui répugnait pas et la démocratie lui paraissait la justice en action. Sans regrets pour le passé, sans défiance de l'avenir, elle brûlait de monter à l'assaut avec d'autres armes sous d'autres chefs. « Les brises de l'avenir lui apportaient comme les parfums d'une terre nouvelle. »

L'émotion de tous ces jeunes frémissants et joyeux le gagna peu à peu et lui fit oublier la prudence qu'il s'était promise. Entraîné par son auditoire, il laissa échapper de ses lèvres la parole décisive qui apportait le mot d'ordre de Léon XIII. Ce furent des acclamations délirantes, quand il dit avec un secret battement de cœur : « J'entends placer mon action politique sur le terrain constitutionnel, pour me conformer aux directions du Souverain Pontife. »

Il semblait que ces quelques mots étaient pour les jeunes un chant de victoire et que désormais nouveaux athlètes,

ils n'avaient plus qu'à répéter avec ceux du chœur antique :

> Nous descendons dans la carrière
> Nous tous qui vous surpasserons.

Par ce ferme et clair langage, il venait de dire adieu à
tout son passé et de saluer l'aurore d'un avenir plein de mystère. Une ère nouvelle de sa vie publique allait commencer.

Les attaques lui vinrent de toutes parts et sous toutes les
formes. Il les avait trop prévues pour en être ému, et sa
stoïque fierté ne s'abaissa ni aux justifications, ni aux représailles. Pendant des mois, il ne lui eût pas été possible de
prendre la parole dans certaines réunions conservatrices
sans se heurter à des manifestations hostiles. Il les eût af-
frontées aussi bravement qu'il affrontait la froideur de
quelques accueils mondains ; mais il jugeait inutile de faire
la joie de ses adversaires de gauche, en leur donnant le spectacle d'un conflit public avec ses coreligionnaires.

Au milieu des emportements et des injures, il gardait
une réserve froide, sachant lui aussi « que la dignité consiste
plus dans les égards qu'on observe que dans ceux qu'on
obtient ». D'ailleurs, depuis longtemps, il cherchait la règle
de sa vie ailleurs que dans les jugements de l'opinion et se
fiait à une autre justice que celle des partis.

Sa seule vengeance fut d'obliger ses détracteurs, les jours
de grandes discussions, à joindre leurs applaudissements à
ceux que sa parole arrachait à des auditoires émerveillés.

Le grand public ne cessa de lui faire fête. Il en eut la
preuve à Lille dans un congrès de jeunes gens. A ceux du
Nord il tint le même langage qu'à ceux de l'Isère, non plus
cette fois en quelques brèves paroles, mais en un discours qui
suscita les plus vives acclamations et, au dehors, les plus ardentes polémiques.

« J'ai dit à Grenoble et je répète que je suis déterminé en
« plaçant mon action politique sur le terrain constitution-

« nel, à conformer mon attitude à la direction du Souverain
« Pontife. Je n'ajouterai rien de plus, heureux si je puis, par
« mon exemple, aider en quelque chose à l'œuvre nécessaire et dans ce grand travail de la société moderne, affamée de paix et de concorde, joindre ma main à celles qui
« se tendent de l'un à l'autre bord du fossé creusé par nos
« longues divisions, pour aider les générations nouvelles à le
« franchir. »

Plus tard, à Saint-Étienne, il définit en quelques traits
rapides, la position des catholiques ralliés depuis l'Encyclique à la forme du gouvernement.

« En nous plaçant sur le terrain constitutionnel, nous
« n'entrons dans aucun parti, nous sommes catholiques et
« rien de plus. Nous prétendons à cette qualité, d'abord
« pour réclamer des droits méconnus et des libertés supprimées, puis en même temps pour faire rentrer les principes
« chrétiens dans la législation corrompue par l'athéisme social. Nous sommes prêts à soutenir tous ceux qui nous aideront à le faire ; mais nous n'attendons rien, à cet égard,
« des hommes qui dominent encore la Chambre et le Gouvernement. »

Cet émouvant langage réjouit les jeunes, mais troubla les
anciens. Chez eux, la surprise alla jusqu'à l'anxiété. Que
veut donc le Pape? répétaient-ils. L'acceptation de la forme
du gouvernement implique celle de la législation. L'encyclique disait le contraire ; mais ils en avaient lu le commentaire, non le texte.

Quant au Gouvernement, il affecta, selon sa coutume,
une parfaite impassibilité ; un document pontifical était
pour lui sans intérêt.

Léon XIII, dans sa conversation avec le représentant
de la droite constitutionnelle, avait émis la pensée qu'il
serait bon d'entrer en rapport avec M. Constans, l'homme
important du Cabinet. Il le jugeait plus avisé que ses collègues, et mieux fait pour comprendre l'importance de
l'initiative prise à Rome. La démarche fut faite

Au premier mot, M. Constans prit l'alarme, voyant le danger de l'intervention qu'on lui demandait. Aussi, sans souci du profit qu'en pourrait tirer l'intérêt public, il se hâta de détourner ce calice. « La chose regarde les Affaires « étrangères, dit-il à son interlocuteur, voyez le ministre. »

M. Ribot, tout aussi prudent mais plus habile, affecta de ne pas comprendre. « Le Pape, dit-il avec une apparente candeur, n'a pas à se plaindre du Gouvernement ; n'ai-je pas récemment fait décorer un des secrétaires de la Nonciature ? »

Ces échappatoires ingénieux rendaient toute insistance inutile. La conversation en resta là.

Un tel accueil aurait pu décourager Léon XIII, mais l'ambassadeur de France à Rome, M. Lefebvre de Béhaine, était, en même temps qu'un diplomate de vieille roche, un catholique clairvoyant et sincère ; sa prudence sauva la situation. Au cours de sa mission, il avait su concilier les exigences de sa conscience avec les devoirs de sa fonction, et, dans la crise qui précéda l'encyclique, faciliter les rapprochements, adoucir l'aigreur de ses instructions, suppléer par sa souplesse à la maladroite raideur de son Gouvernement. Une part, une large part lui revenait dans le grand événement qui venait de s'accomplir. Après la publication de l'encyclique, il épargna au Pape les communications pénibles et les déceptions blessantes. Grâce à lui, une atmosphère de confiance continua à régner au Vatican.

Elle fut un jour sérieusement troublée.

Des pèlerins français, connaissant mal l'état des esprits à Rome, vinrent visiter le Panthéon et l'un d'eux s'avisa d'écrire sur un registre : « Vive le Pape-Roi ! » Il n'en fallut pas davantage pour provoquer un éclat. Une échauffourée s'ensuivit, où l'on cria beaucoup : « Vive Sedan ! » Les Français, peu en sûreté, durent quitter Rome.

Le Gouvernement italien s'étant plaint, M. de Freycinet déploya toute son énergie et défendit aux évêques d'accompagner désormais les pèlerinages dans la Ville Éternelle.

Un des prélats, l'archevêque d'Aix, indigné de cette interdiction, osa dire : « Nous ne sommes pas en République, mais en franc-maçonnerie » ; sur quoi, il fut traduit en police correctionnelle et condamné à 3.000 francs d'amende.

La gauche ne se trouva pas satisfaite de ce succès et provoqua un débat à la Chambre. M. de Freycinet laissa libre cours à des indignations que le calme académique ne tempérait pas encore, et leur donna une expression si violente que les anticléricaux transportés votèrent l'affichage de son discours.

Ce succès parlementaire lui causa des embarras diplomatiques et il eut besoin de toute sa souplesse auprès du Nonce, de toute l'habileté de son ambassadeur à Rome pour empêcher une cassure.

Elle eût coûté cher à la France. A ce moment, Léon XIII était engagé dans d'intimes conversations avec un représentant d'Alexandre III. Celui-ci avait rapporté du traité de Berlin d'amères déceptions que M. de Bismarck, abusant de son succès, avait aigries par ses procédés. A bout de patience, l'empereur de Russie en était venu à se demander si la politique de Tilsitt et d'Erfurt, dont l'abandon avait été si fatal à son pays, n'en serait pas aujourd'hui le salut. Il avait à rompre des liens de famille et de traditionnelles intimités politiques, mais surtout des scrupules de conscience. Chrétien fervent, il reculait à la pensée de se lier avec une nation incroyante et de collaborer avec des hommes d'État acharnés contre leur religion. En proie à ces perplexités, il eut la pensée de consulter Léon XIII, et chargea M. Yvolski, qui remplissait alors une mission à Rome, de lui faire part de ses hésitations.

C'était une chance inespérée, et imméritée, que le chef de l'Église orthodoxe s'adressât au chef de l'Église romaine, et que celui-ci, gardât à la France incrédule, une indulgence presque tendre. Que serait-il advenu si le Pape, blessé des déclarations du Président du Conseil, et des poursuites de ses parquets, eût mis fin aux conversations avec l'agent russe?

Il n'avait qu'un mot à dire ou plutôt à ne pas dire pour que le czar, déjà fort troublé de ses avances à la France, y renonçât définitivement et reprît les traditions séculaires de la politique nationale. C'en eût été fait de l'alliance russe, et la France fût restée isolée. Le grand Pape s'éleva au-dessus des plus légitimes griefs. Comme il ne désespérait pas de la fille aînée de l'Église, il prit la main du czar pour la mettre dans la sienne.

Cet immense service ne changea rien à l'attitude au moins extérieure du cabinet de Freycinet, rien non plus à l'hostilité de sa majorité, laissée peut-être dans l'ignorance par un Gouvernement qui n'avait pas le courage de la vérité.

A ce moment précis, un débat soulevé par Albert de Mun posa devant la Chambre la question du repos dominical. Le repos dominical était l'accomplissement d'un précepte divin et l'affranchissement d'une des pires servitudes que fît peser sur l'ouvrier le terrible problème du pain quotidien. Il s'agissait de protéger la machine humaine contre un labeur épuisant et de procurer au travailleur la joie d'un jour de repos au milieu des siens, devant un autre horizon que celui de l'usine ou de l'atelier.

Il semblait que la gauche, qui faisait sonner haut son amour du peuple et son horreur du surmenage, allait se lever tout entière pour voter la plus humaine des réformes. Il n'en fut rien ; la haine de la religion passa avant l'amour du peuple, la réprobation d'une tradition cultuelle avant celle de l'excès du travail. Plus que fraternelle, elle était sectaire.

La crainte de voir les ouvriers se souvenir qu'ils étaient chrétiens et aller à l'église le dimanche la mit hors d'elle. Albert de Mun ne parla qu'au milieu d'interruptions incessantes, agrémentées de quelques sottises. « Vous voulez, lui cria-t-on, rétablir la religion d'État. » Devant un tel danger, mieux valait condamner les ouvriers à un travail sans repos. L'anticléricalisme triompha au scrutin ; 304 voix rejetèrent la motion libératrice d'Albert de Mun.

Quelques jours après, il eut une occasion nouvelle d'éprouver la hauteur d'âme de la majorité.

Une grève avait éclaté à Fourmies et pris peu à peu un caractère violent. La troupe avait été attaquée et frappée ; l'agression devenant inquiétante, les soldats reçurent l'ordre de se défendre et tirèrent. Aussitôt le curé accourut, et se jetant entre les combattants réussit, au risque de sa vie, à faire mettre bas les armes.

Albert de Mun, dans un discours ému, fit le récit de ces tristes incidents, et, après avoir justifié l'officier d'avoir donné un ordre douloureux, et les soldats d'y avoir obéi, rendit hommage à l'humble prêtre qui s'était offert en holocauste. Au cours de son discours partirent de la gauche des protestations ironiques ; aux ricanements succédèrent les huées ; la séance dut être un instant interrompue.

Albert de Mun avait rappelé les cruelles responsabilités du commandement. « Vous en savez quelque chose », lui cria M. Clemenceau, faisant allusion à son rôle pendant la Commune. « Oui, Monsieur Clemenceau, répliqua-t-il aussitôt, « je le sais par les cruels souvenirs d'une terrible expérience, « je sais ce qu'il en coûte d'être appelé à remplir son devoir « dans de pareilles circonstances, je sais que ceux qui l'ac- « complissent sont dignes de tous les respects, de toutes « les marques de reconnaissance, mais quand ce devoir est « accompli, il leur reste au fond du cœur une angoisse « inoubliable. »

Les applaudissements qui saluèrent ces nobles paroles étaient à peine calmés qu'il ajouta au milieu de l'émotion générale : « Le Ministre de l'Intérieur a dit que le devoir « des gouvernements est de prévenir le mal pour n'avoir « pas à le réprimer. Oui, mais pour cela il ne faut pas « étouffer les revendications légitimes ; il faut les écouter et « leur donner les satisfactions possibles. Il faut nous aider à

« promouvoir dans le pays des associations professionnelles
« qui puissent amener, par l'arbitrage, la conciliation entre
« patrons et ouvriers. Il faut ne pas entraver dans leur tâche
« ceux qui croient qu'on peut prévenir les conflits, et imiter
« le curé de Fourmies, en se jetant entre les combattants
« au nom du Dieu de paix, pour les empêcher d'en venir
« aux mains. »

Le bruit fait autour de l'incident de Fourmies se perdit
bientôt dans l'émotion causée par un grand événement. Une
retentissante nouvelle arrivée de Russie apprit au pays
que la flotte française, sous les ordres de l'amiral Gervais,
avait reçu, à Cronstadt, l'accueil le plus chaleureux. Dès
son arrivée, Alexandre III était venu saluer le drapeau
français arboré sur le *Marengo*, et visiter le navire au
milieu des hourrahs enthousiastes de l'équipage. Frappé de
la grandeur de l'acte qui s'accomplissait sous ses yeux,
l'amiral Gervais trouva, pour honorer son impérial visiteur,
des paroles dignes de la France. Le czar, à la descente du
vaisseau français, adressa au Président Carnot cette dépêche : « La présence de la brillante escadre française témoigne
une fois de plus des sympathies qui unissent la France et
la Russie. »

La lecture de ces quelques lignes, impressionnantes dans
leur simplicité, éveillait tant d'espérances qu'un frémissement de joie secoua le pays. On eût dit qu'une ère nouvelle
commençait, que la quarantaine qui pesait sur la France
depuis le traité de Francfort était levée et qu'une des plaies
de la « noble blessée » allait se cicatriser !

Alexandre III nous tendant la main après Léon XIII,
c'était la sécurité au dehors, la pacification au dedans. Quel
rôle pour un Gouvernement vraiment national, quelle occasion de rendre au pays son rang à la tête des nations !

L'opportunisme anticlérical n'eut pas le sens de ce grand
devoir ; l'esprit de parti et l'esprit de secte étaient ses seuls
moteurs, la possession du pouvoir et le règne de la libre
pensée, ses seules ambitions.

L'apaisement ne se fit ni à la Chambre, où les crises ministérielles se succédaient sans relâche, ni dans le pays sur lequel passa à ce moment une vague d'anarchie. Devant cette société désemparée, le Président du Conseil, M. Loubet, eut un mot attristé qui était un aveu : « Nous récoltons les fruits des semences pernicieuses qui ont été faites par d'autres, sans le vouloir. »

Ne l'avaient-ils pas voulu, ces autres? En tous cas, la race des semeurs pernicieux n'était pas éteinte. Ils étaient toujours sous les armes les fiers champions de l'anticléricalisme, et s'acharnaient à supprimer, sur de ridicules prétextes, les traitements de pauvres curés ayant à peine de quoi vivre, à envoyer en police correctionnelle des évêques, accusés, comme celui de Nancy, d'avoir tenu des propos bien inoffensifs, auprès de ceux qui retentissaient impunément dans toutes les réunions socialistes. Quelle justice distributive était la leur ! Un jour, des églises de banlieue ayant été envahies par des anarchistes, le Gouvernement, annonça que pour assurer la paix, il les fermerait ; des sociétés révolutionnaires ayant été dissoutes, le Gouvernement, interdit, pour tenir la balance égale, la confrérie de Notre-Dame de l'Usine.

Pendant que les équilibristes de l'anticléricalisme s'évertuaient à se maintenir d'aplomb, un malheur imprévu déjoua leurs calculs. La Compagnie du Panama, à bout de ressources, s'écroula, entraînant dans sa chute des personnages politiques huppés.

Déjà la mort mystérieuse du baron de Reinach et la soudaine disparition de Cornélius Herz éveillaient la défiance publique, quand l'intervention à la tribune d'un député conservateur M. Delahaye, vint émouvoir l'opinion. Dans un discours enflammé que les cris et les menaces ne réussirent pas à arrêter, il osa dire à la majorité ahurie : « Il y a 104 des vôtres qui ont touché au Panama. » Ce chiffre de 104 devint aussitôt légendaire.

On crut étouffer l'affaire par une enquête parlementaire

et une instruction judiciaire ; mais l'enquête parlementaire fit découvrir chez un banquier des chèques accusateurs pour plusieurs députés, et l'instruction judiciaire, la vénalité d'un ministre. Devant ces révélations accablantes, la Chambre demanda l'autopsie du baron de Reinach ; M. Loubet, s'y étant refusé, fut renversé sur l'heure.

Son successeur, M. Ribot, prit le pouvoir au milieu de l'effarement général. Le parti jouait de malheur : Panama après Wilson, les chèques après les décorations, c'était trop de scandales ! Une seule voie restait ouverte au Gouvernement : la voie judiciaire. Il la prit et l'affaire du Panama fut renvoyée devant la Cour d'assises ; mais là encore une nouvelle mésaventure l'attendait.

Un des témoins principaux, Mme Cottu, raconta, au cours de sa déposition, que la police avait multiplié les efforts pour lui faire dénoncer des députés conservateurs comme coupables de s'être laissé suborner. Aucune insistance ne réussit à obtenir d'elle une rétractation, ni même une atténuation de l'odieuse manœuvre dont elle avait été l'objet ; il ne resta plus à la Cour qu'à renvoyer l'audience au lendemain pour entendre les explications officielles.

Le lendemain, le ministre de la Justice, M. Léon Bourgeois, vint de sa personne protester contre la flétrissante accusation adressée à ses agents. La confrontation fut émouvante, mais péremptoire. Mme Cottu parla avec une telle force et de tels accents que l'impression fut unanime: elle avait dit vrai.

Le ministre en eut sans doute le sentiment lui-même, car aussitôt il donna sa démission. A la Chambre, où la majorité était maintenant réduite au plus douloureux silence, le nouveau Président du Conseil essaya, pour couvrir la retraite, quelques explications embarrassées.

Albert de Mun lui répondit avec une indignation contenue dont la majorité elle-même subit l'influence. Jamais son éloquence ne fut plus « le son de son âme émue ».

Il flétrit sans pitié « les roueries d'une politique effrontée,

« qui, pour sauver des amis coupables, essayait de faire
« tomber dans ses pièges des adversaires innocents. Ce que
« je vois, s'écria-t-il, dans l'incident d'hier, ce qui apparaît
« clairement au milieu des dénégations du chef du Gouver-
« nement, c'est que le Ministre a agi en homme de parti et
« voulu, par tous les moyens, jusqu'aux moins avouables,
« compromettre ses adversaires pour sauver ses amis,
« c'est qu'une fois de plus vous avez oublié ce grand
« peuple, dont M. Burdeau vient d'évoquer le nom, qui ne
« comprend que ce qui est noble et droit, qui étouffe de
« toutes vos manœuvres et qui demande à grands cris jus-
« tice et lumière.

« La démission de M. Bourgeois, les explications de M. Ri-
« bot ne changent rien à la situation et ne font que la
« rendre plus trouble. Je dis que ce qui est condamné, ce
« qui s'est écroulé à la Cour d'assises, ce n'est pas un homme,
« ce n'est pas un ministre, c'est une politique tout entière,
« c'est la vôtre, Monsieur le Président du Conseil, c'est
« celle que vous faites depuis trois mois. Vous n'avez pas
« compris votre rôle, vous n'avez pas vu que la plus grande
« habileté, c'était la franchise et la lumière, vous auriez pu
« être un vengeur, vous avez mieux aimé être un sauveteur,
« et vous n'avez rien sauvé.

« Aujourd'hui, voilà que vous vous heurtez à un caillou,
« comme il s'en trouve toujours dans les chemins de tra-
« verse ; il a suffi d'un mot d'une femme pour faire crouler
« tout cet échafaudage, pour mettre à nu tout votre sys-
« tème. »

Ces justes et sévères paroles n'ébranlèrent pas la fidèle
majorité. Le Ministère fut sauvé, mais irrémédiablement
discrédité ; le courage d'une femme sincère et forte, l'hon-
nêteté indignée d'un grand orateur, lui avaient porté un
coup mortel.

Il n'y eut qu'une voix dans le pays pour dire qu'une
fois encore un coin du voile avait été seul soulevé. La
mort du baron de Reinach, la fuite de Cornélius Herz,

la liste des 104 restèrent enveloppés d'un troublant
mystère.

Au début de cette lamentable affaire, M. Rouvier, ancien
Président du Conseil, avait été un instant accusé d'avoir
touché de l'argent du Panama, et la majorité avait autorisé
des poursuites. A la Chambre, loin de nier, il avait pris violemment l'offensive. « Sans les procédés financiers que vous
me reprochez, s'était-il écrié d'une voix frémissante, deux
cents d'entre vous ne seraient pas sur ces bancs. »

A la fin, un autre Président du Conseil, M. Ribot, en était
réduit à défendre le Gouvernement d'avoir tenté de suborner
un témoin pour le décider à dénoncer mensongèrement des
députés conservateurs innocents.

Par ces deux incidents, l'un le prologue, l'autre l'épilogue
du Panama, le public apprit comment le parti au pouvoir
faisait élire ses amis et essayait de perdre ses adversaires.
Ce retentissant scandale acheva de jeter le désarroi dans
la Chambre. Aussi suffit-il d'une pelure d'orange pour faire
glisser et tomber M. Ribot.

Le cabinet Dupuy, qui lui succéda, eut d'abord la
bonne fortune de recueillir les fruits de la politique extérieure de ses devanciers. L'Empereur de Russie signa avec
nous une convention militaire, qui était le prélude d'une
convention diplomatique. Ce fut pour l'Allemagne un coup
cruel, pour la France une garantie de paix dans le présent,
une espérance pour l'avenir.

Mais si l'horizon s'éclaircit au dehors, il resta sombre
au dedans. Le parti républicain ne réussissait pas à s'entendre et la majorité à se discipliner. Les intrigues de couloirs et les interpellations perfides se succédaient sans relâche, on n'entendait que dénonciations et menaces. Un
jour, Déroulède écœuré quitta son banc et se précipita vers
la porte en criant : « Vous me dégoûtez, je m'en vais.»
L'agitation gagna la rue, les socialistes essayèrent une
émeute, après laquelle le Gouvernement ferma la Bourse
du Travail. Par bonheur, les élections approchaient, elles

étaient, au milieu des flots démontés, les dernières ancres de miséricorde.

Albert de Mun voulut, avant l'ouverture de la campagne, préciser l'attitude que garderaient ses amis politiques et mettre fin à un malentendu. Quelques catholiques, trop pressés, croyaient déjà avoir touché au port. Ils se persuadaient que les directions pontificales avaient à ce point amorti les haines qu'ils n'avaient plus qu'à aller, les mains tendues, prendre place sans conditions dans la concentration républicaine. Préoccupé d'empêcher ces néophytes de devenir d'involontaires complices, il les arrêta d'un geste décisif.

« L'Encyclique du Pape, leur dit-il, n'a pas été seule-
« ment dénaturée par l'esprit de parti, elle a été exploitée
« par l'ambition. Quelques-uns ont affecté d'y voir une invi-
« tation de désarmement, non pas seulement devant la
« forme de gouvernement, mais devant les hommes et les
« doctrines. On y a cherché le moyen d'entrer dans le parti
« qui est au pouvoir et d'en finir avec les désagréments et
« les ennuis de l'opposition. On y a cherché une excuse pour
« cesser, sur les points les plus essentiels du programme ca-
« tholique, une lutte devenue difficile. »

Le terrain ainsi déblayé, les positions ainsi prises, nulle défaillance, nulle équivoque n'étaient possibles.

La situation s'éclaircit mieux encore à l'apparition du manifeste du nouveau parti constitutionnel.

Son programme, qui, pour beaucoup était une révélation, fut exposé d'abord à Paris dans un grand banquet présidé par le prince d'Arenberg, puis à la tribune de la Chambre dans un débat que les commentaires de la presse rendirent retentissant. Il se résumait en quelques brèves et claires formules : reconnaissance du régime établi, retrait des décrets de 1880 contre les ordres religieux, enseignement des devoirs envers Dieu et instruction religieuse facultative à l'école primaire, affectation des soldats ecclésiastiques aux services hospitaliers, application loyale du

Concordat. Telle était donc toute la doctrine de ces constitutionnels qu'on disait réactionnaires.

La majorité fut surprise de ces deux manifestations. Elle s'attendait à une levée de boucliers tapageuse, à un esprit combatif et dominateur, et elle entendait, avec des appels à la paix, l'affirmation des principes dont longtemps elle s'était réclamée elle-même. L'Encyclique pontificale, qu'elle avait accueillie d'abord avec une indifférence dédaigneuse, lui apparut dans sa modération et son apaisante influence. De plus, l'amitié de la Russie et le désir de ne la pas froisser, firent prévaloir à ce moment une tendance à la conciliation. Les esprits, après une longue fièvre, avaient besoin de détente. Le gâchis parlementaire, les crimes anarchistes, les scandales du Panama, s'ils ne désarmaient pas les haines religieuses, en abattaient au moins l'arrogance provocante. Une accalmie semblait commencer ; les plus avisés des républicains en arrivaient à se demander s'il ne fallait pas en finir avec les misères de l'anticléricalisme.

De leur côté les royalistes même irréductibles, sans s'associer à la politique constitutionnelle, se sentirent disposés à laisser se poursuivre paisiblement une expérience, tentée avec l'adhésion publique du Chef de l'Église.

Un vote inattendu révéla le sourd travail qui s'accomplissait à la Chambre. La Commission du budget, née de la concentration, crut faire honneur à son origine, en supprimant les traitements des ecclésiastiques, non dénommés dans le Concordat, spécialement ceux des vicaires généraux.

En d'autres temps, ce pharisaïsme de légalité eût émerveillé la majorité et rencontré l'adhésion chaleureuse du Gouvernement.

Cette fois, il n'en fut pas ainsi. Le ministre des Cultes protesta contre l'interprétation judaïque d'un traité fait de bonne foi et obtint, avec l'appoint de la droite, le rétablissement des crédits. Une telle solution était un événement.

Au même moment, le Sénat entendit son nouveau Président, M. Jules Ferry, faire, à son installation, un discours qui avait les allures d'un programme et la portée d'un désaveu discret. Il est vrai qu'il touchait à ses derniers jours et que lui apparaissaient peut-être quelques-unes de ces vérités qui, selon Saint-Simon, « se révèlent à la lueur du flambeau qu'on allume autour des mourants ».

« Notre République, dit-il, est ouverte à tous. Elle n'est « la propriété d'aucune secte, d'aucun groupe, ce groupe « fût-il celui des hommes qui l'ont fondée.

« Elle accueille tous les hommes de bonne foi et de bonne « volonté, mais pour leur faire une place, les républicains « n'ont pas besoin, j'imagine, de se déclarer la guerre les uns « aux autres.

« Ce serait bien mal comprendre le mouvement de rallie« ment qui s'opère dans les masses profondes et qui, en « dépit des incidents, poursuit sa marche imperturbable, « parce qu'il est conduit par les forces et par les intérêts « les plus élevés de la patrie. »

Un tel langage, dans une telle bouche, étonna beaucoup de vétérans des luttes religieuses, et trouva un écho dans des milieux jusque-là hostiles, surtout à l'Élysée.

Le Président Carnot avait bien dit à son avènement : « L'ennemi, c'est la droite.» Mais depuis, un groupe constitutionnel s'était fondé, Léon XIII avait parlé et la Révolution engagé la lutte dans la rue. Les petitesses anticléricales l'avaient toujours blessé, et il ne s'était jamais départi, visà-vis du Pape et du clergé, d'une correction courtoise. A mesure que son autorité s'était affermie, il avait rétabli d'anciens usages, d'anciennes formules, abolis depuis des années ; et quelle que fût sa réserve, il laissait percer dans son attitude et dans son langage un secret désir de pacification. L'initiative d'un Président de la République, sous la pseudo-Constitution de 1875, ne pouvait aller au delà de vagues aspirations et de quelques paroles. Ces paroles, il les prononça : « Mon plus vif désir, dit-il un jour, est de concilier tous les Français ! »

Un journal, *la Paix*, qui passait pour son organe officieux,

préconisa hautement une entente électorale avec les constitutionnels. Dans des conversations intimes, des chefs de
l'ancien opportunisme traduisaient sa pensée plus clairement et appelaient l'anticléricalisme une vieillerie. Il eût
fallu peu de chose pour que les timides du centre, qui
avaient si longtemps emboîté le pas derrière les sectaires,
secouassent le joug des anciennes solidarités. La politique
de Léon XIII était en marche.

Mais elle rencontra une vive résistance dans le Président
du Conseil, exécuteur docile des ordres de la concentration
maçonnique ; celle-ci montait une garde sévère à la porte
de la République laïque. Si M. Carnot eût été un Président
américain, il aurait pu entrer en scène et tenter un arbitrage entre les partis ; mais M. Grévy, hanté par le souvenir
de son amendement de 1848, avait si bien accrédité la doctrine d'effacement que l'un de ses successeurs a pu dire en
sortant de charge : « Si j'écrivais mes mémoires, je les appel-
lerais « *Mes prisons* ».

M. Carnot eût eu le droit de tenir le même langage, tant
le gouvernement du pays avait été engagé dans la voie,
que Benjamin Constant a si bien appelée « l'horrible route
de l'omnipotence parlementaire ».

Les élections se firent dans l'esprit et avec les méthodes
d'autrefois ; l'administration républicaine avait acquis une
dextérité supérieure encore à celle de l'Empire. Albert de
Mun fut une de ses victimes ; mais il ne succomba pas seulement sous ses coups. Des hostilités ouvertes et des défec-
tions sournoises dans les rangs de ses anciens amis aidèrent
au succès de son concurrent.

Dans ce Morbihan, où il avait, depuis quinze ans, déployé
le drapeau catholique, il se trouva à droite assez d'irréconciliables pour assurer son échec. Rien n'était changé à
son programme électoral ; comme au premier jour, il se disait « catholique avant tout ». Sa fidélité à sa foi ne trouva
pas grâce devant eux. Ils ne voulaient plus du candidat
catholique, s'il n'était pas en même temps candidat roya-

liste. Puisqu'il ne faisait plus la guerre à la République,
il importait peu qu'il fût l'inflexible champion de l'Église
et l'honneur de la tribune française. Autant valait, mieux
valait le pire ; avec lui, au moins, ce serait plutôt fini.

Le pire fut élu. Quand la nouvelle en vint à Paris, elle
provoqua, dans certains milieux, un élan de joie. Les élections sont mauvaises, y dit-on, mais de Mun est battu ; c'est
une consolation.

Par bonheur, un sursaut d'indignation souleva vite l'opinion et le grand vaincu du Morbihan trouva dans le Finistère une rapide revanche.

VI

LÉGISLATURE DE 1893 A 1898

L'Alliance Russe. — Spuller et l'esprit nouveau.
Assassinat du Président Carnot.
Incendie du Bazar de la Charité. — Ministère Méline.

Les élections de 1893, sans apporter de profonds changements dans le personnel parlementaire, en modifièrent l'esprit. L'initiative de Léon XIII avait eu dans le pays des répercussions plus profondes qu'on ne le supposait. Nulle manifestation éclatante n'avait révélé le mouvement d'opinion dont M. le Président Carnot avait eu le vague sentiment, et son gouvernement la parfaite ignorance.

Les mêmes hommes revenaient avec d'autres idées. L'ancienne législature avait été celle du bloc, la nouvelle devait être celle de l'esprit nouveau.

Ni les figures, ni les préjugés n'avaient beaucoup changé ; mais les nouveaux élus avaient senti passer sur eux un vent de modération et, à leur insu, respiré un air plus pur.

La majorité, reproduction apparente de l'ancienne, n'avait plus la même attitude aggressive, et ne parlait plus le même langage amer. Les rapports entre les hommes étaient moins aigres, les attaques contre l'Église moins acerbes ; à un certain diapason, elles détonnaient même. Sans crise violente, la situation se modifia au cours de la législature. Une influence inaperçue avait amené un changement dans les esprits ; les lois blessantes ne furent pas revisées, mais elles furent appliquées avec quelque tolérance. A défaut de réformes législatives, la réforme des mœurs publiques réalisa un apaisement relatif. C'était, non la paix, mais une accalmie ; non la guérison, mais une rémission.

La taxe d'accroissement sur les Congrégations autorisées fut modifiée de façon à n'être plus ruineuse, et à devenir presque acceptable. Des incidents, qui eussent autrefois soulevé des orages, se réglèrent pacifiquement ; telle l'affaire des fabriques autour de laquelle la gauche fit tant de bruit que le nonce, Mgr Ferrata, craignit un instant une rupture. Le Concordat fut appliqué avec plus de loyauté et la nomination des évêques réglée par une entente préalable qui la fit échapper à la maîtrise de la franc-maçonnerie.

Après les décrets de 1880, les collèges libres avaient perdu leurs professeurs congréganistes ; la présence de quelques gardiens y était même l'occasion d'incessants conflits. Le Gouvernement ferma les yeux sur leur retour ; les Jésuites, les Dominicains, les Maristes recommencèrent à enseigner, sous leur nom et avec leurs habits. Leurs établissements prirent un rapide essor et fournirent de si nombreuses recrues aux grandes écoles de l'État, que peu à peu leur action y amena la reprise d'habitudes religieuses depuis longtemps perdues. Les couvents retrouvèrent leurs hôtes et se rouvrirent avec leurs chapelles et leurs cérémonies publiques. De nouvelles fondations furent faites, et la propriété ecclésiastique prit même des proportions jusque-là inconnues.

Le ministre de l'Intérieur, M. Constans, visitant dans son pays une vieille abbaye, s'étonna de la trouver vide et demanda où étaient les moines. On lui répondit qu'ils n'osaient pas rentrer. « Quels imbéciles ! » s'écria-t-il avec sa spontanéité méridionale.

Dans le monde républicain, on parla de « République nouvelle », et nul mieux que M. Deschanel, orateur qualifié, de la gauche modérée. L'évolution se faisait doucement, au prix de beaucoup de tâtonnements et de fréquentes rechutes. Les anciennes méthodes, les anciennes idées gardaient le prestige de traditions de famille et on ne les répudiait pas hautement ; à la première occasion, elles reprenaient même leur autorité. Dans cette majorité, où s'infiltrait peu à peu un esprit nouveau, près de 150 députés oscillaient, ballotés entre la droite et la gauche, votant aussi bien pour un ministère radical que pour un ministère modéré, élisant aussi bien à la présidence de la Chambre M. Brisson que M. Casimir Périer. Élevés à l'école de l'opportunisme, ils en gardaient l'esprit et les procédés. Leurs aspirations étaient conciliantes ; mais ils redoutaient de les laisser paraître. On n'eût pas plus obtenu d'eux un acte de violence qu'un acte de réparation ; ils n'avaient ni la volonté du mal, ni le courage du bien. C'est de leurs ancêtres que Virgile a dit au Dante : « Regarde et passe.»

Une chose était pourtant certaine, c'est que la concentration, organisme de combat, ne correspondait plus au tempérament de la majorité. Une partie voulait la maintenir, sans trop l'avouer ; l'autre, s'en séparer, sans oser le dire. Sa désagrégation était en germe dans cet état d'esprit.

Albert de Mun revint du Finistère, après avoir tenu à ses électeurs le plus net langage : « J'ai obéi, leur avait-il « dit, aux conseils du Saint-Siège en acceptant la forme « du Gouvernement établi, pour servir les intérêts reli- « gieux conformément à la direction de celui qui en est le « Chef suprême.»

Dès son premier contact avec la Chambre, il démêla l'ébauche de pacification qui s'y esquissait et comprit que la fissure ne deviendrait brèche qu'au prix de beaucoup de prudence de la part des conservateurs. Le moindre excès de langage, la moindre erreur de tactique compromettraient tout. A la première menace, le bloc se reformerait irréductible. La règle de conduite était tracée : fermeté sans raideur, correction sans complaisance ; ni témérité, ni faiblesse ; revendication de la liberté et du droit commun.

Aux premiers jours de la session, il eut à Paris un grand spectacle, et une grande surprise à la Chambre.

Le spectacle vint des marins russes. Après avoir débarqué à Toulon au milieu de transports d'enthousiasme, ils avaient voulu visiter Paris. Les contemporains de ce temps se rappellent l'accueil qu'ils y reçurent. Ce furent de magnifiques journées, où battit le cœur de la grande cité. Les pompes officielles n'en firent pas l'éclat ; ce qui les rendit émouvantes, ce fut la spontanéité, à la fois simple et grandiose, d'une population qui a le sentiment de ce qui est noble. Le maréchal de Mac-Mahon mourut pendant leur séjour ; l'amiral Avellane et ses équipages demandèrent une place à ses obsèques nationales. Quand le peuple de Paris les vit défiler derrière le cercueil du héros de Sébastopol, il eut un tressaillement d'orgueil. Dans l'hommage rendu au grand soldat par les ennemis qu'il avait vaincus, il vit non pas un simple acte de courtoisie militaire, mais l'oubli des inimitiés passées et le gage des amitiés futures. Toutes les délicatesses, toutes les fiertés de notre vieille race se réveillèrent soudain.

La surprise vint de Jaurès. Dans un débat soulevé à l'occasion des grèves, il eut des accents inattendus. Au milieu des emportements de sa fougue révolutionnaire, les premières impressions de son éducation chrétienne semblèrent se réveiller et il s'écria : « Vous avez proclamé, en décrétant « l'instruction purement rationaliste, que la seule raison « suffisait pour la conduite de la vie. Vous avez interrompu « la vieille chanson qui berçait la misère humaine et la « misère humaine se réveille avec des crimes. Elle ré- « clame sa place, sa large place au soleil. C'est vous qui « avez élevé la température révolutionnaire du prolétariat « et vous vous épouvantez aujourd'hui devant votre « œuvre. »

Les ministres libres-penseurs impénitents, ne comprirent pas ce langage presque chrétien. D'ailleurs leur majorité ne leur en laissa pas le temps. Elle les renversa presque aussitôt, comme si elle en avait voulu faire les victimes expiatoires du crime, que Jaurès venait de leur reprocher.

Le Gouvernement échut à M. Casimir-Périer. Il sortait des rangs conservateurs et en avait gardé quelques traditions. Son père, pendant l'Assemblée Nationale, avait été un des premiers dissidents du centre droit ; le fils avait suivi la politique paternelle ; mais le souvenir de son grand

aïeul s'attachait à lui et ses nouveaux amis ne le lui pardonnaient pas. Il cherchait à les rassurer, sans toujours y
réussir et, dans ce but prodiguait les sourires à la gauche,
faisait grise mine à la droite. Élu président de la Chambre,
grâce aux votes des constitutionnels, il les avait désavoués
le lendemain dans un discours public. Sa préoccupation
était de ne paraître ni conservateur, ni clérical.

Il était depuis peu au pouvoir, quand l'anarchiste Vaillant jeta dans la Chambre une bombe qui fit plus de bruit
que de mal. Les ministres firent bonne contenance. Le Président Charles Dupuy prononça ces mots bientôt célèbres:
« la séance continue », qui firent croire au parti républicain
qu'il avait retrouvé un Boissy-d'Anglas.

Le Cabinet, qui venait de recevoir le baptême du feu eut
presque aussitôt à soutenir un vif débat sur les droits de
l'État, que les ultra-laïques de gauche l'accusaient d'abandonner. Le ministre de l'Instruction publique, appelé à
se défendre, était Spuller, l'ancien confident de Gambetta,
son Éminence grise, disait-on jadis. C'était un esprit ouvert
et un caractère sympathique. Instruit et très indépendant,
il avait un dilettantisme aimable et, quoique très libre
penseur, faisait profession de tolérance et d'impartialité.

Son affection pour Gambetta ne l'avait pas converti à
l'anticléricalisme, dont l'origine lui était suspecte. A ses
yeux, M. de Bismarck en était le parrain, et le Kulturkampf
le type. Depuis le jour où il avait dit que l'anticléricalisme
était prussien, il n'avait pas changé d'avis et admirait
fort Léon XIII. Le courage du Pape, rompant avec la politique traditionnelle de la Curie romaine, et se présentant
à la République un rameau d'olivier à la main, lui paraissait digne des plus grands Pontifes du passé. Il avait jusqu'alors gardé pour ses intimes la confidence de ses impressions et ceux-ci n'y voyaient que les fantaisies d'un
brillant éclectique, enclin au paradoxe.

Quel ne fut pas l'étonnement de la Chambre, en l'entendant un jour les exposer sur le ton le plus convaincu ! Il ne

fit allusion ni à Gambetta, ni à M. de Bismarck, mais développa des idées qui, en matière religieuse, contredisaient si nettement les leurs que les radicaux n'en crurent pas leurs oreilles, et que la droite se demanda d'abord s'il ne se moquait pas d'elle. Quoi ! un ministre opportuniste, un fondateur de la République, un complice de toutes les mesures contre l'Église, osait dire que « l'anticléricalisme n'était pas un dogme fondamental et parlait d'apaisement », Vous pouvez, s'écria-t-il, « compter sur la vigilance du Gouvernement à défendre les droits de l'État avec l'esprit nouveau qui l'anime ».

L'esprit nouveau ! l'ancien était donc condamné. N'était-ce pas celui de Gambetta, de Jules Ferry, des 363, de la concentration, du parti républicain depuis le premier jour?

La gauche qui avait d'abord refusé de comprendre, et la droite de se réjouir, durent se rendre à l'évidence. La confusion de l'une, la joie de l'autre devinrent inexprimables, quand il ajouta : « Au-dessus de toutes les querelles, plane un principe supérieur, le principe de la tolérance, qui est la plus sérieuse conquête de la philosophie.»

De cette conquête, les philosophes de la gauche ne se souciaient guère. Leurs protestations indignées ne troublèrent pas l'orateur ; « il est temps, » s'écria-t-il emporté maintenant par l'élan de sa conscience, « de faire prévaloir, « en matière religieuse la tolérance qui en est le principe, « non seulement dans la liberté de l'esprit, mais dans la « charité du cœur. L'esprit nouveau dont je parle doit « être un esprit haut et large de tolérance, de rénovation « intellectuelle et morale, tout différent de celui qui a pré-« valu jusqu'alors. »

Cette fois, tous les voiles étaient déchirés. Cet appel à la paix religieuse, désaveu du passé, était le premier qu'une Chambre entendait sortir d'une bouche républicaine, depuis la chute du maréchal de Mac-Mahon.

Quelles colères ne souleva-t-il pas ! « Avouez donc que vous êtes avec le Pape », lui cria M. Goblet. « Il ne serait

« pas, riposta aussitôt M. Spuller, plus indigne de moi que
« de l'interrupteur, de reconnaître que le Pape actuel est
« un homme qui mérite les plus grands respects, parce
« qu'il est investi de la plus haute autorité morale. »

C'en était trop. Le leader de l'anticléricalisme, l'organe
officiel des loges, M. Brisson, s'élança à la tribune et, d'une
voix irritée, jeta l'anathème sur le révolté, qui s'insur-
geait contre l'orthodoxie laïque, Sa voix n'éveilla pas
d'écho et son geste maçonnique n'émut personne.

M. Casimir-Périer mit fin au débat par ces paroles équivoques, où on ne trouvait ni encouragement, ni désaveu :
« Nous avons autre chose à faire qu'à animer les citoyens
« les uns contre les autres à propos de querelles reli-
« gieuses. »

L'incident fut clos. La gauche, trop avisée pour le laisser
s'envenimer, affecta de considérer Spuller comme un irré-
gulier inoffensif, qui avait tiré des coups de fusil perdus et
se contenta d'un semblant de rétractation. « Nous n'avons
rien à renier, dit-il pour l'apaiser, nous ne renions rien de
l'œuvre achevée par la République. » Moyennant quoi,
M. Brisson retira ses excommunications, M. Goblet oublia
ses boutades, et M. Spuller resta ministre.

Malgré tout, le coup avait porté, et les clairvoyants s'en
aperçurent mieux encore, le jour où ils entendirent le
Président du Conseil dire : « Je crois à la sincérité des
ralliés, mais confier la garde des institutions à ces néophytes serait une imprudence. »

Cette imprudence, les néophytes ne lui demandaient pas
de la commettre. Ils n'avaient nulle envie de porter le drapeau de la République positiviste ; mais c'était un signe des
temps que le chef du Gouvernement envisageât une telle
éventualité, fût-ce pour l'écarter.

Le Cabinet, qui avait heureusement traversé cette première épreuve, ne résista pas à une seconde. A propos
d'une grève de cheminots, M. Casimir-Périer soutint que
les ouvriers des Chemins de fer de l'État, affectés à un

service public, ne bénéficiaient pas du droit commun. C'était la thèse que M. de Bismarck, lors des grèves de la Ruhr, avait jadis soutenue devant une mission française que présidait M. Jules Simon. Si elle pouvait convenir à un régime autocratique, elle ne s'adaptait pas à la législation d'un pays démocratique. Le Gouvernement eut contre lui la gauche et la droite ; resté seul avec le centre, il succomba.

M. Charles Dupuy fut porté au pouvoir grâce à son fameux mot : « la séance continue ». Obligé de se maintenir en équilibre entre les deux fractions de la majorité très animées l'une contre l'autre, il vécut de prudence et surtout de concessions. Il en fit une qui lui valut un grave désagrément.

Après l'assassinat de l'empereur Alexandre, l'ambassade de Russie à Paris fit célébrer un service funèbre où le Président du Conseil fut appelé à prendre la parole. Pour se conformer à la langue laïque du temps, il se garda de faire allusion à l'au-delà, et de prononcer le nom de Dieu. La famille impériale et la Cour de Russie prirent fort mal des prétéritions qui blessaient leurs croyances et méconnaissaient celles de l'auguste défunt. L'ambassadeur reçut mission d'exprimer des regrets à M. Dupuy, qui sans doute ne s'excusa pas, en alléguant qu'il avait observé la consigne des loges.

S'il fit des concessions à l'anticléricalisme, il n'en fit pas à l'anarchie, et sa fermeté lui valut les attaques de l'extrême-gauche, plus disposée à défendre les victimes des tribunaux que celles des assassins. Jaurès fut son interprète, et, pour faire diversion, attaqua les idées d'Albert de Mun qui, disait-il, « soulevaient les colères populaires ».

La riposte fut prompte et cinglante. Aux théories de l'internationalisme révolutionnaire et athée, Albert de Mun opposa la morale fraternelle de l'Évangile ; aux fureurs haineuses des anarchistes, la tendresse miséricordieuse du Christ. Jamais sa parole ne fut plus chaude, plus embrasée d'esprit chrétien. Les socialistes restaient interdits devant l'idéale beauté d'une doctrine qu'ils ne connaissaient que travestie par l'athéisme, et la puissance d'une éloquence, qui semblait jaillir d'un cœur d'apôtre. Il termina son discours par un appel à la concorde. Sans blâmer des répressions nécessaires, il plaignit le Gouvernement d'avoir besoin d'y recourir : « Vous ne donnerez, lui dit-il, la paix sociale au pays que si vous lui donnez la paix religieuse. L'une et l'autre sont liées. Si vous ne vous rattachez pas au point d'appui qui résiste encore, je crains que le dernier reste de ciment chrétien qui unit encore notre vieille société, venant à tomber, la demeure elle-même n'en soit profondément ébranlée. »

L'impression fut profonde à la Chambre, profonde au dehors. Léon XIII, qui venait d'adresser au monde catholique sa magnifique encyclique sur la condition des ouvriers, fit transmettre ses félicitations au grand orateur qui l'avait si bien compris.

La Chambre était sous le coup de ces passionnants débats, quand un événement tragique vint lui révéler le mystérieux travail qui se poursuivait dans les bas-fonds de la société.

Un jeune ouvrier boulanger, d'origine italienne, vint à pied, seul et presque sans ressources, de Montpellier à Lyon où M. Carnot était en visite officielle, se posta sur le passage de sa voiture, et, s'élançant sur le marchepied, lui enfonça dans le flanc la lame du couteau qui servait à son usage quotidien. Son crime était moins un acte de fanatisme que d'obéissance. Il avait reçu de la société secrète à laquelle il était affilié l'ordre d'assassiner, et il l'avait exécuté avec la docilité d'un serviteur passif.

M. Carnot était le quatrième Président de la République. Ses trois prédécesseurs, M. Thiers, le Maréchal, M. Grévy, avaient abandonné le pouvoir pour ne pas manquer à la discipline parlementaire ; lui tombait victime de la discipline anarchiste.

La Chambre effrayée ne songea qu'à se défendre. Trouvant dans ses rangs un homme, dont le nom était un symbole de résistance à la révolution, elle oublia qu'il avait été l'objet de ses récentes disgrâces et lui fit appel. C'était M. Casimir-Périer.

Il garda M. Dupuy comme Président du Conseil. Celui-ci, dont la police n'avait pas su protéger la vie de M. Carnot, redoubla de précautions à l'égard de son successeur, au point de l'importuner. De plus, il pratiqua, sans d'ailleurs le consulter, l'habituel jeu de bascule parlementaire, tantôt proposant des lois de répression contre les anarchistes, tantôt prenant des mesures de rigueur contre les prêtres, si bien que M. Casimir-Périer se lassa du rôle humilié auquel il était réduit et donna sa démission. « Les fictions constitutionnelles, écrivit-il dans son message à la Chambre, ne peuvent faire taire les exigences de la conscience politique. »

L'élection présidentielle mit aux prises les leaders dés deux fractions républicaines : l'opportuniste M. Waldeck-Rousseau, le radical M. Brisson. Ce fut un troisième candidat, plus effacé, qui l'emporta, M. Félix-Faure.

Le nouvel élu, que les socialistes calomniaient en l'appelant « l'homme des ralliés et de l'Église », avait le grand mérite de ne porter ombrage à personne. Franc-maçon peu militant, modéré d'opinions, gouvernemental par principe, suffisamment décoratif, il était bien l'homme d'une majorité indécise, flottant toujours entre la droite et la gauche. Dès le premier jour, il prouva qu'il était sans parti pris ; il offrit d'abord le pouvoir au chef du parti radical, M. Brisson, et, sur son refus, au chef du centre gauche, M. Ribot.

Le Ministère, que le nouveau Président du Conseil disait composé « d'honnêtes gens, de bons citoyens, de gens sincères », évita les écueils de la politique intérieure et concentra ses efforts à consolider l'alliance russe, encore fragile ; il y réussit.

Sa joie fut vite empoisonnée par une nouvelle affaire

d'argent, qui rappelait de loin le Panama. Les Chemins de
fer du Sud ajoutèrent un nouveau scandale à tous ceux qui
se succédaient depuis des années. Ce fut cette fois un sénateur qui fut condamné à un an de prison. La majorité, dans
un accès de colère, jugea M. Ribot trop tiède et l'invita
à poursuivre toutes les responsabilités, à lui communiquer
même tous les dossiers. Comme celui-ci jugea l'invitation
blessante, il la déclina, et eut le sort de M. Loubet, renversé jadis pour n'avoir pas autorisé l'autopsie du baron
de Reinach. Il fut mis en minorité.

Le Président de la République, fidèle à la tactique dans
laquelle se complaisait son éclectisme, fit appeler M. Bourgeois, l'*alter ego* de M. Brisson. Celui-ci constitua un ministère radical bon teint, d'où étaient exclus à la fois « les
adversaires de la République et ceux qui en acceptaient
la forme mais non l'esprit avec ses conséquences sociales et
politiques ». Il annonça une enquête sur les Chemins de fer
du Sud, l'impôt progressif sur le revenu, une loi des associations. De ses promesses, il ne put tenir aucune. Le
Sénat, à propos du dessaisissement d'un juge d'instruction, l'accusa à son tour de ne pas faire la lumière sur les
Chemins de fer du Sud et le blâma trois fois. Devant cette
hostilité, il s'en alla, après en avoir appelé vainement du
Sénat à la Chambre des députés.

M. Félix-Faure eut encore à exercer sa sagacité ; c'était
la troisième fois en un an. Il crut d'abord un radical de
marque, M. Sarrien, l'homme politique le plus qualifié
pour recevoir le pouvoir, puis, sur son refus, s'adressa au
plus modéré des opportunistes, M. Méline. Sa pensée
n'était pas de donner un coup de barre à droite. Il s'agissait
simplement de suivre ce mouvement de va-et-vient, qui
paraissait en ce moment le suprême de l'art politique. Les
radicaux refusant d'entrer dans le Cabinet, celui-ci fut forcément homogène.

Il s'installait à peine, quand éclata, au bazar de la Charité,
le terrible incendie qui émut Paris et la France entière.

Un cinématographe mit le feu à une construction en planches, encombrée de marchandises légères, et presque sans dégagement. La foule éperdue, que les flammes semblaient poursuivre, se précipita vers des issues insuffisantes, et en un instant le frêle édifice devint un vaste brasier, où s'entassèrent des victimes de tout âge et de toute condition. Le soir, dans l'entassement des décombres, on ne distinguait plus, parmi les cadavres calcinés, celui de la femme du monde et de la femme du peuple, de la princesse de sang royal et de l'humble religieuse, de la petite orpheline élevée par charité et de la jeune fille élégante, grandie dans le luxe.

Cet affreux malheur fit l'union des cœurs. Le Président de la République décida d'assister à la cérémonie funèbre, qui devait avoir lieu à Notre-Dame et le Président de la Chambre, M. Brisson, résolut lui-même de l'y accompagner.

Un dominicain de grand talent, nourri de la théologie de saint Thomas, développa, dans un discours d'une rigoureuse orthodoxie, une thèse sur la réversibilité des mérites, dont le mysticisme austère effaroucha les auditeurs élevés dans les loges. M. Félix-Faure céda à des impressions sentimentales et, en sortant, y laissa libre cours dans quelques paroles amères, adressées au cardinal Richard ; il ne se doutait pas que celui-ci avait félicité l'orateur à sa descente de chaire. M. Brisson, encore plus horripilé, crut devoir, le lendemain, au début de la séance, épancher devant la Chambre ses indignations maçonniques. Il réussit à ranimer dans la majorité de vieilles ardeurs antireligieuses et obtint l'affichage de sa harangue.

Albert de Mun, qui n'était pas présent, eut beaucoup de peine, à obtenir, à la séance suivante, la parole pour répondre à la théologie laïque du Président. Sa protestation fut sobre, mais émouvante. « Il y a, dit-il, autour de nous des familles « qui pleurent, et dont le cœur est brisé, et lorsqu'elles « attendent de vous des paroles de paix et de consolation, « vous leur apportez par vos divisions une douleur de plus.

« Vous ne sentez pas cela ; car vous êtes aveuglés par vos
« passions et vous croyez avoir trouvé un moyen de ravi-
« ver et de déchaîner à nouveau les coteries anticléricales,
« pour vous en faire une arme de parti et servir des com-
« pétitions politiques. » Cela dit, il s'arrêta pour ne pas
pononcer de paroles irréparables. S'adressant alors à la majorité sur un ton radouci : « Quoi que vous fassiez, quoi
« que vous disiez, lui dit-il, vous n'empêcherez pas que,
« du deuil universel, ne sorte pas pour moi l'espérance
« d'un retour à la concorde et à l'unité morale du pays. » Il
avait raison de ne rien briser, les événements allaient
justifier ses prévisions.

A ses débuts, M. Méline suivit le sillage tracé par ses devanciers et essaya de désarmer les radicaux par des concessions. S'il eut le courage de refuser la désaffectation du
Sacré-Cœur de Montmartre, il ferma en revanche des chapelles, supprima des traitements ecclésiastiques, celui
notamment de l'évêque de Viviers, Mgr Bonnet, saint prélat dont l'austérité et la science honoraient l'Église de
France, déféra au Conseil d'État l'évêque de Clermont,
et aux tribunaux celui de Tulle. Ces exécutions, au lieu
d'adoucir les radicaux, surexcitèrent leurs exigences qui
devinrent telles qu'à bout de patience il leur dit un jour :
« Dans votre esprit sectaire, on n'a même plus le droit
« d'être catholique. » Ne pas se faire leur instrument, c'était
déjà hardi ; leur parler sur un tel ton, c'était les braver.
Affolés, ils crurent entendre un écho de l'esprit nouveau
et sentirent se réveiller leurs colères. Elles eussent fait tout
de suite explosion, sans l'arrivée à Paris de Nicolas II et
de l'impératrice Alexandra.

Les souverains russes furent, trois jours durant, les hôtes
de la France. Les paroles, échangées dans les cérémonies
publiques, mirent le comble à la joie populaire. « Recevez
« pour vos armées de terre et de mer, dit le Président Félix
« Faure, l'affirmation solennelle d'une inaltérable amitié. »
« — Vous avez raison de dire, répondit le Czar, que

« les deux pays sont liés par une inaltérable amitié. »

Quelques mois après, lors d'un voyage du Président en Russie, l'inaltérable amitié était devenue « l'union fraternelle de deux nations amies et alliées ». Le rêve, que Napoléon avait fait un siècle avant, était accompli. L'alliance franco-russe, notre grande espérance historique, l'axe de notre politique extérieure, devenait une réalité.

Le Gouvernement de M. Méline eut besoin de cette force pour affronter l'épreuve que l'avenir lui réservait.

Le capitaine Dreyfus, condamné depuis deux ans pour trahison, subissait sa peine à l'île du Diable, et déjà le silence et l'oubli se faisaient autour de lui, quand de vagues rumeurs se répandirent dans les milieux politiques. On chuchota que des révélations récentes jetaient sur son affaire un jour nouveau. Un chercheur patient, pris de scrupules, avait découvert un fait grave ; le bordereau n'était pas de Dreyfus. Sur ce thème, les imaginations brodaient des histoires fantastiques : l'instruction avait été partiale et bizarre, des pièces, inconnues de l'accusé, avaient été communiquées à ses juges après la clôture des débats, et leur authenticité était controuvée. De ces prétendues découvertes, l'opinion publique fit un roman qui, peu à peu, se changea en drame.

Le monde israélite fut en émoi, et bientôt entraîna à sa suite tous les agités, tous les amateurs de scandales, tous ces vengeurs de l'innocence opprimée qui accourent toujours, dès qu'ils flairent l'occasion de battre en brèche l'autorité ou la justice. A leur suite les partis entrèrent en scène.

Tandis qu'une certaine presse dénonçait une grande erreur judiciaire, la franc-maçonnerie fonça sur l'Église et les radicaux sur les conservateurs.

Le Gouvernement ne se laissa pas intimider par cette levée de boucliers. Le ministre de la Guerre vint à la tribune affirmer qu'en son âme et conscience Dreyfus était coupable. Comme l'orage ne s'apaisait pas, le Président du Conseil se leva et déclara nettement : « Il n'y a pas d'affaire

Dreyfus. » Cette péremptoire parole coupait court à toute espérance de revision judiciaire. Elle exaspéra les radicaux de la Chambre et la clientèle sémite et intellectuelle qui les suivait.

De ce jour, l'affaire devint une crise nationale, auprès de laquelle le Panama et le procès Wilson n'étaient que jeux d'enfant. La justice militaire était accusée de forfaiture, le Gouvernement d'improbité ; l'armée devenait une école d'immoralité, l'Église de fanatisme ; l'ordre social avait tout à craindre de l'alliance du sabre et du goupillon. « Nous chambarderons tout », disait un député influent, qui était aussi un israélite de marque.

Albert de Mun, effrayé, essaya d'arracher les masques : « Il faut savoir, dit-il, s'il est vrai qu'il y ait dans ce pays « une puissance mystérieuse et occulte, assez forte pour « jeter les soupçons sur ceux qui commandent l'armée, sur « ceux qui, le jour où de grands devoirs s'imposeront à elle, « auront la mission de les conduire à l'ennemi et de diriger « la guerre : il faut savoir si elle est vraiment assez forte « pour bouleverser le pays entier, et jeter dans les esprits « des doutes et des soupçons sur les officiers. Il n'y a pas de « question politique ; il y a ici un Français, représentant « de son pays, qui a servi sa patrie pendant quinze ans « sous les armes, et dont le cœur de soldat est remué jus- « qu'au fond par l'odieuse campagne à laquelle nous as- « sistons. »

Le Gouvernement tint bon ; ce fut à la gauche de la Chambre et dans le camp des intellectuels surexcités un concert d'imprécations. Zola, l'un « des chefs d'orchestre », écrivit sa fameuse lettre « J'accuse », dans laquelle il avait condensé, sous une forme brutale, toutes les passions en émoi, toutes les calomnies en cours. A la lecture de cette pièce violente, Albert de Mun ressentit une telle indignation et trouva pour l'exprimer de si émouvantes paroles que le Gouvernement et la majorité déférèrent sur l'heure Zola à la justice.

Celui-ci comparut devant la cour d'assises qui lui appliqua un an de prison ; à sa sortie, la foule l'accueillit avec des huées. Nul témoin de cette scène ne se douta alors que le condamné honni aurait un jour des obsèques nationales, et une place dans ce Panthéon, au frontispice duquel est écrit : » Aux grands hommes, la patrie reconnaissante. »

Ni les sanctions de la justice, ni les colères du public ne calmèrent les ardeurs du clan dreyfusiste. Celles-ci n'intimidèrent pas M. Méline qui, à tous les défis, à toutes les objurgations, répondit avec une fermeté tranquille : « Je ne sacrifierai jamais ni les droits de la justice, ni l'honneur de l'armée. »

Devant cette attitude, les radicaux perdirent toute mesure, et brisant ouvertement avec lui, se constituèrent en parti d'opposition. Du coup, le Ministère se trouva placé dans l'alternative ou de capituler ou de s'appuyer sur les conservateurs constitutionnels. Il préféra le concours d'une droite patriote au joug de radicaux en révolte contre l'ordre légal.

Ainsi l'axe de la majorité se trouva changé, et avec lui toute l'orientation de la politique. A la concentration républicaine succédait la conjonction des centres. De cette volte-face parlementaire pouvait sortir l'évolution ardemment désirée par le pays.

Les événements, plus que la volonté des hommes, créaient cette situation inespérée. Aucun dessein prémédité n'avait décidé M. Méline à tenter la périlleuse aventure où il se trouvait engagé : au moment où il cédait à la force des événements, il n'obéissait à aucune résolution arrêtée d'avance, et ne prévoyait ni les entraînements qu'il allait subir ni leurs suites inévitables.

Si les radicaux eussent été habiles, ils eussent fait taire leurs ressentiments, et retenu doucement le Ministère sur la pente où il avait mis le pied, presque sans s'en douter. Mais ils n'avaient ni le sentiment de la mesure, ni l'habitude de la prudence, ni surtout l'esprit politique. Leur tempérament violent les emporta ; au lieu d'arrêter le mouvement qui entraînait les opportunistes à droite, ils le précipitèrent par leurs attaques. Tout de suite ils crièrent à la trahison, prodiguèrent les injures au « perfide » M. Barthou et firent si bien que le Cabinet, hésitant et timide, fut rivé presque malgré lui à la politique de transaction et poussé, l'épée dans les reins, dans la voie où il ne marchait qu'en tremblant. Quelle perspective s'ouvrait tout à coup devant les catholiques, combattus, traités en parias depuis vingt ans !

Albert de Mun vit du premier coup d'œil l'importance de cette silencieuse entente avec le Gouvernement et résolut d'employer son influence à la faire aboutir. Un accord électoral avec le centre, sans conditions ni sacrifices, c'était le salut. L'occasion était plus sûre que celle des négociations Rouvier, plus correcte que celle du boulangisme.

Sans doute on n'arriverait pas d'emblée au but, on ne recueillerait pas tout de suite de solides avantages, mais la solidarité du combat et de la victoire ne pouvait manquer d'être féconde. Par la force des choses, les rapprochements amèneraient les concessions. La paix se ferait d'elle-même sous le coup de la nécessité, sans atteinte à la dignité des uns et aux croyances des autres.

Comme il était certain que la tentative ébauchée, si elle échouait, serait, pour les catholiques, le signal des pires représailles, la sagesse commandait d'éviter toute polémique, toute exigence excessive, et surtout d'attendre la victoire avant d'en réclamer le prix.

Le défilé, dans lequel on s'engageait étant dangereux, il le fallait franchir en se sentant les coudes avec ses nouveaux alliés, mais sans se confondre avec eux. Le Gouvernement avait besoin de courage, l'opposition de prudence ; et ce n'étaient pas leurs vertus dominantes. L'essentiel était d'agir et de ne pas trop parler. Il est des circonstances où on ne s'entend bien qu'à la condition de ne se rien dire. Un maître en politique n'a-t-il pas écrit : « Les matières d'État ne s'arrangent jamais mieux que dans le silence »?

Albert de Mun assistait avec une émotion inquiète à cette résurrection de l'esprit nouveau. Plus approchaient les élections, plus ses anxiétés redoublaient. Le suffrage universel allait dire le mot décisif, et de ce mot dépendait tout l'avenir.

Après vingt années d'âpres luttes, la République, de libre penseuse agressive qu'elle avait été, pouvait devenir, sinon chrétienne, du moins tolérante et impartiale. Les proscrits des dernières années pourraient reprendre leur place au foyer de la famille et y retrouver non, comme on les en accusait, privilèges et domination mais l'inestimable bienfait de la liberté.

Sans doute Albert de Mun eût souhaité pour l'Église une situation plus nette et un accord plus sincère ; mais il avait assisté à l'effondrement de tant d'espérances, il avait vu la vague d'incrédulité déferler avec tant de violence, que, tout en regrettant les nécessités qu'il fallait subir, il se réjouissait de l'arrêt de la guerre et des adoucissements d'une trêve, amorce d'une paix définitive.

Cette claire vision du possible, si elle ne le consolait pas des sacrifices douloureux, lui en montrait l'urgente nécessité. Pour sauver la situation, il fallait amener le Gouvernement à ne pas rompre son faux ménage avec la droite et convaincre la droite de ne demander ni trop ni trop tôt.

Il s'épuisa à recommander aux uns et aux autres de se comprendre à demi-mot et de marcher côte à côte sans se heurter. Malheureusement les froissements étaient inévitables. La question scolaire était, à chaque instant, la pierre d'achoppement. La loi prévoyait que les laïcisations d'écoles seraient achevées dans une période fixe qui touchait à son terme. M. Méline, qui ne pouvait espérer de sa majorité ni revision, ni sursis, multiplia les exécutions.

Le moindre retard eût amené sa chute ; mais, au lieu d'expliquer simplement qu'il était lié par un texte impératif, il se fit un mérite de ce qui n'était qu'une contrainte. « Aucun ministère, dit-il fièrement, n'avait fait plus de laïcisations que le sien. »

Cette arithmétique vantarde n'apaisait pas la gauche qui la savait forcée, et irritait les catholiques dont quelques-uns en arrivaient à dire qu'aucun Ministère n'avait fait plus de mal. Par surcroît, l'éloquence officielle, fidèle à d'anciennes formules oratoires, avait des échappées mal sonnantes à des oreilles conservatrices. Albert de Mun en était surpris et irrité. « Je ne comprends pas, disait-il après une séance où la parole ministérielle avait été féconde en écarts, qu'on parle ainsi à des alliés dont on a besoin et sans lesquels on ne peut vivre. »

Si telles étaient ses impressions, que devaient être celles de l'extrême-droite, pour laquelle tout accommodement avec la République était un sacrifice au-dessus de ses forces. Peut-être eût-elle pris patience, si elle eût connu les conversations qui s'échangeaient alors entre l'habile diplomate qu'était le nonce Mgr Ferrata et le libéral ministre des Affaires étrangères qu'était M. Hanotaux. Celui-ci, inquiet de la violence et de la durée des querelles religieuses, indiquait, dans des entretiens aujourd'hui connus, les concessions qui les devaient apaiser. « La loi scolaire, disait-il, pourrait être modifiée par l'introduction de l'enseignement religieux facultatif dans les écoles primaires et la loi militaire par l'envoi des soldats ecclésiastiques dans les services hospitaliers. »

Tel était précisément le programme minimum, que le nouveau parti constitutionnel, dès sa formation, avait exposé à la tribune. Si les intransigeants de droite eussent su qu'il entrait dans les prévisions du Gouvernement, ils eussent consenti sans doute à attendre et laissé se constituer le « parti tory réformateur ». Le sentiment religieux l'eût emporté sur l'esprit de parti. Le Cabinet remis en confiance n'eût pas toujours eu peur d'être compromis ni toujours besoin d'être rassuré. Albert de Mun, obligé de partager son temps entre des amis qui se croyaient des dupes et des ministres qui se croyaient des complices, ne perdait pourtant pas courage, soutenu par la pensée que de longtemps pareille occasion ne s'offrirait de barrer la route aux influences radicales et maçonniques. Plus le dénouement électoral devenait prochain, plus il s'efforçait de calmer les frayeurs des uns et les impatiences des autres. Encore un effort, se disait-il, quand la tâche devenait trop difficile ; la brèche est ouverte, nous touchons au but.

A ce moment, l'organisation des catholiques consistait seulement en un état-major, groupé autour d'Étienne Lamy.

A la suite de l'échec électoral de 1893, des jeunes, nouveaux venus en politique, l'avaient imputé aux antécédents monarchiques des premiers meneurs et à l'insuffisance de leur programme social. Aussi avaient-ils réclamé une direction moins compromise et plus hardie. Étienne Lamy, républicain irréprochable, autrefois député et ancien 363, sociologue avisé, leur avait paru le chef désigné pour attirer des concours de gauche, sans lesquels le succès leur paraissait impossible. Grâce à une intervention puissante auprès de la Curie romaine, ils avaient obtenu pour lui du cardinal Rampolla une lettre d'encouragement, sinon d'investiture.

Les anciens chefs s'étaient effacés avec empressement, et le nouveau s'était mis à l'œuvre. Son rôle brillant au Parlement, sa chaude éloquence, sa réputation d'historien, sa place d'élite dans le monde littéraire étaient des titres à la confiance publique ; mais il se heurta à des résistances insoupçonnées. Les milieux où il agissait, avaient peu de goût pour l'association et la discipline, moins encore pour les nouveautés politiques. Il reconnut très vite l'impossibilité d'improviser une organisation d'ensemble et se contenta de former, sous le nom de « fédération électorale », un groupement de notabilités catholiques d'origines diverses,

pour la plupart étrangères à la vie militante. Les Chambres
n'y étaient pas représentées, le nouveau groupe désirant
échapper aux influences parlementaires et à celles des anciens partis. Plus doctrinaire que réaliste, il avait le goût
des spéculations théoriques et le dédain de cet objectivisme
pratique qu'enseigne l'expérience de la politique.

Le mépris des contingences est l'apanage des convaincus,
mais leur écueil. Faire peu de cas des faits, c'est s'exposer
à les mal comprendre et les mal diriger ; le suffrage universel, dans une société démocratique, est le plus impitoyable des réalistes.

Cet état d'esprit amena le nouveau comité à se renfermer
dans des principes absolus, au risque de quelques erreurs
de psychologie. La loi scolaire, qui excluait Dieu de l'école,
la loi militaire qui mettait le sac au dos des curés blessaient
les croyants ; et il était juste qu'ils en voulussent la revision.
Mais si légitime que fût ce désir, ces croyants n'étaient pas
encore de force à l'imposer de haute lutte ; des exigences
impératives ne pouvaient tout de suite désarmer les
vieilles résistances doublées d'intérêts électoraux.

Ces considérations d'ordre pratique ne frappèrent pas la fédération, ou furent écartées par ce qu'elle considéra comme
un devoir de conscience : Étienne Lamy fut donc chargé de
demander à M. Méline un rendez-vous et de lui signifier
nettement que ses amis ne voteraient que pour des républicains s'engageant à reviser les lois scolaires et militaires.

L'accueil fut celui qu'il était aisé de prévoir. « Je ne trans-
mettrai pas vos conditions à mes amis, répondit le Président du Conseil, certain qu'elles seraient repoussées. D'ailleurs, s'ils les acceptaient, ils seraient sûrement battus. »
Voyant sortir le négociateur mécontent et déçu : « Décidé-
ment, murmura-t-il, les conservateurs n'ont rien appris ni
rien oublié. »

Le mot n'était pas neuf, mais il traduisait les sentiments
d'un parti qui regardait les deux lois comme des réformes
auxquelles sa fortune électorale était à ce moment étroite-

ment liée. Il eût fallu, pour lui arracher ce solennel désaveu d'autres considérations que les scrupules de ses alliés, quelque honorables qu'ils fussent.

Si Albert de Mun, vétéran de la politique, eût été consulté, il eût déconseillé une démarche qui fatalement devait aboutir à la brouille. Il avait été trop mêlé aux luttes récentes, pour ne pas savoir que la première condition pour résoudre un tel problème était de ne pas l'aborder de front prématurément. Il se rappelait la tactique suivie par le centre allemand ; elle avait consisté à arriver à la Chambre le plus nombreux possible sans afficher d'exigences prématurées, à y former l'appoint d'une majorité de gouvernement, puis à s'interposer à l'occasion comme arbitre et à obtenir peu à peu des concessions partielles, préparant la solution définitive. Toute autre méthode conduisait à la défaite ; l'attaque brusquée était une erreur ; l'heure d'une victoire triomphale n'était pas venue. Que la méthode fût lente, c'était vrai ; mais à quoi servait une hâte qui menait droit à la culbute. Le dénouement était facile à prévoir. La rupture fut immédiate et complète.

Chacun rentra chez soi irrité contre son voisin ; l'œuvre des dix-huit derniers mois était perdue et, avec elle, l'occasion que des circonstances extraordinaires avaient fait naître.

Le désarroi se mit dans les deux camps ; les mesures prises en vue d'une entente se retournèrent contre les alliés maintenant brouillés. Les républicains modérés avaient mis contre eux une partie de leur clientèle ; et les catholiques, suspects aux partis dynastiques, étaient réduits à leurs seules forces. Les uns et les autres combattirent en ordre dispersé et furent battus. Au lieu de la concentration au centre, ce fut la dislocation, avec le repli sur les ailes.

Les radicaux s'étant aperçu vite des flottements de l'armée ennemie, avaient serré les rangs et chargé à fond.

Au premier tour de scrutin, ils gagnèrent presque la partie.

Le Gouvernement voulut douter encore d'un échec définitif et essaya une revanche au ballotage ; cette fois l'accord se fit, Lamy s'étant effacé. Mais il était trop tard ; le branle-bas était donné. Gouvernement et opposition réussirent malaisément à empêcher la défaite de tourner au désastre.

Les extrémistes de droite se consolèrent de ce dénouement. Ils étaient battus, mais l'honneur était sauf ; eux n'avaient ni transigé, ni négocié. Que la politique constitutionnelle s'effondrât et avec elle M. Méline, le malheur n'était pas grand. Les rêves de Léon XIII allaient s'évanouir devant cette rude leçon de choses ; la lutte reprendrait sur son ancien terrain, avec l'union conservatrice pour base et la monarchie pour but. Dieu ferait le reste.

Albert de Mun avait suivi ces derniers épisodes avec une tristesse que la pensée d'y être resté étranger n'adoucissait pas. Être battu était pénible ; mais voir ses amis les artisans de leur défaite était cruel. Il ne leur reprocha pas de s'être passé de ses conseils, mais se redit à lui-même cette parole, que le cardinal de Retz a écrite en tête de ses Mémoires : « Il est plus facile de combattre ses adversaires que de vivre avec ses amis. »

La branche de salut que la fortune avait offerte aux conservateurs était brisée. Leur barque, au moment d'entrer au port, était rejetée dans la haute mer et exposée à toutes les tempêtes.

Comment, après de si rudes mécomptes, ne pas tourner avec angoisse la page blanche, où allait s'écrire l'histoire de demain ?

VII

LÉGISLATURE DE 1898 A 1902

La guerre religieuse à outrance.
Albert de Mun à l'Académie Française.
Mort du Président Félix-Faure.
Ministère Waldeck-Rousseau. — La loi d'association.
Fondation de l'Action Libérale Populaire.

VII

Avec les élections de 1898 commence la grande guerre religieuse. La politique d'esprit nouveau a subi un échec décisif ; l'anticléricalisme, ranimé par un infructueux essai de pacification, va reprendre avec des haines surexcitées. Le radicalisme maçonnique entend regagner le terrain perdu depuis des années, et se préserver, par un surcroît de rigueurs, d'angoisses semblables à celles que lui a causées la dernière alerte.

De leur côté, les extrémistes de droite se persuadent que les constitutionnels seuls ayant été battus, eux vont pouvoir reprendre une lutte victorieuse avec les méthodes de 1885. A leurs yeux, il suffit, pour vaincre, de s'affirmer nettement en face du régime établi, et d'attendre, sans rien céder, le retour de l'opinion désabusée des tentatives transactionnelles.

Leur premier soin fut d'écarter Étienne Lamy, qu'ils accusaient de timidité, presque d'opportunisme. Que faire, disaient-ils, avec un républicain dont les convictions politiques paralysent les bonnes intentions ? Comme tout arrive dans les temps de confusion, ils l'accusèrent d'avoir cédé sur les questions scolaire et militaire. C'est en vain qu'il avait porté à M. Méline l'ultimatum de son comité ; il restait suspect et dut, pour se défendre, invoquer le témoignage d'amis qui l'avaient vu à l'œuvre ; les suspicions prirent un tel caractère qu'il crut de sa dignité de se retirer. Sa retraite entraîna la dissolution de sa fédération. Il n'y eut plus, dans le pays, l'ombre d'une organisation. Dès la réunion de la nouvelle Chambre, les ministres jetèrent le manche après la cognée. Tout pourtant n'était pas perdu. Une Chambre nouvelle renferme toujours des flottants, qui ne savent où aller. Un Gouvernement avisé a quelques jours pour ressaisir ces âmes novices, sur lesquelles le pouvoir, entrevu à travers les mirages du lointain, exerce un prestige magique. Ces nouveaux ont bien pris, devant leurs électeurs, des attitudes violentes et des étiquettes foncées ; mais toute cette mise en scène électorale s'est évanouie dans le voyage de Paris, et les provinciales ardeurs se calment dans l'atmosphère du Palais-Bourbon.

Le Cabinet meurtri n'avait pas de temps à perdre. L'intérêt du pays, plus encore que le sien, lui commandait de se hâter. La République arrivait à un dangereux carrefour. Allait-elle suivre la route entr'ouverte par les sages ou aiguiller sur la voie radicale? Là était le problème ; de ce problème dépendait l'avenir.

Tout conspira contre les modérés, surtout eux-mêmes. Le Président de la République, M. Félix Faure, avait de bonnes intentions, mais de courtes vues. Nourri de la doctrine maçonnique, il ne croyait pas au péril à gauche, et d'ailleurs se jugeait de taille à le conjurer. Convaincu qu'il saurait contenir et au besoin user les radicaux, il les proclama victorieux et les rendit intraitables. Par surcroît, M. Méline se défendit peu, ses ministres moins encore. Ceux-ci avaient senti passer le vent de la défaite, et pressés de sortir de l'impasse où ils piétinaient, voulaient, comme le disait un des leurs, élever une cloison entre les conservateurs et eux. Il n'en fallait pas tant, pour que la bande des flottants courût s'engouffrer dans l'armée radicale.

A sa première rencontre avec la Chambre, M. Méline obtint péniblement quelques voix de majorité. Dégoûté du pouvoir, abandonné des siens, presque suspect au Chef de l'État, il ne voulut pas se donner le temps d'analyser le scrutin, d'interroger ses amis, et de sonder le terrain en vue d'une revanche possible. Il prit son parti sur l'heure et se retira.

Cette fois, les conservateurs les plus intraitables virent le danger. Devant le fossé ouvert sous leurs pas, ils firent un bond en arrière, et votèrent presque avec entrain un ordre du jour qui les excluait formellement de la majorité. Albert de Mun ne leur en demandait pas tant, quelques mois avant. Pour se justifier, ils dirent que c'étaient là de vaines formules et qu'autant en emportait le vent.

M. Méline, qui avait osé dire : «La lutte n'est pas entre deux politiques, elle est entre deux sociétés », rencontra, en quittant la salle des séances, un député de droite, qui avait beaucoup désiré son succès, et lui dit, en lui tendant la main : « Souvenez-vous de cette journée, elle sera mémorable. »

Mémorable, elle l'a été ! Elle a vu avorter la dernière tentative d'apaisement et s'ouvrir contre la conscience religieuse une série d'attentats dont la France souffre encore.

En exprimant ses craintes, M. Méline savait quels desseins s'ourdissaient dans l'ombre et de quelles violences serait suivi son inutile essai de pacification. Le pouvoir, tombé de ses mains, échut au chef du radicalisme anticlérical. D'un bond, le recul alla jusqu'aux extrêmes frontières de la majorité. M. Brisson fut chargé de former le Cabinet.

La nouvelle combinaison ministérielle était la revanche de ce bloc auquel M. Spuller avait porté les premiers coups et que M. Méline crut un instant avoir brisé. On retournait à treize ans en arrière. La majorité avait pour programme des formules plus que des idées précises ; mais c'étaient des formules belliqueuses, riches de représailles.

Les adversaires de la République n'éprouvèrent qu'un chagrin médiocre de ce retour offensif du radicalisme. Ils croyaient à la politique du pire et se persuadaient que le bien allait sortir de l'excès du mal. Albert de Mun ne s'émut pas plus de leurs prophéties que de leurs railleries. Il ne rappela aux ironistes, ni les heureux résultats des dernières années, ni les exigences qui les avaient compromis, et laissa aux événements le soin d'apporter des enseignements plus instructifs que ses paroles.

A ce moment, il reçut un honneur vivement désiré. Un siège à l'Académie lui fut donné dans les conditions les plus flatteuses. En accueillant avec empressement ce clérical impénitent, l'Académie s'honora autant qu'elle l'honora lui-même. Son choix ne fut pas sans courage ; il n'est pas resté sans récompense. Elle a eu sa part, sa large part, de l'éclatante renommée qu'a acquise son nouvel élu. Son patrimoine de gloire s'est enrichi de celle qui entoure un nom, inscrit aujourd'hui au livre d'or de la patrie.

Dans son discours de réception, il avait à faire l'éloge de M. Jules Simon, « le chef des incertains ». La tâche n'était pas sans péril. Il s'en acquitta avec une équité et une élévation, qui lui valurent d'unanimes applaudissements. Après avoir loué le spiritualiste éminent, l'écrivain d'élite, l'orateur d'une souplesse incomparable, il voulut, à la fin, se dégager des contraintes qu'il avait dû s'imposer et redevenir vraiment lui-même. Ses dernières paroles furent l'affirmation de ses croyances, affirmation presque altière, où l'on sent la revanche de sa conscience un instant gênée. « La « Révolution française, dit-il, est en ce moment le point « de partage entre les hommes et la pierre de touche de « leurs idées. C'est que, fille de la Réforme et de l'Encyclo- « pédie, elle fut par-dessus tout une conception philoso- « phique et sociale, l'acte qui soustrait la société à l'ordre « surnaturel et ne donne à l'individu pour limite de ses « droits que la loi sortie de sa propre volonté, l'autorité qui, « privant les citoyens de tous les liens naturels rompus ou « dénoués, ne laisse subsister dans la nation que des isolés « impuissants dans leur liberté. Naturalisme et individua- « lisme, tout le siècle a reposé sur cette double conception.

« Voici qu'à cette heure incertaine, entre les temps qui « finissent et les temps qui commencent, se lève une vision « étonnante, aube déjà naissante dans le soir où nous en-

« trons. Le Christ, répudié par un siècle expirant, apparaît
« sur sa tombe avec des promesses d'amour et de justice,
« et sur le berceau du siècle naissant, la voix retentit, ou-
« bliée de la foule, qui fit descendre vers elle le grand cri de
« l'éternelle pitié. »

C'était en termes magnifiques tout son programme politique, tout son credo religieux. Il n'y manquait, pour achever sa confession publique, que l'exposé de ses doctrines
sociales.

Cet exposé, il l'avait fait peu de jours avant, à une réunion de la Jeunesse catholique, association filiale de l'œuvre
des Cercles. Des jeunes, pleins de foi, épris de justice et de
progrès, s'étaient groupés pour travailler à leur perfection-
nement moral et organiser, dans le pays, un apostolat religieux et social. Déjà nombreux, ils avaient, par surcroît, un
enthousiasme qui rendait féconde leur action. De cette pépi-
nière est sortie une phalange généreuse et forte, qui a vaillamment servi l'Église et la France. Albert de Mun a eu la
joie de voir naître de l'humble germe qu'il avait jeté en
terre un arbre puissant, dont la vaste ramure s'est étendue
sur tout le pays.

C'est à la séance d'ouverture d'un de ses congrès qu'il
traça, avec une hardiesse un peu déconcertante pour les vétérans, la voie sociale où l'association devait s'engager.

« Les classes élevées ont abandonné le peuple, après
« l'avoir perverti. Leur responsabilité est lourde, écrasante,
« dans ce siècle de fer, ce n'est pas assez dire, dans les
« longues corruptions qui l'ont préparé. Ne vous laissez
« pas plus confondre avec cet ancien régime, qu'on jette au-
« devant de vous, pour entraver votre marche, et qui n'est
« qu'un mannequin bourré de mensonges, qu'avec ce ré-
« gime moderne, édifié par les ambitieux et les satisfaits de
« la fortune. Vous êtes les tenants du régime chrétien. Votre
« programme se résume en un mot : le service de l'Église et
« du peuple. »

L'Académie eût écouté, sans s'offenser, le désaveu de

l'ancien régime ; peut-être eût-elle été un peu émue de cette ardente philippique « contre le régime moderne et les satisfaits de la fortune ». Il avait été sage de réserver à de jeunes croyants un acte d'accusation dont la véhémence procédait d'une conception surnaturelle de la société humaine.

Rentrant à la Chambre après son succès académique, il retrouva les radicaux en bataille. Encore sous le coup des colères que leur avait laissées la dernière alerte électorale, ils tenaient à se prémunir contre le retour des périls auxquels ils venaient d'échapper.

Leur désir de se défendre se confondait avec celui de se venger. La conjonction du centre et de la droite, quoique restée à l'état d'ébauche, leur avait révélé un danger qu'ils ne soupçonnaient pas. Perdre légalement le gouvernement de cette République, qu'ils disaient si souvent avoir sauvée, c'était une mésaventure dont ils ne voulaient plus courir le risque. L'affaire Dreyfus leur fournit à point l'occasion de reconstituer le Bloc, gravement effrité, et d'exercer des vengeances. Quant à des réformes, ils n'y songeaient pas.

L'antisémitisme était alors très en vogue. Drumont l'avait si fort accrédité qu'il était devenu, pour beaucoup, un fanatisme ; l'opinion désorientée a périodiquement de ces engouements qui changent d'étiquette, mais non d'origine ; ils procèdent tous d'un profond dégoût du présent. La condammnation d'un officier juif, pour intelligences avec l'ennemi, parut la confirmation de ses doctrines et exaspéra des passions déjà surexcitées. Par un choc en retour, les champions de la réhabilitation de Dreyfus redoublèrent d'activité et de violence. Les meneurs étaient surtout des anticléricaux de toute origine. Leurs premiers efforts, sous le ministère Méline, n'avaient pas été heureux ; ils s'étaient heurtés au sentiment national, mais, après des élections favorables aux radicaux, ils se remirent à l'œuvre avec l'appui de nouveaux alliés ; « l'affaire » leur devint un excellent tremplin politique.

Leur campagne fut un instant suspendue par un incident

extérieur, qui absorba l'attention publique. Une mission, organisée à l'instigation du Président Carnot, venait, sous la conduite du commandant Marchand, de traverser l'Afrique et, après de longues souffrances héroïquement supportées d'atteindre Fachoda, où elle avait installé l'influence française au Soudan et coupé à l'Angleterre la route du Cap au Caire. Le Parlement et le pays ressentaient la juste fierté d'un tel exploit, quand ils apprirent avec stupeur, que, sur un geste des Anglais, Marchand et sa troupe de braves avaient reçu l'ordre d'évacuer la ville conquise et de se rembarquer en Égypte. La reculade était cruelle ; le langage du Gouvernement l'aggrava par sa crudité : « La situation politique, écrivit le ministre des Affaires étrangères, M. Delcassé, au glorieux chef de la mission, oblige le Gouvernement à abandonner Fachoda. Il vous prie de procéder à son évacuation et de rentrer en France. »

La menace d'un ultimatum anglais expliqua seule à quelques initiés un tel ordre, donné en de tels termes.

La déception fut profonde. Pour la seconde fois, en moins d'un quart de siècle, la France subissait sur la terre d'Afrique les affronts de l'Angleterre, et, cette fois, avec une rudesse qui semblait une provocation. Le Soudan, après l'Égypte, c'était trop. Le premier moment de colère passé, l'opinion comprit que la France ne pouvait faire la guerre pour Fachoda et l'effervescence se calma. De cet échec si dur, notre diplomatie tira un enseignement. Elle comprit qu'il en fallait finir avec l'hostilité anglaise et chercher un terrain d'entente avec notre inquiète voisine. L'avenir a prouvé la justesse de ses vues. L'expédition de Fachoda fut une faute, mais une heureuse faute.

L'affaire Dreyfus recommença aussitôt, et, à son occasion, le patriotisme blessé de la Chambre voulut prendre une revanche. Les radicaux, s'étant hasardés à mettre en suspicion l'impartialité du Conseil de guerre, et en doute la culpabilité du condamné, le ministre de la Guerre releva ces imputations avec une éloquence impétueuse, qui traduisait

le sentiment de la majorité. Son succès prit même les carac‑
tères d'une manifestation et l'affichage de son discours fut
voté d'acclamation. M. Cavaignac devint subitement un
des hommes les plus populaires, et put dire, quelques jours
après, sans trop d'exagération. « J'ai la France derrière
moi. »

Il comptait sans les revirements de l'opinion. Les af‑
fiches de son discours s'étalaient encore sur les murs, quand
ses bureaux firent une déconcertante découverte. Un des
documents, communiqués au Conseil de guerre, après la
clôture des débats, était faux ; un examen attentif avait
révélé que le nom de « Dreyfus » y avait été frauduleuse‑
ment intercalé. L'auteur du crime était un officier supé‑
rieur du Cabinet ministériel, jusque-là d'une parfaite hono‑
rabilité. Convaincu de la culpabilité de Dreyfus, il avait,
dans un moment d'aberration, cru servir la vérité, en ajou‑
tant une preuve matérielle à des preuves morales, à ses
yeux décisives et méconnues.

M. Cavaignac le fit arrêter sur-le-champ et conduire au
Mont-Valérien, où le malheureux se coupa la gorge. Jus‑
tice faite, il donna sa démission de ministre et quitta le
pouvoir, suivi de la sympathie générale.

Au premier moment, les exaltés prirent parti pour l'offi‑
cier, dont le patriotisme égaré avait subi un entraînement,
semblable à celui qui jadis avait fait de Charlotte Corday
« l'ange de l'assassinat ». Mais, à la réflexion, le public se
demanda si cette pièce fausse, qui n'avait été soumise à
aucune discussion contradictoire, n'avait pas déterminé la
conviction des juges et la condamnation de l'accusé. Le
court passage du général Chanoine au ministère de la
Guerre, le geste brusque avec lequel il jeta son portefeuille
sur la tribune, achevèrent de troubler les esprits. M. Brisson
en profita pour ordonner la revision de l'affaire et déférer
à la Cour de cassation l'arrêt du Conseil de guerre qui con‑
damnait Dreyfus.

Ce fut, dans le clan radical, un délire de joie, et, dans la presse juive ou judaïsante, des explosions d'outrages contre l'armée et l'Église. Le scandale devint tel que la Chambre le jugea intolérable et invita le Gouvernement à y mettre un terme. Cette injonction frappa au cœur M. Brisson qui, plutôt que d'obéir, donna sa démission.

Son successeur, M. Charles Dupuy, se trouva tout de suite débordé par les passions soulevées autour de lui. Le désarroi était partout, dans le Parlement, dans le pays, dans le prétoire, où se déroulaient les débats du procès en revision.

Tout le monde avait perdu la tête ; les journaux et les orateurs ne gardaient plus aucune mesure. Un haut personnage du Gouvernement dit de la section de la Cour de cassation saisie de la revision, qu'elle était bien nommée « la Chambre criminelle ». Un député, à la tribune, qualifia trois des magistrats en faisant partie de « trio de coquins ». L'agitation devint telle qu'on entendit un ministre dire tout haut : « Quand nous nous réunissons en conseil, nous nous demandons, si nous ne serons pas enlevés par un coup de main. »

Dans ce déchaînement, M. Dupuy « changea son fusil d'épaule » et prit un grand parti. Il déposa une loi qui dessaisissait la Chambre criminelle et transférait la connaissance de la revision à la Cour de cassation, toutes Chambres réunies. Cette opération, qui dépouillait la juridiction de droit commun, rappelait à beaucoup les évocations d'ancien régime. Quoique légalisée par le Parlement, elle restait une grave mesure d'exception. Mais telles étaient les passions, que les quelques députés qui voulurent se réclamer des principes absolus du droit public furent honnis.

L'incohérence confinait à l'anarchie. L'affaire Dreyfus devenait une entreprise révolutionnaire ; les radicaux l'exploitaient contre l'armée, école d'autoritarisme brutal, contre l'Église, école de fanatisme aveugle ; les nationalistes s'en servaient comme d'un bélier contre le Gouvernement affolé.

Pendant que les libres-penseurs parlementaires s'acharnaient contre le clergé, Léon XIII donna à la France un éclatant témoignage de son inaltérable bienveillance.

L'empereur Guillaume venait d'accomplir en Orient un théâtral voyage, où il s'était posé en protecteur de l'islamisme. A ses ambitions politiques s'ajoutaient des ardeurs luthériennes. Dans sa conception d'hégémonie mondiale, il rêvait à la fois de s'ouvrir par le golfe Persique la route des Indes et de détruire, avec les capitulations, notre protectorat religieux en Orient. A peine dissimulait-il ses desseins sous quelques précautions diplomatiques.

Il achevait sa triomphale tournée, lorsqu'une lettre du Pape au cardinal Langénieux vint renverser le frêle édifice, qu'il s'enorgueillissait d'avoir construit. « La France, y était-il dit, a, en Orient, une situation à part, que la Providence lui a confiée, noble mission qui a été confirmée non seulement par une pratique séculaire, mais encore par des traités internationaux, ainsi que l'a reconnu notre Congrégation des Rites, par déclaration du 21 mars 1888. Le Saint-Siège ne veut rien changer au glorieux patrimoine, que la France a reçu de ses ancêtres, et qu'elle entend sans doute conserver, en se montrant à la hauteur de sa tâche. »

Cette haute consécration des droits de la France, au moment où l'empereur d'Allemagne faisait étalage de ses ambitions orientales, aurait dû désarmer les hostilités des vrais patriotes, fussent-ils libres-penseurs et antimilitaristes ; il n'en fut rien. Plus que jamais ils dénoncèrent l'alliance du sabre et du goupillon. Les catholiques s'efforçaient pourtant de ne pas mêler de question confessionnelle à l'affaire Dreyfus, et de parler seulement du respect de la chose jugée et de l'honneur militaire ; leur religion leur recommandait d'ailleurs la prudence, car elle espère voir un jour les Israélites reprendre leur place dans la famille chrétienne. Quand ils prenaient part au débat, ce qui était rare, c'était surtout pour repousser les outrages faits à leur foi ou à l'armée.

Albert de Mun donnait l'exemple de cette réserve. Il renfermait en lui-même ses douleurs et ses colères, ou ne les épanchait que dans des conversations et des lettres intimes.

« Pauvre et chère armée, écrivit-il alors, courbée sous la « tâche quotidienne, l'esprit tendu vers la frontière ou- « verte, oubliant les critiques, travaillant à l'union des « cœurs, à l'œuvre sacrée ! Pauvre armée, qu'il y a huit ans « encore nous avons vue si belle dans les plaines de Chalons, « quand, rayonnant de force et de confiance, elle s'offrait en « gage à l'alliance nouvelle ! Pauvre armée, jusqu'où l'a « conduite le rude calvaire qu'elle gravit, depuis que « l'affaire Dreyfus l'a touchée de son souffle empoisonné !

« Outragée, calomniée publiquement, parfois abandonnée « de ses chefs, trahie par eux jusqu'au mépris de son hon- « neur, réduite à dévorer tous les opprobres dans un silence « humilié, il faut encore qu'elle voie, par la porte basse de la « délation, la méfiance se glisser dans ses rangs et y tuer la « loyale camaraderie dont est faite la solidarité militaire. »

Aux tristesses que lui causaient ces scandales s'ajou- taient des préoccupations pour le maintien de l'ordre. Il n'était initié ni aux projets des partis, ni à ceux du Gouver- nement ; mais il sentait que de graves événements se pré- paraient dans l'ombre, et que la crise, arrivée à l'état aigu, se dénouerait par la violence, sans qu'il sût qui en prendrait l'initiative. Les nationalistes tenteraient-ils l'assaut? Le Ministère les préviendrait-il ?

Dans la mêlée, deux hommes émergeaient au premier plan : Déroulède, Drumont. Déroulède avait la flamme d'un poète et le cœur d'un preux. Soldat en 1870, il avait, jusqu'au dernier jour, combattu en héros, et la défaite lui avait laissé des souvenirs où la colère se mêlait à la dou- leur. D'abord, sa consolation fut de chanter, dans des vers bientôt populaires, les regrets et les espoirs de la patrie, puis il prit la direction d'une ligue dont le programme se résu- mait dans ces mots symboliques : « Metz, Strasbourg ». Au

Parlement, où il montra autant de courage que sur le champ de bataille, dans la vie politique où ses discours étaient des actes, la revanche fut sa passion, presque sa religion. Si le nationalisme a un fondateur, c'est lui.

Drumont était un écrivain de race ; son érudition était vaste, sa plume acérée, son courage égal à son talent. D'humeur sombre, croyant à sa mission, il était l'homme d'une seule idée : les juifs personnifiaient pour lui le Mammon maudit, c'est-à-dire la détestable puissance de l'argent que sa pauvreté lui rendait plus odieuse encore. Les études, les réflexions d'une vie solitaire l'avaient persuadé qu'Israël dominait tout, le monde des affaires et le monde des salons, que le Gouvernement était son jouet, la franc-maçonnerie son agent de liaison avec le Parlement.

A cette époque agitée, son journal et ses livres répondaient aux passions d'une partie de l'opinion, aigrie par de longs excès. Son influence était arrivée à son apogée, le jour où l'affaire Dreyfus apparut à la foule comme la justification de ses doctrines et la réalisation de ses prophéties. La faveur populaire, la coïncidence des événements, lui donnèrent quelque griserie. Quand il entendit les pacifistes s'élever en chœur contre l'armée et les francs-maçons contre l'Église, son indignation ne connut plus de bornes et le faux du commandant Henry lui parut si méritoire qu'il ouvrit une souscription dans son journal en faveur de sa veuve. Mais il manquait à ce penseur le tempérament d'un homme d'action. Le Gouvernement eut cette chance heureuse que de ses adversaires les plus en vue, l'un fut un paladin, l'autre un théoricien.

Après de longs et tristes débats devant la Cour de cassation, la revision fut prononcée et Dreyfus renvoyé devant le Conseil de guerre de Rennes. C'était le signal attendu.

Justement à ce moment, disparut, emporté par un mal étrange, le Président Félix-Faure, qui, sans le vouloir, avait laissé s'ouvrir l'outre d'Éole. La soudaineté, le mystère de sa mort, la vacance du pouvoir, la réunion prochaine du

Congrès, achevèrent de rendre aiguë une situation déjà profondément troublée. On ne parlait que de poison et de complot.

Dans les jours qui suivirent sa mort, on entendit comme le sourd grondement d'un orage prêt à éclater. Des passions frémissantes étaient en effervescence. Déroulède se trouva subitement le chef d'une opposition impatiente d'agir, sans savoir ni comment ni pourquoi elle agirait. Un peu étourdi de son rôle, il voulut, soit scrupule, soit embarras, différer l'explosion du mouvement jusqu'après l'enterrement de Félix Faure. Peut-être pensa-t-il que le rassemblement des troupes, à l'occasion de la cérémonie funèbre, lui facili-terait le moyen de les entraîner. Peut-être comptait-il simplement sur l'imprévu, car il était plus poète que cons-pirateur.

Une indiscrétion, commise dans la nuit qui précéda les obsèques, dévoila ses projets d'ailleurs confus et les fit avor-ter. Tout se borna à un geste de sa main sur la bride du che-val, monté par un général qu'il supposait sympathique.

Le lendemain, M. Loubet fut élu Président de la Répu-blique. Le nouveau chef de l'État n'était ni jacobin, ni sec-taire. Candidat du Bloc, dont il suivait la politique sans en partager les passions, il avait, au cours de sa carrière, consi-déré l'opposition comme une indiscipline. Convaincu qu'en politique l'événement est le grand juge, il l'acceptait par correction, sans toujours l'admirer, mais sans jamais le discuter. La majorité le choisit pour ne pas rencontrer à l'Élysée d'initiative personnelle qui la pût contrecarrer.

Son installation ne se fit pas sans esclandre. A Versailles, le public entoura sa voiture, en poussant des cris irrévéren-cieux ; à Paris, même scène. Si l'officier qui comman-dait son escorte n'eût pas fait serrer les rangs, il est possible que le nouveau Président fût devenu l'otage de la foule.

Les premiers mois lui apportèrent d'incessants déboires ; une fois même, la police en défaut ne le protégea pas à Longchamp contre une voie de fait dont l'auteur n'était pas un anarchiste.

Le coup frappé sur son chapeau entraîna la chute du ministère Dupuy. Inquiet de la tournure des événements, il fit appel aux chefs les plus en renom de la majorité, et, après des refus inattendus, offrit le pouvoir à celui d'entre eux qui se tenait le plus à l'écart et restait le plus énigmatique : M. Waldeck-Rousseau.

C'était un silencieux, d'une énergie froide, d'un talent fait de lumière sans charme mais non sans puissance, absolu dans ses idées opportunistes, un breton girondin. Il s'était signalé au barreau par des succès éclatants, et dans la politique par une fermeté dédaigneuse, qui, en ce temps de laisser-aller, passait pour du puritanisme. Mirabeau eût dit de lui comme de Barnave : « Il n'y a pas de divin en lui.»

La constitution de son cabinet révéla ses projets. Elle prouva qu'il entendait être un chef de parti, non l'organe du sentiment national. S'il eût eu la claire vision de l'intérêt public, un beau rôle se fût offert à lui. Arbitre entre les partis, il eût imposé le respect de la justice, protégé la liberté des consciences, défendu l'armée contre les outrages, contenu les forces de destruction déjà en mouvement et ainsi arraché le pays à un état latent de guerre civile.

Cette grande tâche était digne d'un grand citoyen, mais l'âme sceptique de M. Waldeck-Rousseau n'était pas à la hauteur de son intelligence ; il avait de vastes facultés et de petites passions ; le politicien et le libre-penseur étouffaient en lui l'homme d'État. L'abus qu'il a fait des talents dont il était doué a coûté cher à la France et ouvert une des plus tristes périodes de son histoire.

La composition du Ministère souleva des orages à droite et à gauche ; la présence du général de Galliffet exaspérait radicaux et socialistes, celle de M. Millerand alarmait les conservateurs. Albert de Mun ne s'effrayait ni de l'une ni de l'autre. Il avait été officier d'ordonnance du général de Galliffet, et parfois le collaborateur de M. Millerand, dans l'étude des lois sociales.

Comme l'existence du Cabinet dépendait de quelques voix, il voulut, avant de refuser la sienne, savoir quelles étaient au juste les vraies intentions de l'homme qui avait été pour le Bloc un rude adversaire, et pour M. Méline un utile auxiliaire. Il l'aborda et lui fit part de ses inquiétudes. La réponse fut courtoise, un peu triste, mais nullement encourageante. Il était visible que le modéré d'hier avait aiguillé sur une voie nouvelle.

Dans sa première rencontre avec la Chambre, le Cabinet, interpellé par les radicaux, n'échappa à un vote de défiance que grâce aux concours inattendus d'anciens amis du centre gauche. Sortant de la séance, dans l'émotion d'une lutte violente, le Président du Conseil aborda un député de l'opposition qui venait de voter contre lui, et lui dit d'un ton amer et presque irrité : « Vous me reprochez M. Millerand, vous en verrez bien d'autres.»

On en a vu en effet bien d'autres.

M. Waldeck-Rousseau, sûr de son terrain, se mit à l'œuvre pour sauver Dreyfus, qui à ses yeux incarnait la République. La « défense républicaine », sa création, débuta par une grande manifestation populaire sur la place de la Nation. Le chef de l'État, entouré de ses ministres, passa en revue l'armée de la Révolution sociale. Pendant des heures, il vit défiler et salua toutes les variétés d'organisations révolutionnaires avec leurs drapeaux rouges, toutes les variétés d'organisations maçonniques avec leurs insignes.

Après quoi, vint la reprise du procès de Déroulède. Le jury de la Seine l'avait acquitté pour l'incident de Reuilly. Le ministre de la Justice, M. Monis, fut chargé de revoir le dossier et crut y découvrir la preuve d'un vaste complot contre la sûreté de l'État. Déroulède arrêté d'abord à Croissy-sur-Seine fut traduit devant le Sénat dénommé pour cette besogne « Cour de justice », et condamné à dix ans de bannissement. Ses prétendus complices, triés avec soin dans les fractions les plus actives de l'opposition, en furent quittes pour cinq ans. Un seul fut acquitté, M. de Ramel, député royaliste ; la considération dont l'entouraient le Parlement et la Cour de cassation où il était avocat le protégea contre les foudres de la Cour de justice.

Ce n'étaient là que les préliminaires de la grande scène qui allait se jouer à Rennes, devant le conseil de guerre chargé de juger Dreyfus, retour de l'île du Diable. L'opinion avait été savamment montée ; les débats furent longs et palpitants. L'acquittement était devenu une affaire d'État, presque de salut public. La condamnation, même avec circonstances atténuantes, consterna le Gouvernement, mais ne le prit pas au dépourvu. Il avait tout prévu ; le condamné reçut sur l'heure sa grâce et fut mis en liberté.

Après cette demi-réhabilitation, vinrent les représailles politiques. Comme de coutume, la grande victime fut l'Église catholique ; c'était moins dangereux que de s'attaquer à l'armée. M. Waldeck-Rousseau était un incrédule doctrinaire, qui voyait dans la République, l'émancipatrice de la raison longtemps asservie par les préjugés religieux. Avec des formes modérées et des affectations de tolérance, il faisait à l'Église la guerre savante d'un intellectuel avisé qui savait les endroits sensibles où il la fallait frapper. Ses couvents lui fournissaient des apôtres, ses écoles des recrues ; fermer les couvents et les écoles, c'était l'amputer de deux membres.

De cette conception sortirent deux lois également perfides ; l'une, sur le droit d'association qui subordonnait l'existence des ordres religieux à une autorisation préalable du Parlement ; l'autre, sur le stage scolaire qui obligeait les élèves de l'enseignement libre à passer un an dans des lycées de l'État, avant de subir leurs examens et d'obtenir leurs diplômes. La religion était frappée dans son apostolat et son enseignement, c'est-à-dire dans ses deux forces vitales : c'était faire coup double.

M. Waldeck-Rousseau jugea prudent de préparer l'opinion. Faire une manifestation à Paris n'était pas sans péril ; la province offrait pour la révélation de ses projets un asile sûr et un auditoire docile. Toulouse fut choisie et le journal *la Dépêche*, moniteur radical du Sud-Ouest, organisa un banquet et choisit les convives. Waldeck-Rousseau souleva l'enthousiasme des Toulousains, fiers de recevoir la primeur de desseins dignes d'un disciple de Cujas doublé d'un disciple de Machiavel. En son honneur toutes les loges tirèrent force batteries d'allégresse.

Supprimer de fait les congrégations dans une loi proclamant la liberté de s'associer était déjà une trouvaille ; mais les supprimer en en laissant l'odieux au Parlement était une idée géniale. S'emparer pendant un an de toute la jeunesse des collèges libres, tout en proclamant intangible la liberté d'enseignement, c'était joindre l'ironie à la perfidie.

Ce chef-d'œuvre d'arbitraire et de rouerie ne frappa pas d'admiration tous les républicains. Beaucoup, au fond du cœur, éprouvèrent quelque honte du reniement qu'on leur imposait. Ils sentaient bien qu'une liberté, subordonnée à une autorisation, était une moquerie et, si cette autorisation dépendait d'ennemis déclarés, une moquerie cynique. Un de leurs chefs n'avait-il pas écrit : « Il n'y a de sûreté pour tous qu'en s'associant pour défendre ses droits, lesquels ne sont que des libertés générales »? Leur parti n'avait-il pas lutté pendant un siècle pour la conquête de ce droit d'association, qu'il appelait la pierre d'angle d'une société démocratique, la grande Charte des temps nouveaux? Sous l'Empire, Jules Ferry, impliqué dans le procès des Treize, n'avait-il pas demandé à Berryer de défendre le droit d'association, violé en sa personne? Arriver au pouvoir pour le confisquer, en joignant l'hypocrisie à l'arbitraire, c'était se donner un cruel démenti. Parodier le Gouvernement impérial, en soumettant les ordres religieux à l'autorisation préalable qu'il avait fait subir aux journaux, quelle humiliation pour les irréconciliables de Belleville !

L'autorisation n'était pas cette fois accordée par les préfets mais ce qui était pire par des députés anticléricaux plus asservis à leurs passions que des préfets à leurs ministres ; les majorités anonymes ont encore moins de scrupules que des fonctionnaires

M. Waldeck-Rousseau, en présentant à ses amis une coupe si amère, se réclama de la raison d'État et fit briller à leurs yeux la perspective d'un premier coup porté au Concordat. Il fit surtout appel à toutes les vieilles passions anticléricales, à tous les sophismes du plus faux libéralisme. Mais il n'essaya pas, comme l'ont prétendu depuis des amis dans l'embarras, de mesurer ses coups et d'épargner quelques victimes. Tous les congréganistes furent enveloppés dans les mêmes anathèmes et la même proscription : « Ils aliènent, dit-il, par des vœux immoraux et anti sociaux des droits qui ne sont pas dans le commerce ; le clergé régulier est en lutte contre le clergé séculier, lutte de la chapelle contre la paroisse ; la main-morte congréganiste est incompatible avec le développement de la richesse nationale.» A ce moment, loin de songer à des ménagements, il n'avait qu'une pensée, mettre dans les mains de sa majorité, l'arme qui devait frapper tous les ordres religieux indistinctement. Ce ne fut que deux ans après, que rentré dans la vie privée, apaisé par le temps, instruit par la disgrâce, il s'étonna, s'indigna même de l'usage qui avait été fait de sa loi. Quand il essaya alors d'invoquer des distinctions et de rendre possibles quelques sauvetages, M. Clemenceau le rappela durement à la réalité : «On est mal venu, lui dit-il, à s'étonner des solutions, quand on les a soi-même préparées et à s'attarder au problème d'un nombre insignifiant de congréganistes, après avoir fait le procès de l'ensemble. »

Le débat se poursuivit, sans que personne songeât qu'il serait fait jamais un choix entre les victimes ; il fut long et grave et donna lieu à d'émouvants discours. On eût dit qu'une sourde tristesse planait sur cette majorité républicaine, en train de consommer un acte de tyrannie et d'apostasie. Les radicaux firent preuve d'une réserve qui leur était peu habituelle et accomplirent leur reniement sans y mêler d'injures.

Le parti républicain modéré eut, en majorité, une attitude correcte et M. Ribot, toujours clairvoyant dans l'opposition, prononça un discours qui l'honora.

Albert de Mun prit la parole après lui et éleva le débat à une hauteur où il fut malaisé de le maintenir. Il y déploya une érudition et une force de raisonnement qui frappèrent l'Assemblée d'étonnement. Après avoir rappelé l'origine et l'histoire de l'enseignement populaire, inauguré par les disciples de saint Jean-Baptiste de la Salle, l'ancienneté et l'importance de l'enseignement secondaire donné par les ordres religieux, il démêla, d'une main souple et ferme, la trame des perfidies dont la loi était tissée. Au cours de sa nerveuse discussion, il eut toujours présent à la pensée le sort du grand Institut, où il avait trouvé les enseignements qui avaient éclairé sa raison et les amitiés qui avaient réjoui son cœur. Il se souvint qu'en 1870, prisonnier à Aix-la-Chapelle, il avait rencontré un Jésuite éminent dont la parole avait adouci les douleurs de sa captivité, et, à son retour, un autre au cœur plein de tendre bonté qui avait été son guide dans son long apostolat social.

Malgré l'ardeur de ses convictions, il ne céda à aucun entraînement. Comme il ne jugeait pas la cause irréparablement perdue, il imposa à sa parole une modération capable de désarmer les hostilités. Son discours n'en eut que plus d'éclat et n'en produisit que plus d'effet et prouva que l'axiome : « Il n'y a de grand que ce qui est calme » s'applique aussi bien à l'éloquence qu'à la conduite.

Quand il descendit de la tribune, au milieu des applaudissements, il ne se doutait pas que sa santé ébranlée lui en interdirait pour longtemps l'accès.

Un mal insoupçonné se révéla, à des signes qui en montraient la gravité. Frappé en plein triomphe, à l'heure où sa renommée arrivait à son apogée, il dut, pour un temps peut-être long, quitter le champ de bataille. La science ne lui disait pas encore, comme elle le fit plus tard, « se taire ou mourir » ; mais elle lui imposa des ménagements qui étaient de redoutables avertissements. Son cœur ne supporterait plus, sans se briser, l'effort prolongé de la parole publique.

Alors apparut, dans sa résignation touchante, l'élévation de son âme chrétienne. Il n'y eut pas une contraction sur son visage, pas un tremblement dans sa voix, quand il put dire avec le poète : « *Hic cestus artemque repono.* »

Le héros de tant de glorieux combats accepta, sans une plainte, le rôle de spectateur muet. Il entra dans le silence, comme il fût entré dans la mort, avec une sainte soumission. L'orateur désarmé eût eu peut-être un mouvement de révolte ; le croyant courba la tête et se résigna. A le voir accomplir avec calme un tel sacrifice, le public s'étonnait sans comprendre. Ses amis seuls savaient à quelle source la vaillante victime puisait le courage d'une telle immolation.

Quand il revint à la Chambre, il s'y montra aimable comme autrefois, s'assit gaiement à son banc et suivit les débats avec la même attention que s'il eût dû y prendre part. Pas un mot, pas une interruption ne lui échappait. Il savait qu'une seule parole l'eût engagé dans une discussion, qu'il était incapable de soutenir. Le silence était le refuge de sa dignité. Parfois, sous le coup d'une impression trop vive, il se soulevait pour parler. C'était le geste du soldat blessé qui, à la vue de l'ennemi, cherche à terre l'arme échappée de ses mains. Mais se souvenant aussitôt qu'il ne la pouvait plus manier, il retombait sur lui-même dans un mutisme, dont il cachait l'angoisse sous un sourire.

Il s'éloignait de la lutte, à l'heure où l'offensive anticléricale redoublait de violence. Jamais le duel n'avait été plus ardent, la liberté religieuse plus en péril.

La loi contre les ordres religieux passa sans adoucissement. Après sa victoire M. Waldeck-Rousseau s'effraya à la pensée de l'appliquer et eut peur de son œuvre. Il savait qu'il ne pouvait rien contre l'omnipotente majorité, dans les mains de laquelle il venait de mettre un pouvoir discrétionnaire.

En attendant l'occasion d'user de leur autorité souveraine, les radicaux célébrèrent, dans de tapageuses manifestations, leur triomphe sur le droit et la liberté ; de leur côté, les modérés, courageux pendant le combat, continuèrent à faire bonne contenance après la défaite. Un d'eux, et non des moindres, M. Poincaré, fit entendre à Rouen d'éloquentes protestations. « On nous a promis la liberté d'association, et le jour venu, dans la pensée de faire respecter les droits supérieurs de l'État, qu'aucun républicain n'eût eu la pensée de méconnaître et dont nous étions tout disposés à empêcher le développement abusif, on est allé jusqu'à marchander et même à refuser à certaines catégories de Français, le bénéfice de cette liberté, depuis si longtemps attendue. »

Marchandage et même refus ; c'était toute la loi. Une liberté soumise à l'autorisation d'une majorité haineuse était une pitoyable mystification ; à un tel régime, les ordres religieux étaient condamnés à mort et à la mort sans phrases.

Cette odieuse et hypocrite législation souleva dans le public un mouvement de révolte. Quoi ! l'ère des proscriptions et des spoliations se rouvrirait ; on allait encore entendre le bruit des portes enfoncées, et les plaintes des victimes jetées dans la rue ; et cette fois, on verrait des femmes expulsées de leurs couvents, des enfants chassés de leurs écoles et un long cortège de religieux et de religieuses, sans asile, peut-être sans pain, s'acheminer vers la frontière, ou chercher refuge aux pauvres foyers de leurs familles. L'affaire Dreyfus avait réveillé le sentiment national ; l'affaire des congrégations réveilla le sentiment religieux. M. Waldeck-Rousseau était parti en guerre contre ce qu'il appelait les puissances du passé, l'esprit militaire, l'esprit chrétien. L'un et l'autre se redressèrent sous ses coups, avec une intensité de vie qu'il ne leur soupçonnait pas.

De la révolte du sentiment public, sortirent deux associations qui l'une et l'autre, sur des terrains voisins, essayèrent d'organiser la défense de la liberté.

La première, dont le nom devint vite populaire, s'appela : « La Patrie Française ». Grâce à de brillants patronages, à la simplicité de son programme, à son activité, elle fit de rapides progrès, attirant à elle le concours des élites et la sympathie des foules. Le pays avait si grand besoin d'échapper au cauchemar qui l'obsédait que de confiance il salua en elle l'armée de la délivrance. Les concours lui vinrent de tous les côtés ; les partis se confondaient dans ses rangs, unis par le même espoir de libération. On ne savait pas exactement ce qu'elle voulait ; on savait ce qu'elle ne voulait pas, et cela suffisait. Par une rare fortune, elle rassurait les intérêts et n'effrayait pas les masses. Le peuple l'acclamait, sans s'alarmer des conservateurs qui la suivaient, ni des intellectuels qui la dirigeaient.

A mesure qu'elle grandit en force, grandirent les hostilités et les calomnies. Elle les brava d'abord avec courage, mais finit par s'émouvoir d'une accusation plus dangereuse qu'aucune autre : on la disait cléricale ! A force de l'entendre répéter, elle en arriva à croire sa popularité en péril. Comme elle avait à sa tête l'admirable Coppée, « le converti de la bonne souffrance », le catholique au cœur ardent, elle se persuada avoir à rassurer l'opinion.

Vingt-cinq ans de politique sectaire avaient créé une telle ambiance que le cléricalisme était devenu une sorte de spectre et comme une tare. Un long système de calomnies avait laissé, même chez de très braves gens, une impression de défiance, presque de terreur. Le public, à force d'entendre dire que l'Église aspirait à la domination, avait fini par croire l'indépendance de l'État en péril ! Cette folie, qui s'appelle « le Gouvernement des curés », trouvait d'invraisemblables crédulités.

Une heure vint, où les orateurs de la Patrie Française se défendirent avec aigreur d'être des cléricaux. La protestation, plus d'une fois, prit un ton blessant, et les journaux prêtèrent à un de ses chefs ce propos qui ne fut pas désavoué : « Je ne voudrais pas plus voir à la Chambre 300 députés catholiques que 300 députés francs-maçons.» C'était le moment où les congrégations étaient frappées à mort, où le stage scolaire, véritable épée de Damoclès, était suspendu sur l'enseignement libre. Si tel était le langage à la veille de la bataille, qui ne pouvait être gagnée sans le concours des catholiques, quel serait-il le lendemain de la victoire?

Quoique cette appellation « clérical » eût, dans la langue politique du temps, un sens bien défini et voulût dire simplement ni franc-maçon, ni professionnel d'impiété, la Patrie Française trouva dans ses rangs des hommes d'esprit pour s'en effrayer comme d'une cause de suspicion, et des aspirants candidats pour y voir une sorte d'excommunication laïque.

Les députés, qui soutenaient à la Chambre la lutte contre l'anticléricalisme, s'émurent de cette attitude. Quand ils connurent l'anathème porté contre une éventuelle majorité catholique, ils en espérèrent le démenti. Celui-ci ne venant pas, ils se décidèrent non pas à combattre la Patrie Française, mais à combattre à côté d'elle, et formèrent un groupe parlementaire qui devait garder, avec l'intégrité de son programme, la plénitude de sa liberté d'action.

Ce groupe forma la seconde association, sous le nom d'Action Libérale Populaire. Albert de Mun, qui en désirait vivement la fondation, insista pour que son titre fût l'affirmation d'une offensive résolue et la revendication très nette des libertés perdues.

Il ne se doutait pas qu'on le lui reprocherait un jour,

comme l'abandon de la doctrine intégrale et que ceux qu'il a nommés « les inventeurs d'hérésie », essaieraient de mettre même en doute son orthodoxie. Nul pourtant n'avait plus combattu ce qu'on appelait le catholicisme libéral et n'en était resté l'adversaire le plus convaincu, Son crime était d'avoir assez de droiture d'esprit pour ne pas se laisser prendre à la piperie des mots, et discerner la différence des idées sous la communauté des appellations.

L'Action Libérale n'était pas le parti catholique qu'il avait rêvé. C'était un groupement de patriotes et de croyants décidés à revendiquer, sans mettre en cause le principe du Gouvernement, le respect de la liberté religieuse à l'école, au Parlement, dans le pays. Comme ils entendaient faire non œuvre théologique, mais œuvre politique, ils avaient, pour la qualifier, emprunté à la langue du temps, les termes consacrés, avec leur sens courant.

« A l'heure qu'il est, écrivit Albert de Mun, les catho-
« liques peuvent-ils pratiquement espérer pour l'Église,
« pour ses institutions, autre chose que la liberté, non pas
« cette entière liberté, qu'elle n'a jamais, depuis tant de
« siècles, connue dans notre pays, mais cette liberté relative
« aussi large que possible, qui serait pour elle un si grand
« bienfait?

« Dans une société sans unité de croyances, partagée
« entre des idées, des tendances, des opinions opposées, cette
« liberté est le seul refuge de la foi. L'erreur serait de consi-
« dérer cette forme de la vie publique comme nécessaire-
« ment définitive et supérieure à celle d'une société pleine-
« ment catholique. Mais si la doctrine contraire doit, chez
« un catholique, rester le fondement inébranlable de la
« politique, il peut chercher pour sa vie quotidienne l'abri
« que les circonstances lui permettent d'édifier. Son his-
« toire offre le perpétuel exemple de conventions qui, sans
« ébranler ses principes, assurent son existence par de
« loyales transactions.

« La liberté relative, la seule que puisse espérer notre

« temps, apparaît donc comme le but prochain de la politique
« contemporaine. »

S'adressant ensuite aux jeunes, il leur dit : « Votre place
« est marquée dans les rangs de l'Action Libérale, au point
« de vue social et au point de vue catholique. Jetez donc,
« dans le grand combat qu'elle soutient, toute l'énergie,
« toute l'ardeur, toute la foi de votre jeunesse. Offrez à son
« chef, avec l'affectueuse sympathie de vos cœurs, le dé-
« vouement empressé d'une troupe disciplinée. Apportez à
« l'œuvre commune, la belle, chrétienne et patriotique con-
« fiance qui naît de sa bonne volonté et donne la victoire.
« Elle n'est l'œuvre ni d'un groupe, ni d'une coterie ; elle
« veut offrir aux hommes de bonne volonté un terrain ac-
« cessible à tous. »

Enfin, parlant aux excités, pleins de dédain pour les
moyens légaux et qui croient toujours voir venir un sauveur,
il ajoutait :

« Je ne pense pas qu'O'Connell ait laissé dans l'histoire
« la renommée d'une âme pusillanime. Écoutez comment il
« parlait à ses coreligionnaires : « — Je vais faire un tour en
« Angleterre et en Écosse, pour engager le peuple à agir
« sûrement et à éviter la violence ; car la violence, outre
« qu'elle fortifie nos ennemis, est un mal en elle-même.
« Dans les annales du monde, je défie qu'on me montre un
« changement bienfaisant opéré par la violence. Méprisez
« l'homme qui vous opprime, mais ne le touchez pas. Re-
« gardez-le comme un chien enragé, mais évitez sa dent de
« peur qu'il ne vous communique sa rage. Nous voulons
« obtenir la paix et le progrès par des moyens qu'aucun
« homme de bien ne condamne et auxquels Dieu lui-même
« doit sourire. »

Ces graves et sages conseils ramenèrent les esprits à une
exacte notion des réalités et décidèrent un grand nombre
de députés à essayer, sur le terrain nouveau qu'elles imposaient, la conquête du suffrage universel.

Cette conquête parut à beaucoup de sceptiques désabusés

une pure chimère. A quoi bon lutter, disaient-ils ? on est toujours battu. Le suffrage universel, c'est le mensonge universel. Ils oubliaient qu'il était aussi le maître universel.

Les aphorismes, favorables à l'indolence, trouvaient crédit dans certaines régions du monde catholique. On y faisait profession d'un parfait dédain pour la politique et les élections, sans songer que, dans un pays où le Parlement est tout, et la Constitution presque rien, les droits les plus sacrés, les libertés les plus essentielles, n'obtiennent de garanties que grâce à l'influence politique et par conséquent à l'action électorale. L'Église, attaquée de toutes parts, ne peut se défendre que si elle a des représentants dans les Assemblées souveraines et dans le pays des troupes nombreuses. Fermer les yeux à cette évidence, c'est se vouer à l'impuissance et à la persécution. Il est facile de maudire le régime démocratique ; il l'est moins d'échapper à son emprise.

L'organisation électorale, créée sur l'initiative des députés d'Action Libérale, réussit, grâce aux concours qui lui vinrent en foule, à grouper dans le pays des forces importantes, avec cette seule devise : «Liberté pour tous, égalité devant la loi, droit commun, amélioration du sort des travailleurs ». En moins de deux ans, leur association compta un millier de Comités et plus de 245.000 membres cotisants. Le branle était donné. Jamais on ne fut plus près de la fondation « du parti tory, patriote et réformateur». Jamais le bloc de gauche ne fut plus près de trouver en face de lui un bloc chrétien et libéral, aussi résolu qu'il l'était lui-même.

Dans notre société moderne, où une série de révolutions a tout mis en question, et établi la souveraineté du nombre sur la ruine de toutes les autres, la lutte entre l'idéalisme divin et le positivisme officiel s'engageait avec les armes mêmes, dont l'esprit de révolte se servait contre l'esprit de foi. Il ne s'agissait pas de conquérir des privilèges ou des faveurs, mais de faire prévaloir, dans les lois et dans les

mœurs, une justice assez impartiale et une liberté assez complète, pour que les catholiques puissent vivre dans une
atmosphère de sécurité.

Le but nettement défini, les moyens s'offraient d'eux-
mêmes ; c'étaient d'abord, une organisation au grand jour,
aussi active que celles de l'adversaire, ensuite la lutte par
la parole, la presse, l'action « électorale et parlementaire ».

Personne, plus qu'Albert de Mun, n'était qualifié, à
l'approche des élections, pour exposer les griefs et les revendications de la France chrétienne. On insista si bien
qu'il finit par y consentir. C'était un grand sacrifice, car
c'était un grand danger ; mais il jugea si grave l'enjeu de la
partie qui allait se jouer, qu'il prit bravement sa résolution
et vint un soir, dans une salle comble, adresser la parole à
une foule frissonnante d'émotion.

Son discours, prononcé sans effort apparent, fut un acte
d'accusation contre la politique du cabinet Waldeck-Rousseau, et un émouvant appel à l'union des catholiques, des
libéraux, des patriotes.

« Nous voulons, dit-il, défendre la religion persécutée
« par les sectaires, la patrie menacée par les cosmopolites,
« la liberté foulée aux pieds par les jacobins, le peuple enfin
« trompé par ceux qui exploitent sa confiance. C'est une
« sombre histoire, celle de ces trois années ; que nous
« soyons chrétiens ou patriotes, nous en avons compté les
« heures douloureuses. Qui, l'ayant endurée, et portant en
« lui-même autre chose qu'une âme frivole et desséchée,
« pourrait oublier le cauchemar où nous nous débattions il
« y a trois ans, alors qu'un procès criminel, agité comme
« un brandon de discorde, faisait éclater l'horrible complot
« contre les chefs de l'armée pour la frapper à la tête?
« Jamais, depuis un demi-siècle, l'arbitraire et le pouvoir
« personnel ne s'étaient plus librement donné carrière. »

Ce jour-là, selon le mot de Brantôme, le cœur lui monta
aux lèvres.

L'émotion, que les accents de sa voix fatiguée rendaient

plus poignante, ne se peut décrire. Elle révélait l'intensité des préoccupations publiques.

Deux sentiments, les plus profonds de l'âme populaire, l'un patriotique, l'autre religieux, devinrent de jour en jour plus ardents. Les nationalistes organisèrent une campagne de conférences qui souleva les foules ; quant aux orateurs de l'Action Libérale moins bruyants dans leur propagande, mais non moins actifs et énergiques, ils allèrent, sur tous les points de la France, stimuler les dévouements et recueillir les concours non seulement des classes aisées mais aussi des milieux populaires. Les petits et les humbles donnèrent des exemples magnifiques qui montraient combien la foi restait vivante là où on est si souvent tenté de la croire éteinte.

Le Nord prit la tête du mouvement et fut admirable dans son action et ses sacrifices.

Au milieu de l'empressement général, un homme restait à l'écart, Déroulède. Exilé, il voyait de loin les choses de France et les jugeait mal. Dans sa petite maison de Saint-Sébastien, où il avait appris lui aussi, « combien est dur à monter l'escalier de l'étranger », il dévorait en silence les amertumes que lui avaient laissées les agitations de sa vie publique. Mécontent, déçu, il voulait ne plus se mêler aux querelles des parlementaires et des politiciens et entendait préconiser l'abstention. A la réflexion, il comprit que la lutte engagée était non pas une simple mêlée d'ambitions et d'intérêts, mais la rencontre peut-être décisive de deux doctrines, l'une nationale et spiritualiste, l'autre cosmopolite et positiviste. Il avait fait de trop beaux vers, sous l'inspiration du sentiment chrétien, pour assister en spectateur à un pareil conflit. L'homme de parti pouvait céder à des répugnances ; le patriote catholique ne songea qu'à ses devoirs et promit son concours.

Ainsi l'union était faite entre tous les éléments d'opposition. Quelle n'eût pas été sa puissance, si ces forces coalisées eussent apparu aux yeux du pays en un seul et puissant faisceau? On songea bien à de grandes réunions, où un représentant de chaque parti eût appelé ses amis à se grouper sous le drapeau commun. Des considérations de personnes, en faisant échouer ce projet, les condamnèrent tous au « *fara da se* ».

Le Gouvernement eut la sensation du danger qu'il courait. Éclairé sur l'état de l'opinion, il redoubla d'activité et M. Waldeck-Rousseau vint à Lyon sonner la charge : « Guerre aux faux et aux vrais ralliés », s'écria-t-il, lui le gardien officiel de la paix publique et de la liberté électorale. Son langage était un aveu et un hommage ; il montrait à tous où était la force, et aux catholiques où était le salut. Il reconnaissait solennellement les progrès de la politique entrevue par le génie de Léon XIII ; le Gouvernement ne trouvait plus pour la combattre d'autres paroles que les invocations guerrières d'une faction aux abois.

La bataille électorale fut la plus chaude qu'on eût encore livrée. La pression administrative se déchaîna sans pudeur ; si elle n'intimida pas l'opposition, elle surexcita l'ardeur des agents du pouvoir jusqu'à la frénésie.

Toutes les fractions de la coalition nationale firent leur devoir. Toujours à l'avant-garde, les fidèles de l'Action Libérale ne comptèrent ni avec le dévouement ni avec les sacrifices. Ils apportèrent à tous leurs alliés le plus loyal concours et souvent s'effacèrent devant ceux des républicains qui avaient combattu les lois d'exception. Il y eut quelques actes d'indiscipline isolés ; mais comment plier à une règle unique tous les tempéraments et toutes les ambitions? Le Gouvernement l'emporta ; à quel prix et quelle majorité? 200.000 voix sur plus de 11 millions d'électeurs, et il tenait les urnes, et il avait la main sur plus de 700.000 fonctionnaires. Sans la candidature et l'arithmétique officielles, il eût été battu, écrasé même.

M. Waldeck-Rousseau resta maître du champ de bataille, mais garda si mauvais souvenir de cette triste victoire que deux ans après, il épanchait encore devant le Sénat l'amertume qu'elle lui avait laissée : « J'ai pu, dit-il, partout, suivre sur tous les points du territoire, les plus menus comme les plus graves incidents de la lutte électorale. J'atteste que jamais lutte contre les républicains de toute nuance ne fut plus violente, plus fertile en polémiques diffamatoires, plus démonstrative des derniers excès de la passion religieuse. Aujourd'hui les calculateurs profonds, qui ont déchaîné l'orage, peuvent contempler leur œuvre. »

Cet ironique langage détonnait étrangement dans la bouche de celui qui avait donné le signal des attentats contre la liberté, et, à la veille des élections, embouché la trompette guerrière. Au moment où il parlait, c'était lui, le profond calculateur qui pouvait contempler son œuvre. Elle était en morceaux. M. Combes s'était, suivant ses propres expressions, « chargé d'en bouleverser l'économie et de lui en substituer une autre mortelle et destructive de la sienne ». Ses mécomptes auraient dû le rendre modeste. Ils lui avaient déjà coûté le pouvoir. Ils allaient lui coûter la vie.

Albert de Mun ressentit vivement la douleur de l'échec subi ; mais il ne comptait plus avec le succès et savait persévérer sans réussir. Il venait de voir combattre des troupes admirables, auxquelles la violence et la fraude avaient seules arraché la victoire ; son unique pensée était maintenant de préparer une revanche qui ne fût plus à la merci des manœuvres d'une administration sans scrupule. Il dit tout de suite : « Je voudrais que le mouvement se condensât en « une organisation générale, ayant à Paris un centre de « direction, s'étendant par ses adhérents à chaque ville, à « chaque canton et se proposant pour but la défense des « libertés publiques par tous les moyens légaux, quelque « chose enfin comme ce que j'ai vu fonctionner en Angle- « terre sous le nom de *Prime Rose League*, qui devint « pour les conservateurs une si formidable puissance ».

Cette pensée était depuis longtemps celle des dirigeants de l'Action Libérale. Dès le jour où fut votée la loi de 1901, ils avaient compris la force que la légalité donnerait à leur association réduite encore à vivre de tolérance et s'étaient promis de saisir l'arme mise à leur portée. L'approche des élections les avait forcés d'ajourner leur projet. Le programme en était arrêté ; restait à trouver le meilleur mode d'organisation. Sans doute la *Prime Rose League* chère à Albert de Mun était un type heureux qui avait fait ses preuves ; le Centre catholique allemand en était aussi un autre, consacré par le succès. Mais convenaient-ils à notre pays démocratique et concordataire? Le problème était déjà résolu dans leur pensée, quand leur arriva, avec les résultats du premier tour de scrutin, la certitude d'avoir à tenter bientôt de nouveaux et plus énergiques efforts. Sur-le-champ leur parti fut pris ; ils firent de l'Action Libérale une association déclarée [1]. Les statuts furent dressés et envoyés dans la journée même à la Préfecture de police. Albert de Mun figurait dans le bureau comme vice-président, il n'avait pas voulu d'autre titre. Le soir, toutes les formalités étant remplies, l'Action Libérale échappant désormais au régime du bon plaisir, possédait, avec une existence régulière, des droits certains et légaux. Armée pour des luttes nouvelles, elle allait, drapeau déployé, grouper ses troupes pour tenir tête à l'ennemi et lui arracher les dépouilles dont il s'était emparé par violence.

De Maistre a dit:«Une bataille perdue est celle qu'on croit avoir perdue.» Loin de croire l'avoir perdue, l'Action Libérale était certaine de l'avoir gagnée moralement. De cette conviction, restait à faire une réalité.

1. Voir Appendice.

VIII

LÉGISLATURE DE 1902 A 1906

Ministère Combes. — Les expulsions. — Les fiches.
La loi contre la liberté d'enseignement. — Algésiras.
La rupture du Concordat. — La Séparation.

VIII

La session de 1902 s'ouvrit sous de tristes auspices. Dès le premier jour, les exigences des radicaux s'annoncèrent impérieuses et dures. Elles le furent à ce point que le grand triomphateur, M. Waldeck-Rousseau, eut peur de sa pénible victoire. Entre les ordres religieux qu'il avait englobés dans une commune hécatombe, il désirait maintenant faire un choix. Il en voulait « aux moines ligueurs et aux moines d'affaires », mais n'en voulait qu'à eux et eût fait volontiers grâce aux Dominicains, que protégeait la grande mémoire du Père Lacordaire, aux Chartreux, réfugiés aux confins du monde, dont les bienfaits seuls révélaient l'existence, aux Trappistes silencieux travailleurs de la terre, surtout aux congrégations de femmes. De plus, il avait fait à la tribune et à Rome des déclarations qui garantissaient la sécurité des Frères et des Sœurs, que le décret de 1808 avait incorporés dans l'Université.

Il était d'autant plus disposé à la modération que Dreyfus étant libre et vengé, sa passion se trouvait satisfaite et qu'au moment d'exécuter la loi et d'expulser les religieux, il entendait gronder inassouvies les haines qu'il avait déchaînées.

Son scepticisme, plus intellectuel que combatif, s'accommodait mal de la basse besogne qu'imposait le rejet désormais certain des demandes d'autorisation formées par les Congrégations. S'il se faisait gloire de les avoir fait condamner, il aimait mieux laisser à d'autres le soin de les exécuter.

Par surcroît, il avait le dégoût du pouvoir. Désenchanté

de la politique, il se retournait, avec regret, vers son ancienne profession d'avocat, où il avait trouvé, avec de brillants succès, l'indépendance et la célébrité.

Sous l'empire de ces sentiments, il se décida à renoncer au gouvernement et alla porter sa démission au Chef de l'État. D'inutiles efforts furent faits pour le retenir ; il accepta seulement de désigner le nouvel Alexandre qui lui devait succéder. Poussé par la fatalité qui le poursuivait depuis deux ans, il indiqua M. Combes. Ce choix était le couronnement de son œuvre néfaste, et son châtiment personnel.

Il quitta le pouvoir sans amertume, mais non sans trouble. Trop clairvoyant pour ne pas voir l'inquiétude des esprits, les difficultés croissantes du Gouvernement, les passions de ce parti radical, dont il venait d'être le chef après en avoir été longtemps l'adversaire, il se demandait, avec une secrète angoisse, ce que ferait de sa victoire l'armée de défense républicaine qu'il avait constituée et menée au combat.

Il a assez vécu pour voir se vérifier les pressentiments encore confus qui l'agitaient. Il est même sorti un jour de sa volontaire retraite, pour tenter, d'ailleurs vainement, d'arrêter ses successeurs sur la pente où il les avait poussés. Peut-être, au fond du cœur, a-t-il, lui aussi, demandé pardon à Dieu et aux hommes.

Le ministère, dont il avait désigné le président a en effet marché à pas de géant dans la voie des violences, et s'est acquis, dans l'histoire, une place à part ; il y tient le record de la persécution religieuse et de l'immoralité politique.

M. Combes, destiné au sacerdoce, avait quitté l'Église, poussé par des considérations pratiques et non par une crise de conscience. Il jugea que mieux valait être médecin que prêtre. Son républicanisme fut d'abord si modéré que les religieuses infirmières du collège de Pons, dont il était le médecin, firent prier leurs malades pour le succès de sa première candidature au Conseil général. Entré dans la vie publique, il considéra qu'en politique il y avait des faits, mais pas de principes et suivit le courant anticlérical jusqu'au radicalisme sectaire. Le flot le porta au Sénat, au ministère, à la présidence du Conseil. Devenu chef, il se crut obligé de suivre ses troupes et se glorifia d'être l'organe reconnu de la franc-maçonnerie. Dans sa docilité, il en vint, sans être conduit par des haines profondes, à prendre les allures d'un persécuteur et le ton d'un fanatique. Son nom est resté le symbole d'un système de gouvernement que M. Millerand a appelé le « régime abject ».

Dès son installation, il constata que la majorité répugnait à discuter les autorisations demandées par les Ordres religieux et à se prononcer sur chacune d'elles. Pour la tirer d'embarras, il lui proposa de les rejeter toutes en bloc, ce qu'elle accepta avec enthousiasme.

Enhardi par ce premier succès, il s'en prit aux écoles libres qui vivaient sur la foi des promesses de M. Waldeck-Rousseau. Pour se faire la main, il en ferma d'abord dix-sept. Ses victimes se pourvurent devant le Conseil d'État, les discours de l'ancien Président à la main. On leur répondit que le verbalisme ministériel n'était pas un titre légal, pas même un engagement moral.

M. Combes, se sentant les coudées franches, ferma aussitôt trois mille autres écoles, et avec quelles brutalités ! Dans son ardeur, il se crut, comme un souverain d'ancien régime, le gardien de la résidence monastique, et intima aux religieuses expulsées l'ordre de réintégrer leur maison mère. On l'interpella sur cette anachronique et risible prétention. Dans sa réponse, il s'en prit aux congrégations, qui, au lieu de se disperser de bonne grâce, se permettaient d'attendre les gendarmes sans bouger. Emporté par son éloquence, il qualifia leur inertie de rébellion, d'appel à la guerre civile. « Qui a voulu la guerre civile? lui répondit « aussitôt Albert de Mun, c'est vous. Quoi ! pour appliquer « des décrets illégaux, vous avez violé des domiciles privés : « vous avez requis l'armée nationale, vous l'avez obligée à « servir vos passions. Vous avez mis les soldats en face « d'une population défendant ses droits, et vous les avez

« placés dans cette affreuse alternative de choisir entre leur
« conscience de chrétien et leur devoir de soldat : c'est
« votre crime inexpiable. »

Ce crime inexpiable, la majorité, que M. Waldeck-Rousseau avait faire élire, le glorifia par ses applaudissements et
le consacra par ses votes.

Triomphant, M. Combes ne connut plus de mesure. C'est
par milliers qu'il ferma les écoles libres et expulsa religieux
et religieuses. Dans sa joie, il dressa devant le Parlement le
bilan de ses prouesses et sur un ton lyrique, s'écria : « Nous
« avons balayé du sol dix-sept mille établissements congré-
« ganistes, dont la noire silhouette se projetait sur les mairies
« de nos villages. »

Ce langage lui valut une ovation. S'il fût mort à ce moment, il eût été enterré au Panthéon, à côté de Zola.

Un décret du 15 juillet 1902 avait fermé toutes les écoles
congréganistes de Frères et de Sœurs. Aucune révolution
ne l'avait osé. Les protestations s'élevèrent de toutes
parts ; Paris donna le signal. Une pétition de mères de
famille, couverte de milliers de signatures et adressée au
Président de la République, fut confiée à une délégation
de dames pour être remise à destination. A une demande
d'audience, nulle réponse ne fut faite ; et la délégation, sous
la conduite de la baronne Reille, traversa de confiance les
Champs-Élysées, persuadée qu'elle trouverait à la Présidence l'accueil dû à des Françaises honorables, qui défendaient l'enfant du pauvre et leur propre foi. Sur la place de
la Concorde avaient été massées, en rangs serrés, les jeunesses
laïques, l'églantine rouge à la boutonnière. La police et la
gendarmerie occupaient toutes les voies donnant accès au
Palais. Comme les dames n'avaient ni insignes maçonniques, ni drapeau de la libre-pensée, elles furent jugées
indignes d'adresser la parole au Chef de l'État. Albert
de Mun parlementa vainement avec le Préfet de police ;
les députés catholiques étaient aussi des suspects. M. Combes
veillait partout.

L'Action Libérale organisa pour le lendemain un meeting
de protestation au manège de la rue d'Enghien. La foule y
vint énorme, foule où étaient confondus les âges et les conditions. La même passion soulevait tous les cœurs et enflam-
mait tous les courages.

A l'ouverture de la séance, le Président lut, au milieu des
bravos, la lettre par laquelle Albert de Mun, appelé en Bretagne pour assister à une expulsion de Sœurs, s'excusait de
ne pouvoir venir. « Je regrette profondément, y disait-il,
« de ne pas être à vos côtés, j'aurais voulu m'associer à vos
« paroles, flétrir avec vous la folie criminelle d'un Ministère
« réduit à faire appel aux passions sectaires pour dissimuler
« son impuissance politique et sociale, à remplacer par la
« guerre religieuse, par la chasse aux humbles filles de la Cha-
« rité, les réformes cent fois promises et dont il se sent inca-
« pable. J'aurais voulu rendre hommage à la vaillance de
« ces femmes, de ces jeunes gens que nous saluions hier aux
« Champs-Élysées, dire quel écho leur exemple trouverait
« parmi les paysans de ces campagnes bretonnes, soulevées
« d'indignation par l'attentat ministériel et dont je vous au-
« rais apporté le salut cordial et fraternel. J'aurais voulu
« remercier avec vous les libéraux de tous les partis, de
« toutes les opinions, qui viennent généreusement prêter
« main-forte aux catholiques pour la défense du droit et de
« la liberté. »

La séance se prolongea des heures durant, au milieu d'un
enthousiasme émouvant. C'était un beau spectacle, celui de
tous ces hommes, jeunes et vieux, riches et pauvres, travailleurs et oisifs, confondant leurs âmes et leurs voix dans une
même acclamation en l'honneur de la justice, dans une
même réprobation de la plus odieuse intolérance.

La sortie se fit dans une tempête de cris indignés, qui allèrent porter jusqu'à l'Élysée, hier si soigneusement fermé,
les protestations de la conscience française. Le Préfet de
police voulut présider lui-même à la savante stratégie,
qui s'appelle « le filtrage des foules » et parvint, non sans

peine, à éviter les collisions, peut-être l'effusion du sang.
Après les écoles vinrent les couvents ; M. Combes avait
organisé le scénario en deux actes.

Cette fois, Albert de Mun dut assister muet aux exécutions. Il était arrivé à l'extrême limite de ses forces et prêt
à tomber sur la brèche. Une crise aiguë du mal qui le
minait mit ses jours en danger. Quand il reparut à la
Chambre, ses traits altérés, sa voix haletante, révélèrent
l'aggravation de son état. La parole publique lui était désormais interdite.

Il suivit, silencieux à son banc, la campagne d'expulsions,
que M. Combes mena pour assurer, disait-il, « la suprématie
de la société laïque sur l'obédience monacale ».

Les brutalités se succédèrent sur tous les points, et sous
toutes les formes. La société laïque se distingua par une série
de violences et, pour assurer sa suprématie, crocheta les ser-
rures, enfonça les portes et jeta à la rue religieux et religieuses.

Son grand exploit fut la prise de la Grande-Chartreuse.
Par une sombre journée d'hiver, des compagnies de fantas-
sins montèrent en armes au vieux monastère bâti en haut
de la montagne, dernière halte de pèlerins en route pour le
Ciel. Dans cet asile, où n'arrivait aucun bruit du monde, vivaient en prières des moines, n'ayant ni rapports avec les
hommes, ni même un nom qui les fît reconnaître. Un seul
lien les rattachait à la terre, l'inépuisable charité qu'alimen-
tait leur travail. Il n'y avait pas, autour d'eux, une misère
qu'ils ne secourussent, pas une œuvre consacrée au service
du bien qu'ils n'aidassent. Leurs cœurs et leurs mains étaient
ouverts à toutes les souffrances, à toutes les nobles causes.

. Dans leur ascension douloureuse, combien de soldats sentirent leur cœur se serrer, combien d'officiers maudirent la
discipline qui les enchaînait à une telle besogne ! Il en est
qui, après avoir obéi les larmes aux yeux, brisèrent leur épée,
à titre d'expiation.

Arrivée au sommet, la troupe enfonça les portes par où

étaient passés tant de grandeurs morales et de silencieux héroïsmes, pénétra dans la chapelle où les Chartreux agenouillés étaient en prières et, sans violence mais sans pitié, au bruit des cloches sonnant le glas, les poussa dehors ne leur laissant d'autres ressources que le froc qui couvrait leurs épaules.

L'obédience monacale laissa encore une fois le champ libre à la suprématie de la société laïque.

Au milieu des ruines entassées autour de lui, M. Combes triomphait. A chaque coup porté à une liberté, à chaque mesure arbitraire, il se retournait fièrement vers sa majorité et obtenait d'elle d'enthousiastes hommages.

De temps à autre quelques voix s'élevaient pour protester, mais se perdaient dans le bruit des applaudissements. « C'est le désaveu de la loi de 1901 », déclarait un jour M. Ribot. « Pour éviter la Congrégation, disait une autre fois M. Clemenceau, vous allez faire de la France une immense congrégation. Quel concile de pions chargerez-vous de proclamer de nouveaux dogmes? » « Je ne voterai pas vos lois de combat», criait M. Maret. Mais rien ne troublait sa sérénité. Au besoin il se parait des souvenirs de l'ancien régime. « Il faut, disait-il, se prononcer pour ou contre la Congrégation, pour ou contre le parti républicain et réaliser, dans la France républicaine, ce que l'ancien régime avait si bien réalisé dans la France d'autrefois : un seul roi, une seule foi. »

Ce langage, qui prêtait à rire, enchantait ses amis.

Leur enchantement ne connut pas de bornes, le jour où il annonça le dépôt d'une loi interdisant l'enseignement aux congrégations même autorisées. A une protestation de M. Ribot, s'étonnant qu'on enfermât la politique d'un grand pays dans la lutte contre les congréganistes, il répondit fièrement : « Je n'ai pris le pouvoir que pour cela. »

Les encouragements lui vinrent de tous les bas-fonds sectaires, tantôt en termes violents, tantôt sous des formes dogmatiques. Un des plus qualifiés radicaux écrivit : «Enfin, nous arrivons à la première étape. Les éducateurs religieux n'enseigneront plus... L'enseignement du catéchisme aux enfants constitue un attentat immoral à leur raison, un essai de mutilation de leur intelligence. » Ensuite, monta à la tribune un des purs doctrinaires de la laïcité, et il y fit en trois points un cours de casuistique démocratique. « Une société démocratique veut : 1º que les hommes et les femmes acceptent la loi de liberté et de responsabilité personnelles ; 2º que la loi du travail soit pratiquée avec l'obligation du contact et du conflit avec les semblables pour le pain quotidien ; 3º que la loi de famille interdise qu'on présente le célibat comme un état de perfection prétendu sacré. »

M. Combes clôtura la discussion par un hymne en l'honneur de la liberté reconquise et la promesse d'en finir, à défaut de loi, avec les congréganistes cachés sous des déguisements laïques. La majorité accourut se grouper autour du chef qui la comprenait si bien. La loi de 1904, sa nouvelle conquête, résuma tout ce que l'absolue laïcité porte en elle de cynisme et d'arbitraire. La liberté d'enseignement, si difficilement arrachée en 1850 par l'esprit libéral à l'esprit voltairien, était confisquée et foulée aux pieds comme l'avait été trois ans avant la liberté d'association. Quand tout fut fini, Albert de Mun écrivit : « Sur la porte de l'Élysée, comme on a coutume de le faire aux lieux où s'accomplit quelque mémorable catastrophe, on pourra graver ces mots :

Ici, en l'an 1904,

l'enseignement chrétien fut détruit en France,

M. Émile Loubet étant Président de la République. »

Quelques jours après, M. Combes ayant prononcé à la Chambre le mot de liberté, un député d'extrême-gauche lui cria : « Aimable ironie ».

Aimable ironie la liberté d'enseignement ; aimable ironie la liberté d'association ! Trois ans avaient suffi aux anticléricaux pour détruire deux des conquêtes qui font le plus d'honneur aux sociétés modernes.

Ainsi s'achevait, pierre à pierre, l'édifice dont Gambetta avait donné le plan, Jules Ferry, parrain de l'école sans Dieu, posé la première assise, Waldeck-Rousseau, destructeur des ordres religieux, la seconde, M. Combes, destructeur de la liberté d'enseignement, la dernière ; il n'y manquait plus que le couronnement : la séparation.

A l'approche de ces tristes jours, disparut l'habile pilote qui, avait, depuis un quart de siècle, conduit la barque de Pierre au milieu des écueils. Léon XIII, épuisé de forces, s'éteignit lentement, en proie aux angoisses que la politique française lui apportait sur son lit de mort. Son agonie fut longue et lucide. Il se vit mourir jour par jour, trouvant parfois la force de traduire en quelques vers latins ses aspirations vers l'éternité. A voir cet octogénaire fragile, « qui avait si peu de chose à faire pour passer à l'état d'ombre », résister aux assauts de la mort, on restait frappé d'admiration et de douleur. Jamais ne fut plus émouvant « le combat du jour et de la nuit ».

Quand il disparut, les Gouvernements, même non catholiques, eurent la sensation du vide qui se faisait, non seulement dans l'Église, mais dans le monde.

Léon XIII avait eu pour la France une particulière prédilection. Il l'aimait, parce qu'elle était la fille aînée de l'Église, et qu'elle avait toutes les noblesses, toutes les grâces du génie latin ; il l'aimait malgré ses erreurs, ne désespérant jamais de son retour à ses traditions de foi. S'il n'avait pas réussi à déjouer les efforts de l'incrédulité officielle, ni à grouper en faisceau toutes les forces de résistance, la faute n'en était ni à sa sagesse qui avait montré le but, ni à sa fermeté qui avait indiqué le moyen. Il n'avait pas dépendu de lui que ne fussent épargnées au Gouvernement les fatales erreurs qui le discréditaient, et aux catholiques les dures épreuves qu'ils subissaient, et celles plus dures encore qui les attendaient.

Pendant son long pontificat, il avait réconcilié l'Église avec des peuples hostiles, secoué l'indifférence de beaucoup de Gouvernements, arrêté les mauvais desseins de quelques autres, résisté à des adversaires puissants et triomphé d'eux.

A la France isolée il avait tendu la main, prodigué les témoignages d'affection, ménagé de précieuses amitiés. La voyant à l'intérieur aux prises avec les déchaînements de l'esprit révolutionnaire, il avait montré la voie, qui permettait aux catholiques d'avancer au milieu des ruines entassées devant eux et de se faire une place dans une société bouleversée de fond en comble, qui se reconstituait péniblement sur un plan nouveau avec de vieux matériaux.

Depuis longtemps, le Saint-Siège n'avait eu une telle influence, et le Souverain Pontife un tel prestige. Albert de Mun avait trouvé en Léon XIII un père bienveillant et ferme. Si, deux fois, il avait dû subir son autorité, il en avait reçu en revanche d'inoubliables preuves de bonté et lors d'un pèlerinage d'ouvriers, il était entré à Saint-Pierre à côté de la Sedia. A cette époque, le Pape l'avait fait agenouiller, et prenant ses mains dans les siennes, lui avait demandé de rester toute sa vie le défenseur de l'Église. « Ayez courage, « lui avait-il dit de sa voix pénétrante et douce, il ne faut « pas abandonner la pauvre France à ceux qui font tant « d'efforts pour la perdre. Promettez-nous d'être un servi- « teur fidèle de l'Église ». « Oui, avait-il répondu, je le promets », et il s'était relevé sous la bénédiction du Pontife, comme le chevalier des vieux temps, esclave de ses serments, prêt à tous les sacrifices. Sa vie entière avait été l'accomplissement de la promesse faite en ce jour mémorable.

Ces souvenirs, liés aux plus importants événements de sa carrière, lui revenaient en mémoire au moment où s'éteignait le grand Pape, et faisaient monter de son cœur à ses yeux des larmes d'attendrissement. A sa douleur, s'ajoutaient de tristes pressentiments. La mort du pontife pacificateur était pour l'Église et la France une perte difficilement réparable.

A peine son successeur eut-il été élu, qu'il fut tenu en suspicion par les adversaires aux aguets. Son avènement, dirent-ils, est le triomphe de la Triplice.

Comme l'échec du cardinal Rampolla, candidat de la France au Conclave, était dû à l'exclusive prononcée par l'Autriche, on accrédita le bruit que le succès de Pie X était celui de nos ennemis. C'était une calomnie grossière. Personne n'avait moins désiré la tiare que le patriarche de Venise, venu à Rome avec un billet d'aller et retour. Quand, à un premier scrutin, son nom sortit de l'urne avec quelques voix, il avait souri et dit au cardinal de Bordeaux, son voisin : « Ils s'amusent.» A mesure que sa candidature imprévue avait réuni plus de suffrages, il s'était défendu avec énergie, et n'avait prononcé le « oui » suprême que d'une voix étouffée par les sanglots.

Accuser de complicité avec la Triple-Alliance le saint Pontife qui, resté étranger à la politique, s'était obstinément renfermé dans son ministère sacré, c'était une invention aussi ridicule qu'odieuse, mais c'était, à ce moment, la mieux trouvée. Elle donnait aux dirigeants de la guerre religieuse en France une arme et une excuse. Comment hésiter à combattre l'Église, à disperser la phalange de ses moines, à fermer ses écoles, quand elle avait pour chef un adversaire de la France, un protégé de ses ennemis? L'anticléricalisme, affublé d'un masque de faux patriotisme, avait beau jeu pour se dire en légitime défense.

La vérité alors inconnue a été révélée depuis par l'impératrice Eugénie. Si Pie X est devenu pape grâce à l'exclusive de l'Autriche, cette exclusive a été prononcée non pour des raisons politiques, mais à cause des ressentiments personnels de l'empereur François-Joseph. Celui-ci s'est vengé sur le cardinal Rampolla de son opposition à des obsèques solennelles en l'honneur de l'archiduc Rodolphe, qui, menacé d'exhérédation s'il ne rompait pas avec Mlle de Vetscera, l'avait tuée et s'était tué après. « Sans le drame de Mayerling, a dit un jour l'Impératrice, confidente de l'empereur d'Autriche, c'est la haute et généreuse pensée de Léon XIII qui régirait encore le monde catholique [1]. »

La politique de la Triple-Alliance n'était pour rien dans l'élévation de Pie X ; mais telles sont la crédulité de l'opinion et la puissance des préjugés que les pires erreurs prennent créance et passent pour d'indiscutables vérités.

Albert de Mun vit le parti que les adversaires tiraient de la réserve du Pape, occupé, aux premiers jours de son pontificat, à poursuivre dans le recueillement l'étude de la situation mondiale, imparfaitement connue de lui. Effrayé, il se résolut à aller à Rome, non assurément pour aborder avec le Saint-Père cet outrageant sujet, mais pour lui apporter ses promesses de fidélité et le contingent de ses renseignements. L'heure était assez critique, l'avenir assez menaçant pour qu'une telle initiative lui parût un devoir.

Il trouva Pie X dans les soucis d'une installation récente, à un moment où ses résolutions définitives n'étaient pas arrêtées. Il reçut de lui un accueil bienveillant, dont pourtant la réserve le surprit. Aucune question d'ordre général ne fut abordée dans une conversation de courte durée, et il sortit du Vatican incertain et troublé. Il ne savait pas qu'à ce moment, le Pape, se jugeant encore insuffisamment informé, évitait tout entretien politique.

Quelques mois après, il eût trouvé en lui un interlocuteur confiant, qui eût expliqué, en toute liberté, ses intentions maintenant arrêtées. Pie X les lui eût communiquées alors, telles que le *Livre Blanc* de 1905 les a résumées. Dans les pages de ce document, manifeste officiel du Saint-Siège, se rencontraient, en des termes d'une énergique précision, l'histoire et la défense de la politique constitutionnelle de Léon XIII. « Jusqu'à l'heure présente, y était-il dit, le Saint-Siège, aussi bien sous le pontificat actuel que sous le

1. Conversation de l'impératrice Eugénie avec M. Paléologue, ambassadeur de France (1905), rapportée par le journal *le Temps*, 30 juin 1923.

précédent, n'a jamais cessé, malgré les récriminations de quelques-uns, de donner aux catholiques français les mêmes directions. » Dans les dépêches qui y étaient annexées, s'en trouvait une, où le secrétaire d'État défendait vivement le Pape d'écarter de l'épiscopat des candidats suspects de tendances républicaines. « Je considère, disait-il, cette supposition comme offensante ; car le Saint-Siège n'a jamais cessé d'inculquer au peuple et surtout au clergé français l'adhésion loyale à la forme de gouvernement que la France s'est donnée. »

Ce langage eût dissipé les appréhensions d'Albert de Mun ; et, s'il lui fût resté des doutes, une conversation récente du Pape avec un député de l'Action Libérale, les eût dissipés. Celui-ci avait exposé les objections soulevées à propos du mot « libéral », et le cardinal Merry del Val, présent à l'entretien, l'avait interrompu par ces mots : « C'est pour vous une question de conduite, et non pas de doctrine » ; Pie X avait pris aussitôt la parole et ajouté du ton le plus net : « Ceux qui vous attaquent ne comprennent pas. L'Église doit être défendue par la liberté.»

Albert de Mun, raffermi dans sa confiance, reprit courage et continua la lutte sur le terrain où elle était engagée depuis Léon XIII. L'heure n'était pas aux querelles de mots. M. Combes ne connaissait plus de mesure et en venait à tenir tête à son patron, M. Waldeck-Rousseau, qui l'accusait « de détruire par une loi mortelle celle qui était son œuvre ». Il voulait disperser toutes les congrégations d'hommes et de femmes et confisquer tous leurs biens, la destruction du nid entraînant celle de la couvée.

Dans sa rage de spoliation, il éprouva un déboire ; un de ses liquidateurs joua si bien avec le « fameux milliard des congrégations » qu'il fut pris la main dans le sac et condamné en Cour d'assises à quelques années de travaux forcés.

A l'œuvre qu'il venait d'accomplir manquait le faîte, la

séparation de l'Église et de l'État. Mais déjà les ouvriers
étaient à pied d'œuvre. Avant un an, l'anticléricalisme triomphant pourrait dire : « *Exegi monumentum* ». Avec Léon XIII,
avait disparu le dernier obstacle à l'abrogation du Concordat. Pendant sa vie, les plus acharnés ennemis de l'Église
n'osèrent pas répondre par une rupture aux éclatants services du grand Pape. Aujourd'hui ils se sentaient à l'aise.

M. Combes, en arrivant au pouvoir, n'était pas préparé
à cet excès d'audace. Il avait gardé de son éducation cléricale le respect du pacte qui, depuis un siècle, assurait la
paix religieuse en France : « Nous nous maintiendrons,
avait-il dit, sur le terrain du Concordat, parce que nous
considérons en ce moment les idées morales, telles que les
Églises les donnent et sont seules à le faire en dehors de
l'école primaire, comme des idées nécessaires. Vous n'effa-
cerez pas d'un trait de plume les quatorze siècles écoulés, il
est de votre devoir de vous demander par quoi vous les rem-
placerez. »

Cet orthodoxe langage avait fait scandale et failli lui
coûter cher. Dès qu'il s'aperçut de sa maladresse, il s'était
empressé de la réparer. Deux jours ne s'étaient pas écoulés
qu'il affirmait l'autorité « des doctrines, dont la libre-pensée pouvait seule assurer l'enseignement ».

Puis, mettant à profit la leçon reçue, il avait perfectionné
si bien son éducation sectaire qu'il était devenu un maître.
Sa plus haute ambition fut alors de procurer à sa clientèle maçonnique la joie d'une rupture avec Rome. Dans ce
but, il fit déposer par des compères une proposition de
séparation de l'Église et de l'État. La commission chargée
de l'étudier se trouva partagée en deux fractions presque
égales ; au moment où elle se constitua, l'absence de
deux députés conservateurs amena la nomination, à
une voix de majorité, d'un président et d'un rapporteur
favorables au projet. Le rapporteur était un nouveau
député, encore ignoré du grand public, mais fort connu
dans les milieux révolutionnaires comme socialiste

militant, et dans la presse anticléricale comme rédacteur de
la Lanterne, M. Briand.

Ces choix donnèrent courage à M. Combes, qui résolu-
ment engagea la bataille. Elle commença par des escar-
mouches ; les premières querelles furent des taquineries,
imaginées pour aigrir les rapports et amorcer le conflit :
d'abord le refus d'accepter plus longtemps, dans les bulles
d'investiture des évêques, le traditionnel « *nobis nominavit* »,
puis une controverse à propos du pouvoir disciplinaire du
Pape sur les évêques. Quand il avait fait un mauvais coup,
M. Combes dénonçait aussitôt les usurpations de la Curie
romaine ; plus celle-ci prodiguait les assurances conciliantes, plus il l'accusait d'intransigeance. « Le conflit que
nous n'avions pas cherché, disait-il, aura sûrement un résultat. Que je disparaisse dans trois mois ou dans six mois, je
défie mon successeur de céder aux prétentions ultramontaines, sans rendre du même coup le Concordat indéfendable et sans renverser la dernière barrière qui s'oppose à
la séparation. »

Résolu à brusquer le dénouement, il décida M. Loubet à
aller au Quirinal saluer le roi Humbert. C'était en même
temps qu'un défi à la Papauté le coup de grâce au Concordat. Depuis que les Italiens étaient entrés de force à Rome,
le Saint-Siège protestait contre cette violence et insistait
auprès des chefs d'États catholiques, pour qu'ils ne vinssent
pas la consacrer par leur présence officielle dans son ancienne capitale. Aucun d'eux n'était resté sourd à sa voix.
Durant trente-trois ans, on ne vit à Rome ni l'empereur
d'Autriche, ni les rois d'Espagne, de Belgique, de Bavière.
Le Gouvernement français fut le premier à enfreindre cette
règle de haute convenance.

La franc-maçonnerie imposa à M. Loubet cette démarche dont elle prévoyait les effets ; quand elle fut déci-
dée, elle en revendiqua l'honneur. A une grande tenue de la
loge Étienne-Dolet à Orléans, un membre du Conseil de
l'ordre, le frère Leval, célébra en ces termes cette grande

victoire : « Nous devons entrevoir les conséquences de la visite de M. Loubet à Rome. C'est la séparation des Églises et de l'État. Les loges du Grand-Orient peuvent revendiquer à juste titre leur part dans un tel résultat. Elles y ont puissamment contribué [1]. »

Le Président de la République obéissant vint faire à Rome la visite voulue par le Grand-Orient. Il chercha à atténuer la gravité de l'offense, en demandant à être reçu au Vatican et au moins à faire recevoir son ministre des Affaires étrangères par le secrétaire d'État. Un double refus montra à l'un et à l'autre que l'injure, qu'ensemble ils avaient combinée, était comprise et sentie.

Les incidents du séjour ne l'adoucirent pas. Le roi se donna le plaisir de promener son hôte de la Porta Pia, enfoncée en 1870 par les troupes italiennes, à la place Saint-Pierre sur laquelle donnent les fenêtres du Vatican. Après ces aménités, les relations de la France avec Rome ne tenaient plus qu'à un fil ; rien ne fut plus facile que de le rompre.

La Curie informa les nonces, après le départ de M. Loubet, que les chefs d'État qui suivraient son exemple renonceraient du coup à leurs rapports diplomatiques avec Rome. Une indiscrétion préméditée fit tomber la dépêche dans les mains de Jaurès, qui s'empressa de la communiquer à M. Combes. C'était pour lui le prétexte cherché. Tout de suite l'ambassadeur français au Vatican reçut l'ordre de demander des explications au secrétaire d'État, et, si elles n'étaient pas immédiates et satisfaisantes, de lui remettre un ultimatum, d'heure à heure.

Le procédé stupéfia le monde politique qui à cette époque n'avait pas encore vu à l'œuvre la diplomatie de François-Joseph vis-à-vis de la Serbie et de Guillaume II vis-à-vis de la France. Une réponse immédiate était im-

1. Compte rendu des travaux du Grand-Orient du 1ᵉʳ janvier au 30 juin 1904, page 105 (*Libre Parole*, 22 juin 1923).

possible ; le temps manquait pour consulter le Pape ; d'ailleurs la Curie romaine n'a pas l'habitude des impromptus. L'heure s'écoula, sans que le secrétaire d'État pût donner la réponse exigée ; sur quoi l'ambassadeur signifia son départ et prit le train pour Paris.

Ainsi furent rompues les relations séculaires de la France et de Rome. La Curie tenta l'impossible pour éviter la rupture. Le nonce, Mgr Lorenzelli, ne quitta pas Paris ; mais M. Combes, qui n'était pas d'humeur à laisser passer l'occasion impatiemment attendue, lui remit à la hâte ses passeports. Ainsi fut constatée devant le monde « l'irré-« ductible incompatibilité de l'Église romaine et de l'État « démocratique français ».

Le Président du Conseil, au comble de ses vœux, se préparait à monter au Capitole, quand, au moment de mettre le pied sur la première marche, il trébucha et fit une chute mortelle. Un jour, la Chambre indifférente vit apparaître à la tribune un jeune député nationaliste, ancien officier, qu'elle connaissait à peine de nom, M. Guyot de Villeneuve. Elle le regarda, sans y prêter grande attention, ouvrir tranquillement un gros dossier et en tirer des pièces, qu'il commença à lire d'une voix calme et un peu froide.

Elle écoutait distraitement, quand quelques phrases, imparfaitement comprises, frappèrent son attention. Elle prêta l'oreille, et peu à peu le silence se fit. Quelle ne fut pas sa surprise et bientôt sa stupeur, en entendant lire des lettres échangées entre le ministre de la Guerre, alors le général André, et des dignitaires de la franc-maçonnerie ! Il s'agissait d'une enquête ouverte, par l'intermédiaire des loges, sur les sentiments religieux des officiers. Les demandes et les réponses se suivaient brèves et stupéfiantes : « Cet officier est-il clérical ? » demandait le Ministre. « Oui, répondait le Vénérable, on ne peut en douter à son origine et à son attitude. » — Et cet autre ? « Il envoie sa femme et ses enfants à l'église et parfois les y accompagne. » A mesure que se succédaient, sans pitié, ces pièces accablantes, l'anxiété, la consternation, la colère, se lisaient sur les visages. C'était, dans la salle, tantôt un silence de mort, tantôt un ouragan de cris et d'imprécations.

Un instant, les complices démasqués essayèrent de faire tête, affectant de rire ou d'étouffer par des clameurs la voix de l'orateur ; mais l'implacable justicier restait impassible et continuait de lire, sans changer d'attitude ni de ton. Chaque lettre nouvelle tombait comme la foudre sur l'Assemblée démontée et y provoquait un orage nouveau. La fureur des uns, l'indignation des autres remplissaient de tumulte la vaste enceinte, théâtre de tant de scènes mémorables, les unes par leur grandeur, les autres par leur misère.

A la fin, les résistances étaient vaincues ; l'exécution s'acheva au milieu d'une inexprimable et muette angoisse. Il resta avéré que chaque officier suspect avait sa fiche et, avec elle, sa condamnation. Changements de garnison, privations d'avancement et de récompenses, carrières brisées, mises à l'index, tels étaient les châtiments réservés aux audacieux, qui osaient croire en Dieu, pratiquer leur religion ou la laisser pratiquer aux leurs.

Quand l'accusateur eut terminé son réquisitoire, tous les yeux se tournèrent vers l'accusé. Celui-ci se leva paisiblement, balbutia quelques mots et s'en alla. Le rouge monta au front de ses amis. L'aveu était formel ; l'effet fut foudroyant.

On croyait les ministres à terre ; mais démissionner est un parti extrême que des politiciens, dépourvus de préjugés, ne prennent pas à la légère. Ils écartèrent donc cette mauvaise pensée, et, jugeant qu'il est toujours temps de s'en aller, gardèrent leurs portefeuilles.

Ils se croyaient remis d'aplomb, quand Syveton s'avisa quelques jours après de souffleter le général André en pleine séance. Celui-ci considéra son prestige atteint et se décida à partir. M. Combes et ses collègues ne pensèrent pas encore que la solidarité ministérielle les obligeât à en faire autant.

Ils restèrent, mais le Bloc jugea leur situation impossible et, à la première rencontre, le leur témoigna si clairement que M. Combes dut s'épuiser en adjurations presque suppliantes, pour obtenir l'aumône de huit voix de majorité. L'agonie ministérielle fut prolongée de quelques heures, après lesquelles, pour mourir en beauté, il apporta à M. Loubet la démission du Cabinet. Il ne s'en alla pas sans se venger : « On accuse mon Gouvernement, écrivit-il, d'avoir exercé une domination abjecte. Celle du Gouvernement précédent était infecte, au dire des chroniqueurs du temps. »

Abjecte, infecte ! L'histoire dira si la politique de défense républicaine méritait ces qualificatifs dépourvus d'élégance.

M. Loubet fit appel à M. Rouvier, son ancien frère d'armes. Celui-ci, qu'on n'avait pas vu au pouvoir depuis le Panama, était un manœuvrier expert. Peu soucieux d'endosser la responsabilité de la séparation et moins encore le fardeau de la discussion, il proposa à M. Briand d'entrer dans son Cabinet. C'était ajourner le débat, qui, faute de rapporteur, ne pouvait plus s'engager. La gauche flaira le piège et M. Briand dut écarter le portefeuille tentateur.

La discussion n'était pas encore amorcée que Guillaume II débarqua à Tanger et y fit un discours qui était un défi. « Ma visite à Tanger, dit-il, sans détour, a pour but de faire savoir que je suis décidé à tout, pour sauvegarder les intérêts de l'Allemagne au Maroc. » L'Allemagne avait déclaré jadis n'avoir pas d'intérêt au Maroc: pourquoi donc cette hautaine revendication? Elle était la réponse de Guillaume à l'Entente cordiale plus blessante pour lui que l'alliance russe. En l'apprenant, il avait dit: « Je ne me laisserai pas évincer des affaires extérieures », et il tenait parole.

Depuis longtemps la diplomatie du quai d'Orsay avait le don de l'exaspérer, et il tenait M. Delcassé en particulière suspicion. Celui-ci, ministre des Affaires étrangères depuis six ans, méritait cette hostilité par l'habile direction qu'il avait donnée à la politique extérieure ; il était l'homme d'une seule idée et avait poursuivi sans relâche la revanche morale de la France, prélude de sa revanche militaire.

Après Fachoda, il avait imposé silence à son amour-propre blessé, et, au lieu de se brouiller avec l'Angleterre, essayé de se rapprocher d'elle. Très habilement, il avait démêlé les sentiments intimes d'Édouard VII, et surtout les appréhensions que lui causaient les présomptueuses ambitions de son impérial neveu, Guillaume II. Lentement, doucement, sans précipitation ni complaisance, il avait gagné sa confiance et noué avec lui de précieuses relations. Grâce à son concours, nous avions rétabli avec l'Italie des relations cordiales et obtenu d'elle la promesse de sa neutralité au cas d'une provocation de l'Allemagne, fait à l'Espagne sa part au Maroc et assuré ainsi notre liberté d'action, enfin conclu avec l'Angleterre l'Entente cordiale, garantie de la paix.

La France reprenait de jour en jour son rôle historique ; son action au Maroc achevait de rehausser son prestige. Nos succès irritaient l'orgueil de l'empereur d'Allemagne et déjouaient ses plans. C'était pour redresser son action en Europe qu'il était venu à Tanger, résolu, coûte que coûte, à nous barrer la route. Son voyage et son discours au sultan n'avaient pas profondément ému l'opinion, habituée à ses incartades ; mais le Gouvernement français mieux renseigné y vit une provocation préméditée et ne se trompa pas.

A l'éloquence des faits sont venues depuis s'ajouter des révélations qui ne laissent aucun doute sur les desseins du Kaiser. On a su en effet que causant quelques mois avant avec un diplomate belge, le baron Van der Elst, il lui avait dit : « Depuis de longues années, j'ai employé tous les moyens pour me rapprocher de la France ; elle les a repoussés avec dédain. J'avais rêvé d'une réconciliation avec elle. J'aurais voulu former avec elle un bloc continental assez fort pour mettre un frein aux ambitions de l'Angleterre, qui cherche à confisquer le monde à son profit, et je vois la France prêcher la haine, la revanche et préparer la guerre dans le dessein de nous anéantir. Maintenant, j'en ai assez. Je ne commettrai pas l'imprudence d'attendre que les préparatifs qu'elle fait contre moi soient terminés [1].»

M. Rouvier pénétra la pensée impériale : l'Allemagne voulait la guerre. La guerre ne nous était pas possible, la France n'étant pas plus prête à ce moment que lors de l'incident Schnœbelé. Elle n'avait ni l'armée ni la flotte de sa politique. M. Delcassé ne s'était jamais préoccupé de savoir si les cabinets dont il faisait partie depuis six ans avaient organisé nos forces militaires.

Faute de pouvoir se battre, il fallait céder. M. Rouvier sacrifia M. Delcassé aux ressentiments de l'Allemagne et consentit à aller à Algésiras se faire lier les mains. La reculade n'était pas glorieuse ; la guerre l'eût-elle été? Albert de Mun fut atterré de ce dénouement ; il écrivit : « M. Delcassé ayant été déposé, et l'empereur d'Allemagne ayant bien voulu nous marquer sa satisfaction, on s'est ressaisi. Pourquoi? personne ne pouvait le dire. Content, comme a dit Pascal, d'avoir mis quelque chose devant le précipice pour ne plus le voir, on a continué d'y courir sans souci. »

Algésiras serait-il le précipice? tout était à craindre. La Russie, notre alliée, était occupée en Orient et l'Angleterre, notre amie, n'avait à nous offrir que de bonnes paroles. Par bonheur, les choses tournèrent mieux qu'on ne l'espérait. Le prince de Bulow dit bien, pour se consoler, que l'accord d'Algésiras était « un verrou tiré devant nos prétentions marocaines, un grelot que l'Allemagne pourrait agiter à son gré ». C'étaient de vaines images. Grâce à l'appui des grandes puissances, la France déjoua les combinaisons allemandes et sut dès lors que le jour venu, elle serait à même d'ouvrir le verrou et de briser le grelot. Albert de Mun ne

---

1. *Revue de Paris*, 1ᵉʳ avril 1923. «La préméditation de l'Allemagne. »

partagea pas cet optimisme ; pour lui, la Conférence était un échec, et le traité un lacet passé au cou de la France.

Le Gouvernement revint d'Algésiras rassuré, mais amoindri. La gauche qui s'en rendit compte avait hâte de profiter de sa faiblesse ; elle était lasse d'attendre sa grande victoire, la séparation. Cette victoire, M. Rouvier voulut la lui offrir et fit mettre la loi à l'ordre du jour de la Chambre.

La situation d'Albert de Mun devint cruelle. Assister impassible, un jour aux défaillances de notre politique, et le lendemain à la nouvelle offensive maçonnique, rester muet devant les coups portés tantôt à la dignité de laFrance, tantôt à la vie de l'Église, c'était, pour le grand lutteur, la plus douloureuse des abdications. Mieux valait quitter la vie publique que de n'y plus être qu'un figurant inutile.

Dans sa détresse morale, une branche de salut s'offrit à lui. Si la voix lui manquait, se plume lui restait. Pourquoi ne pas écrire ce qu'il ne pouvait plus dire à la tribune? Un journal en était une, sans doute moins retentissante que l'autre, mais assez sonore pour être entendue au loin. A celle-là, il pouvait monter sans risquer d'y mourir.

Alors commença pour lui une vie nouvelle, vie de combats silencieux, où sa plume fut son épée de chevet. Dès le premier jour, il se posa à lui-même une question troublante. Était-il écrivain assez délié pour suffire à une besogne presque quotidienne? Il se souvenait, avec une modestie charmante, qu'il n'avait obtenu qu'à grand'peine son diplôme de bachelier et son admission à Saint-Cyr. Avait-il la formation littéraire et la culture historique nécessaires au rôle qu'il allait affronter? Ce n'était pas la même chose de jeter des idées dans un discours à la Chambre, avec la hâte de la parole publique, et le loisir d'une nuit pour en corriger les erreurs, ou de les fixer tout de suite dans une forme assez heureuse pour en rendre la lecture à la fois agréable et instructive.

Il avait toute raison de se rassurer. Depuis des années, il

avait travaillé sans relâche, lu à force, étudié et discuté les
plus graves problèmes politiques et sociaux, suivi jour par
jour l'histoire de son temps, vécu au milieu d'hommes
éminents dans tous les ordres de connaissances. Son éducation intellectuelle était arrivée au plus haut degré de
culture.

A son insu, il était écrivain de race et déjà un maître ; ses
livres, ses brochures avaient tout le charme de ses discours.
Il faut à l'écrivain, comme à l'orateur, la facilité naturelle
et la difficulté acquise dont parle Joubert. Il avait les
deux, et par surcroît, un naturel parfait, une chaleur
pénétrante qui donnaient à ses écrits une allure oratoire,
si semblable à celle de ses discours, qu'en le lisant, on
croyait l'entendre.

Son style, c'était l'homme tout entier, avec sa simplicité fière, sa sincérité scrupuleuse, son dédain de ce qui est
affecté, son horreur de ce qui est faux. Son goût le portait
vers les recherches historiques et les spéculations morales ;
mais la vie militante l'avait pris et rivé aux exigences des
luttes quotidiennes. De ses œuvres, celles qui sont nées d'ac-
tualités passagères pourront ne pas toujours garder la
même jeunesse, celles qu'ont inspiré des idées générales et
des intérêts permanents ne périront pas. Les générations qui
viennent y retrouveront l'empreinte d'un des plus brillants
esprits qui aient honoré son temps.

Ses articles, dont la plupart ont été réunis en volumes,
sont par leur ton des modèles de polémiques, par leur clairvoyance des sources précieuses d'information. Il eut longtemps l'effroi du journalisme. Écrire vite pour un public
qui lit vite, suivre au jour le jour la mobilité de ses impressions, l'éclairer sans paraître l'enseigner suppose un
ensemble de qualités rares, réservées à une élite. Il croyait
ne pas les avoir, tant elles étaient en dehors de ses habitudes
d'esprit et de ses méthodes de travail : il fut tout surpris de
se les découvrir.

A ses défiances, s'ajoutait une timidité qu'il devait à sa

réputation d'intransigeant et aux longues attaques qu'elle lui avait values. Il s'imaginait être suspect au grand public, dont il effarouchait le scepticisme. Il se trompait ; le grand public, qui a plus d'esprit que personne, a aussi plus de cœur. Il est sensible à la noblesse de l'âme, à la sincérité des convictions, au désintéressement dans la conduite, à ce je ne sais quoi de captivant qui se dégage d'une haute nature enivrée d'idéal.

Grâce à tous ces dons, qu'il ne se soupçonnait pas, il est devenu vite le favori de ses lecteurs et plus tard leur idole. Ses articles, après avoir été le régal d'une élite furent pendant la guerre la pâture des foules. A la fin de sa vie, il a été le journaliste le plus lu de son temps.

Dès ses débuts, il se trouva en face de la question de séparation. Le système des Concordats n'avait rien qui le passionnât ; l'usage qu'en faisait en France un Gouvernement hostile l'avait presque réconcilié avec un régime nouveau, où l'Église ne porterait plus le poids de lourdes chaînes. La laisser liée à un État athée, c'était la soumettre à la plus dure servitude. A ses yeux, la séparation n'impliquait ni la rupture des rapports diplomatiques avec le Vatican, ni l'état de guerre avec le Gouvernement. Les plus ardents ultramontains ne l'avaient-ils pas, sous la Restauration, préconisée comme une délivrance?

La majorité en avait une conception inverse de la sienne. Elle voulait d'abord constater que l'Église n'était plus assez forte pour imposer à l'État son alliance, puis briser une organisation religieuse, que Bismarck proclamait n'avoir d'égale que l'armée allemande. Sa pensée allait plus loin encore ; la rupture avec l'Église préparait le triomphe de la libre-pensée. Pour les modernes positivistes, qui voyaient dans la science et la raison les sources uniques de toute vérité, le surnaturel était une fiction, Dieu une hypothèse, le dogme un non-sens, l'Évangile un roman. Tous ces enseignements vieillis ne survivraient pas longtemps au Concordat.

Comme ils savaient pourtant qu'une société, façonnée par quinze siècles de christianisme, n'irait pas d'emblée à la négation formelle, ils prétendaient l'y acheminer doucement par l'indifférence. « La société la plus irréligieuse, avait dit Lamennais, n'est pas celle qui se passionne pour l'erreur ; c'est celle qui néglige, qui dédaigne la vérité. » A leurs yeux, le catholicisme était un vieux chêne qui ne tenait debout que grâce au contrefort du Concordat ; le lui retirer, c'était le vouer à une chute prochaine. Sa sève s'appauvrissant, ses branches tomberaient une à une et, au premier coup de vent, son tronc décharné serait renversé.

Le projet de la Commission n'avait pas, à première vue, un aspect menaçant. Il débutait par une déclaration presque rassurante, laissait à l'Église son autonomie et ses biens, et dissimulait, sous une habile contrefaçon des anciennes fabriques, l'idée maîtresse de la réforme. En l'étudiant, on retrouvait vite sa double tendance, positiviste et protestante. Il n'organisait pas la persécution mais conduisait doucement le catholicisme à sa ruine par le laïcisme.

Le laïcisme était le poison qui savamment inoculé développerait le rationalisme philosophique et amènerait l'évolution lente dont il devait mourir. Le plan sorti du cerveau de doctrinaires exercés était habile ; les cultuelles en étaient la grande pensée, la prédominance des laïques assurant l'exclusion de la hiérarchie ecclésiastique, gardienne de l'autorité doctrinale.

Si la loi eût été votée telle qu'elle avait été conçue par la Commission où siégaient des protestants de marque, elle eût été une arme dangereuse contre l'Église ; mais il advint, qu'au cours des débats, le vieil esprit catholique réagit, sous une forme assurément fort gallicane, mais efficace. Un amendement, devenu l'article 4, décida que le Conseil d'État veillerait, dans la constitution des cultuelles, « à l'observation des règles générales du culte.»

Albert de Mun l'appela « un coup de pic » et eut raison, s'il voulait dire que la loi était atteinte à sa source même, dans son idée maîtresse. Que voulaient ses inspirateurs, les plus avisés? faire évoluer le catholicisme et l'amener par le libre examen jusqu'aux confins du schisme. L'évolution, « loi de la nature et de l'histoire », détruirait d'abord son organisation, ensuite sa doctrine. Pour que ce travail s'opérât, il ne devait être gêné par aucune disposition légale, assurant la permanence des règles générales du culte. Le projet de loi n'en contenait en effet aucune et laissait libre carrière aux influences laïques introduites en souveraines dans la vie intime de l'Église ; le piège était aussi périlleux qu'habile.

Garantir, fût-ce par la juridiction temporelle d'un tribunal administratif, ces règles organiques, c'était dresser une barrière devant le courant laïque et protéger l'organisation de l'Église. L'article 4 avait déjoué la manœuvre maçonnique, manœuvre plus redoutable qu'une persécution violente, plus mortelle qu'un schisme même. Albert de Mun avait raison : la loi avait reçu « avec un coup de pic » une blessure profonde qui pouvait devenir mortelle.

Les cultuelles étaient des créations savantes et dangereuses. Par le nombre de leurs membres, leur recrutement, leurs pouvoirs, leurs assemblées générales dont aucune convention ne pouvait limiter les droits, l'exclusion enfin de toute intervention ecclésiastique, elles devenaient des citadelles laïques à peu près imprenables.

Leur origine était italienne ; un ministre franc-maçon, M. Minghetti, les avait jadis présentées à son Parlement en ces termes : « Nous concevons les associations cultuelles comme le point de départ de la participation des laïques à l'administration de l'Église ; » les laïques doivent prendre part à la gestion du bien et *à quelque chose de plus*. Le « quelque chose de plus », c'était, grâce à la gestion du temporel, la mainmise indirecte sur le spirituel. Qui a la maîtrise du budget a celle de l'œuvre qu'il fait vivre.

Pendant que le Parlement préparait la séparation, un Congrès de libre-pensée se réunit à Paris. Un sénateur, M. Beau-

quier, s'y exprima ainsi : « L'Église catholique ne peut prétendre à la liberté dans notre démocratie qu'en se pliant
pour l'administration de ses biens à des mœurs de liberté démocratique. Il faut constituer l'association cultuelle par la
réunion de tous les fidèles pratiquants, hommes et femmes,
élisant leurs conseils en sorte que l'État et les communes
traitent pour leurs biens et édifices avec des citoyens s'ad-
ministrant d'une façon autonome, non avec l'Église romaine
installée dans les diverses localités sous des noms divers.»

La Commission du Congrès négocia avec le Gouvernement et celui-ci, pour lui donner satisfaction, augmenta le
nombre primitif des membres des cultuelles, sans aller
pourtant jusqu'au grand collège préconisé par M. Beau-
quier.

Après ces pourparlers secrets et ces concessions publiques,
la loi de séparation se résumait en trois principes fon-
damentaux : « silence sur la hiérarchie ecclésiastique, intérêts matériels confiés à des laïques, règles générales du culte
abandonnées à la juridiction civile. »

Albert de Mun n'eut pas de peine à en pénétrer le but et
les effets. Tant que dura la discussion, il s'abstint de toute
intervention irritante et s'efforça d'éclairer les catholiques
de ses conseils et de les soutenir de ses encouragements ;
quand tout fut fini à la Chambre, il laissa libre cours
à sa douleur. Dans un livre, éloquente protestation du
chrétien blessé au cœur par l'apostasie officielle, il écrivit :
« C'est délibérément, qu'une partie de la nation, profondé-
« ment atteinte par la corruption révolutionnaire, s'est
« associée à la criminelle folie des sectaires. Le sort en est
« jeté ; mise en demeure de déclarer sa volonté, la majorité
« de la France a répété le « Tolle, crucifige » du peuple déi-
« cide, et lorsque, le lundi 3 juillet, 341 députés français ve-
« naient de signer l'apostasie officielle de leur pays, les socia-
« listes révolutionnaires acclamèrent avec transports cette
« étonnante victoire. Dans l'écroulement de l'antique tradi-
« tion catholique, ils saluaient par avance la chute espérée

« de l'édifice national. Ainsi quand l'incendie d'une demeure
« ancestrale fait tomber avec fracas l'une des vieilles mu-
« railles, on conçoit que bientôt viendra l'heure de la ruine
« dernière. »

Malgré tout, il ne voulut pas croire tout perdu et se rat-
tacha désespérément à une dernière branche de salut, hélas ! bien fragile. Comme des élections sénatoriales allaient
avoir lieu, il s'adressa aux électeurs sénatoriaux pour
leur demander de choisir des délégués hostiles à la séparation. Dans ce but, il écrivit une lettre ouverte aux conseillers municipaux ; on y lisait.

« Le nombre est grand de ceux qui, au fond du cœur, ne
« veulent pas de séparation. Opposons-leur la menace des
« électeurs. Je demande que, dans tous les départements où
« il y a des élections sénatoriales, les conseillers municipaux
« formulent dans une brève déclaration leur volonté de con-
« server le Concordat. Je demande que cette déclaration
« soit envoyée aux candidats. »

Le corps électoral auquel il s'adressait était disséminé
dans toute la France et à peu près inabordable ; de plus, la
loi défend aux Conseils municipaux de discuter avant de
nommer leurs délégués. Sa lettre était d'avance condamnée
à n'avoir pas d'écho. Les élections sénatoriales qui sortirent du paysl égal furent comme toujours empreintes de
l'esprit administratif.

Peu de temps après, eut lieu l'élection présidentielle,
M. Loubet étant arrivé sans encombre à l'expiration de ses
pouvoirs ; il avait vu à l'œuvre deux ministres diverse-
ment mais également funestes ; grâce à leur action, la France
était divisée comme elle ne l'avait jamais été. En quittant l'Élysée, il épancha ses regrets dans cette phrase, où
l'ironie se mêlait à la tristesse : « J'ai essayé de rétablir la
paix et l'union entre les bons citoyens. » M. Fallières, fut
choisi pour continuer cet essai avec plus de succès.

Presque aussitôt, la loi de séparation vint en discussion au Sénat. Sur l'injonction du Congrès de la libre-

pensée, le rapport fut rédigé en hâte et le débat écourté. A peine les orateurs catholiques eurent-ils le loisir de faire entendre d'éloquentes mais inutiles protestations. L'issue était certaine ; la loi fut votée telle que la Chambre l'avait conçue ; son entrée en vigueur restait ajournée à un an, c'est-à-dire à décembre 1906.

Quand le rideau fut tombé sur le dernier acte de ce triste drame, Albert de Mun écrivit : « Prisonniers de leur parti, les « sénateurs, courbés sous le joug maçonnique, ont enre- « gistré les décrets du Grand-Orient. Ainsi, par la volonté « des dirigeants et de 161 sénateurs dont les trois quarts « détestent cette détestable aventure, l'apostasie de la « France a été proclamée. »

De cette apostasie un professeur allemand en renom, Haeckel, s'empressa de féliciter les libres-penseurs français, réunis alors en une grande Assemblée. « La séparation de l'Église et de l'État, leur écrivit-il, est la délivrance de la pure raison des chaînes de la superstition religieuse, la victoire de la libre science sur les dogmes religieux ; accomplie par le Gouvernement français et la Chambre, elle signifie un progrès glorieux dans l'histoire de la culture humaine. »

« Le glorieux progrès » laissait pourtant ses auteurs inquiets. Voyant s'écrouler l'édifice, à l'abri duquel la France avait vécu pendant tant de siècles, ils se demandaient avec effroi quel usage l'Église allait faire de sa liberté.

Au premier moment, l'émotion du public ne fut pas en rapport avec la grandeur de l'événement. La lassitude de longues luttes, des préjugés aveugles contre l'ultramontanisme, le goût inné des transactions et l'incurable esprit critique, amenèrent quelques flottements. On faisait valoir que l'Église gardait sa fortune et son organisation, que les cultuelles continuaient les anciennes fabriques, que le Conseil d'État sauvegardait les règles générales du culte ; s'effrayer de la liberté, c'était douter de la vitalité de l'Église.

Vingt-trois notabilités catholiques se firent les interprètes de ces sentiments très répandus dans le monde intellectuel et adressèrent aux évêques une lettre leur demandant d'obtenir du Pape l'autorisation de faire des cultuelles. Aucune réponse ne leur fut faite. On les appela les *cardinaux verts* et on pensa à autre chose. C'était traiter légèrement un symptôme grave. Que devenait l'unité de l'action religieuse, à la veille d'une bataille électorale, décisive pour l'avenir? Tandis que M. Briand glorifiait, au nom du Gouvernement, le triomphe de l'État « a-religieux », des germes de divisions se manifestaient dans les états-majors catholiques et des germes de relâchement dans les troupes !

Albert de Mun effrayé de cet état d'esprit inattendu crut devoir tenter, dans un discours public, un grand effort pour éclairer l'opinion et ramener l'union.

A ce moment, un Congrès d'Action Libérale, tenu à Paris, se terminait, suivant l'usage, par un banquet de clôture. Il résolut d'y venir. Sa présence y amena une énorme affluence et on trouva difficilement une salle pour la contenir.

Dès l'ouverture du Congrès, une manifestation impétueuse en avait montré l'esprit. Le Président eut à peine prononcé ces simples paroles : « La guerre est déclarée, je l'accepte en votre nom », que la foule éclata en acclamations impétueuses, dont la police prit ombrage. La réunion ne fut pas dissoute, mais signalée aussitôt au Gouvernement comme une excitation à la révolte,

Au banquet, la foule envahit les tables et déborda dans les couloirs et les cours, avide d'entendre Albert de Mun et de l'acclamer. Quand il prit la parole, l'émotion étouffa un instant sa voix et les larmes lui montèrent aux yeux. Il rappela d'abord les modestes débuts de cette association née dans un bureau de la Chambre de l'initiative de quelques députés, et devenue une grande famille s'étendant sur la France entière : « Témoin de votre naissance, s'écria-t-il, « je me suis tenu près de votre berceau. Spectateur trop « souvent impuissant, j'ai assisté au progrès de votre jeu- « nesse, et ces souvenirs et cette impuissance me donnent

« le droit de saluer la verdeur de votre maturité. » Puis,
faisant allusion à des bruits qui déjà circulaient au dehors,
il ajouta : « J'entends dire qu'il faut conseiller aux ca-
« tholiques l'essai loyal de cette mortelle expérience ; je
« n'y consentirai pas pour ma part. On ne fait pas l'essai
« loyal de l'apostasie. On ne fait pas l'essai loyal de la
« haine envers Dieu. Ce n'est pas là, soyez-en sûrs, ce que le
« Pape vous demandera. Vous êtes forts surtout de votre
« dévouement à la cause populaire. Le peuple, le vrai peuple,
« en vous voyant à l'œuvre, apprend de jour en jour à vous
« connaître. Et vous, par un admirable échange, vous
« apprenez, en le servant, à l'aimer davantage. Vous avez
« connu, dans les luttes civiles, que c'est dans le cœur des
« petits et des humbles que jaillit la source inépuisable des
« sacrifices et des dévouements. C'est là qu'est la force.
« C'est là qu'est pour demain la suprême espérance, vers
« laquelle aujourd'hui, avec le dernier effort de ma voix,
« je veux jeter le dernier cri de mon cœur. »

Les petits et les humbles se laissèrent convaincre. Les
élites restèrent hésitantes.

Des semaines s'écoulèrent sans que Rome parlât. Déjà ce
silence causait quelque surprise, quand parut, au mois de
février, la première Encyclique condamnant doctrinalement
la séparation, mais renvoyant à plus tard le jugement de la
loi elle-même. Le principe seul était posé.

Ce sursis n'étonna pas les esprits simples et droits. Comme
la nouvelle législation n'entrait en vigueur que dans dix
mois, et que d'ici là devaient avoir lieu des élections législatives, le Pape avait jugé sage de laisser au Gouvernement
et au pays le temps de la réflexion.

A la lecture de l'Encyclique, Albert de Mun, qui en pénétrait l'intime pensée, eut un élan de joie : « Quelle parole et
« quelle puissance ! Oui, Saint-Père, de toute notre âme,
« nous défendrons notre foi sans défaillance. Votre voix a
« retenti dans nos cœurs, comme l'écho vibrant de la parole
« du maître. »

Beaucoup de lecteurs de ces lignes enthousiastes n'en partagèrent pas l'émotion ; plusieurs même donnèrent à l'Encyclique une interprétation tout opposée et affectèrent de la considérer comme l'acceptation implicite de la séparation. Si le Pape, disaient-ils, jugeait la loi mauvaise, il le dirait tout de suite. Pourquoi attendre ? Elle ne sera pas meilleure dans quelques mois. Compter sur les repentirs du Gouvernement, ou sur le désaveu du suffrage universel, ce serait se payer de chimères ; la Cour de Rome est trop avisée pour avoir de telles illusions.

Le Gouvernement partagea la confiance des optimistes. Il ne mit pas en doute l'adhésion de Rome et montra même une telle sécurité que l'opinion le crut en possession d'assurances formelles. Cette sécurité était si grande qu'il n'hésita pas à amorcer préventivement l'exécution d'une loi qui ne devait entrer en vigueur qu'à la fin de l'année. M. Rouvier n'admit pas que Pie X sacrifiât à un vague principe les 500 millions de biens laissés à l'Église ; aussi fit-il procéder, sans la moindre appréhension, à l'inventaire des objets mobiliers appartenant aux paroisses. Sur l'observation d'un député, il répondit qu'on n'ouvrirait pas les tabernacles, et cela dit, eut la conscience en repos.

L'événement sembla d'abord justifier sa confiance. Les premières opérations ne rencontrèrent aucune résistance. Presque personne n'avait bougé, quand le bruit courut, dans la paroisse Sainte-Clotilde, que l'agent du fisc viendrait inventorier dans trois jours ; les fidèles prévenus décidèrent d'entourer leur curé. Le jour venu, la foule envahit la nef, déborda sur le péristyle, sur les marches des escaliers et jusque sur la place. Des jeunes gens que le curé appelait « de pieux apaches », voulurent même sonner le tocsin. Empêchés de le faire, ils allèrent à la sacristie chercher l'agent du fisc déjà en fonction et le reconduisirent un peu précipitamment dans la rue.

Tout était fini, et la foule s'écoulait, quand la police accourut sous la conduite de son préfet. Pour racheter le temps perdu, elle entra en trombe dans l'église que personne ne défendait, et, son chef en tête, parcourut la nef au pas de course, culbutant des chaises vides et . des femmes qui chantaient des cantiques. Au dehors, elle se dédommagea de son retard par des excès de zèle et arrêta, au hasard, quelques curieux inoffensifs.

A la Chambre, l'incident provoqua une interpellation qui apprit à la France entière l'inoffensive manifestation de Sainte-Clotilde et sa brutale répression. Ce fut l'étincelle qui alluma l'incendie.

A Paris, les fidèles se groupèrent dans leurs églises dont les unes furent cernées, d'autres occupées militairement. Au Gros-Caillou, des pompiers déversèrent des flots d'eau sur la foule. En Bretagne, en Normandie, dans le Nord, sur le plateau central, s'organisa spontanément une résistance qui semblait le prélude d'un vaste soulèvement. La gendarmerie et la police ne suffisant plus à la tâche, l'armée fut mise en mouvement et des colonnes volantes parcoururent les campagnes. Des coups de feu furent tirés et firent des victimes. Dans un village, le fils d'un percepteur déchargea son revolver sur un groupe sans armes et tua un paisible manifestant.

Ces incidents provoquèrent une interpellation à la Chambre. Jamais on ne vit pareille confusion ; la majorité éperdue ordonna tour à tour l'affichage de discours qui se contredisaient. M. Rouvier, courant toujours après les radicaux, finit par mécontenter tout le monde et termina des explications embrouillées par cette apostrophe qu'il crut foudroyante : « S'il y a des victimes, que leur sang retombe sur ceux qui se servent du masque religieux pour cacher leurs misérables intrigues. » Cette rhétorique enflammée ne le sauva pas. La Chambre, écœurée de sa voltige parlementaire, le renversa. A la première application de la loi, le ministère qui l'avait fait voter s'écroula frappé par la justice immanente.

L'opportuniste M. Fallières appela à son secours les radicaux. L'orage montait de jour en jour, et les dirigeants se demandaient ce qui arriverait si l'agitation, déjà grande dans certaines régions, gagnait tous les milieux, où elle était assurée de trouver des concours. Que le Saint-Père prononçât à ce moment la condamnation formelle de la séparation et nul ne pouvait dire ce qui adviendrait.

M. Sarrien, chargé de constituer le nouveau Cabinet, voulut grouper toutes les forces de son parti et s'adressa à la fois, à des modérés, au radical M. Clemenceau, au socialiste M. Briand, couvert des lauriers de la séparation. Le premier s'adjugea le portefeuille de l'Intérieur, l'autre reçut celui de l'Instruction publique et des Cultes, quoique, grâce à lui, il n'y eût plus de cultes reconnus.

Le nouveau Ministère s'empressa de suspendre les inventaires : « On ne risque pas la guerre civile pour des plumeaux et des chandeliers, » dit M. Clemenceau. Les agents du fisc furent invités à suspendre leurs opérations, les colonnes volantes à se dissoudre, les soldats et les gendarmes à regagner leurs casernes. Du coup, le calme se rétablit comme par enchantement.

Les ministres étaient tout à la joie, quand survint l'affreuse catastrophe de Courrières, qui fit tant de victimes. Les mineurs du Nord et du Pas-de-Calais, dans l'excès de leur douleur, se laissèrent entraîner à des exigences exagérées et, sur le refus des Compagnies, à une grève générale.

M. Clemenceau n'avait vu de grèves que de son banc de député, et à travers ses partis pris de chef d'opposition. Il était convaincu que si elles étaient fréquentes et longues, c'était la faute des gouvernements. Il partit donc pour le Nord, décidé à abandonner la manière forte pour inaugurer la méthode sentimentale qu'il croyait souveraine. Il était à ses débuts d'homme de gouvernement et ne doutait pas de l'efficacité de la bonne humeur et des bons procédés. « Faites une grève modèle, dit-il aux ouvriers. Vous ne troublerez pas l'ordre, je n'enverrai pas de troupes. Tout se réglera amiablement. » Ses idylles n'eurent pas de succès ;

les ouvriers troublèrent l'ordre, il envoya des troupes et le sang coula.

La police, qui avait gardé mauvais souvenir des inventaires et souhaitait une revanche, prétendit avoir découvert un lien entre la résistance des paysans aux portes de leurs églises, et l'attitude hostile des ouvriers mineurs. Ce lien, une main cachée l'avait noué, c'était celle du parti clérical, c'est-à-dire l'Action Libérale. [1].

Que des policiers eussent, sans une preuve, sans un indice, échafaudé ce roman, leur habitude de manœuvrer au milieu des invraisemblances et de se fier aux plus téméraires inductions, pouvait à la rigueur l'expliquer. La crédulité de M. Clemenceau, fût-il, comme il le disait, « le premier des flics », eût été incompréhensible, si la défiance jacobine n'avait pas l'obsession des complots.

Tout de suite, la justice fut mise en mouvement et une instruction ouverte. De misérables commérages amenèrent quelques perquisitions sans résultat et quelques arrestations ridicules. Fatiguée de battre en vain les buissons et désireuse d'entrer dans les vues du Gouvernement, la justice fit un effort d'imagination et dressa une liste de suspects, choisis aux bons endroits. C'était ce qu'elle appelait « frapper à la tête ».

Tout de suite M. Clemenceau à Lyon dévoila *ab irato* la grande conspiration cléricale et royaliste, qu'il avait découverte, et annonça les châtiments qu'il réservait aux imaginaires factieux.

La veille du jour ou devaient être lancés les mandats de justice, il réunit dans la soirée, à la chancellerie, ses collègues du Cabinet, qu'il voulait avertir avant de les engager. Il ne doutait pas de leur adhésion. Grande fut sa surprise, quand il les vit rester froids au récit de ses émouvantes révélations et sceptiques à l'endroit des répressions nécessaires. Le Président du conseil, M. Sarrien, recula devant l'aventure qui

1. Voir Appendice

lui était proposée et d'autres ministres partagèrent ses scrupules. Où étaient les preuves de ce complot éclos en pleine période électorale? Le public n'y verrait-il pas le coup classique des gouvernements dans l'embarras ? Un des principaux conjurés n'était-il pas un des dirigeants de la campagne électorale et lui-même candidat ? M. Clemenceau dépensa inutilement sa verve combative, et, forcé de battre en retraite, sortit irrité, oubliant peut-être à dessein de prévenir les journalistes auxquels il avait déjà communiqué le nom des coupables et la liste des perquisitions. Aussi, le lendemain matin, la presse apporta-t-elle au public la nouvelle de la grande conspiration cléricale, avec force détails sur les premières opérations.

La publicité donnée à cette étonnante mystification judiciaire ne fut pas perdue pour le Gouvernement. La campagne électorale battait son plein ; les pseudo-révélations furent habilement exploitées par le Bloc ; sa presse en fit grand bruit et déclara provisoire la suspension des poursuites. Les candidats officiels dénoncèrent bruyamment leurs concurrents désignés par les journaux comme complices du complot et adjurèrent les électeurs de ne pas voter pour des fauteurs de guerre civile « qui avaient du sang sur les mains et la justice à leurs trousses ».

Ces appels à la sottise humaine ne furent pas sans effet sur l'opinion ; malheureusement d'autres causes plus profondes agirent sur elle : le service militaire de deux ans, les manœuvres de l'administration et surtout la conviction de plus en plus accréditée que le Pape acceptait la séparation.

Des gens bien intentionnés, mais fatigués de toujours combattre et toujours en vain, furent accessibles aux conseils désenchantés ; ils affirmaient que Rome se résignait à la situation nouvelle, et que c'était folie de lutter. Mieux valait disaient-ils prendre son parti de la séparation recueillir cinq cents millions de biens et faire des cultuelles, plutôt que de s'obstiner dans des résistances stériles et s'exposer à tout perdre,

A force d'entendre répéter ces énervantes paroles, les timides, les crédules, les pacifiques qui sont légion, se laissèrent convaincre et désertèrent le champ de bataille.

De la divergence parmi les chefs naquit l'incertitude parmi les soldats. Il eût fallu combattre en rangs serrés avec l'ardeur d'une foi profonde et une discipline de fer, et de toutes parts on soufflait le doute dans les âmes.

Les petits et les humbles restèrent fidèles ; encore une fois furent révélées aux simples les vérités cachées aux savants. Mais que peut une armée où les troupes cherchent en vain à leur tête les chefs qui leur doivent l'exemple?

Elle fut battue l'armée des simples. Les raisonneurs et les habiles la regardèrent stoïquement combattre et succomber. La bataille inégale était perdue, avant même d'être livrée. Le résultat dépassa les pires prévisions et la loi de séparation, consacrée par le suffrage universel, entra dans le droit public, avec les tares de son origine presbytérienne et sectaire. Désormais il n'y avait plus qu'à appliquer au Bloc victorieux la parole adressée jadis au Directoire : « Le désagrégement le suit partout.»

Les jours sombres allaient se succéder. Que d'années, que d'épreuves faudrait-t-il à la France pour rouvrir la voie maintenant obstruée des grandes traditions religieuses ? La séparation est devenue la base du droit public ; l'Église, répudiée par l'État, n'a plus de place officielle dans cette France dont elle a été l'âme pendant quinze siècles ; le divorce de la société nouvelle avec l'idée divine est officiellement consommé ; Dieu, déjà chassé de l'école publique, l'est maintenant de la vie nationale.

IX

LÉGISLATURE DE 1906 A 1910

La séparation.
L'abandon de la politique constitutionnelle.
L'impôt progressif.
Chute du Ministère Clemenceau.
M. Briand et les mares stagnantes.

La majorité nouvelle arriva joyeuse et renforcée ; elle comptait 414 membres. Quand elle s'assit sur les bancs de la Chambre, elle crut sa tâche achevée. Après avoir fermé les issues par où l'enseignement chrétien pénétrait dans l'âme populaire et porté à l'Église un coup au cœur par la sépara-tion, elle se persuada avoir assuré le règne de la libre-pensée positiviste et de la morale indépendante. Ses ambitions n'allaient guère au delà de cette politique laïque.

Les socialistes ne se contentèrent pas de si maigres profits. Ils voulaient des réformes et Jaurès le dit d'un ton hautain. « Les élections vous ont surpris, elles ont « dépassé ce qu'attendaient les plus hardis d'entre vous. « La France républicaine vous a crié : « Réformes, progrès. » « Au lieu de lui répondre, vous ne prononcez que des paroles « enveloppées. Nous sortons d'une consultation électorale « et déjà vous êtes au-dessous de ce que réclame le suffrage « universel. »

Le Gouvernement, qui connaissait sa majorité, fit la sourde oreille et lui offrit, comme dons de joyeux avène-ment, une deuxième revision de l'affaire Dreyfus, la réhabi-litation du condamné, la nomination du colonel Picquart comme général, la translation au Panthéon des cendres de Zola. Cela fait, il songea à son propre repos. Depuis des mois, il traînait, comme un boulet, son vieux complot clérical, toujours à l'instruction, et sa petite troupe de prévenus tou-jours en prison. M. Clemenceau désirait rejeter cette défroque policière qui lui pesait fort. Comme un non-lieu eût été un échec moral, il déposa un projet d'amnistie. Au mot d'amnistie, la droite catholique se récria ; elle voulait un débat public pour confondre les mystificateurs qui s'étaient joués de la justice et de la vérité. Ses efforts pour repousser le perfide présent qu'on lui offrait furent inutiles. Sur un geste du Gouvernement, la majorité déjà docile vota l'amnistie et s'en alla en vacances. Elle n'y alla pas sans anxiété. La séparation n'entrait en vigueur qu'en décembre, et on n'était qu'à l'été. Le Pape ne s'était pas encore prononcé définitivement. Quelle attitude prendrait-il, après des élections anticléricales, en face d'une Chambre et d'un Gouvernement nettement hostiles?

Les évêques venaient de se réunir en assemblée générale, pour donner leur avis sur la situation de l'Église et avaient condamné la séparation à l'unanimité, les cultuelles à une immense majorité. Pour ne pas se séparer sans rien tenter dans l'intérêt de la paix religieuse, une soixantaine d'entre eux avait ébauché un projet de cultuelles revues et corrigées, qui avaient le mérite d'être canoniques et le tort de n'être pas légal. Sans souci de la vérité, les officieux annoncèrent que l'assemblée, répondant aux vœux des cardinaux verts, demandait au Pape d'accepter le texte de la Chambre.

Le Gouvernement, dupe du faux bruit qu'il faisait courir, était presque en sécurité, quand parut la seconde Encyclique pontificale condamnant non plus seulement le principe, mais les dispositions de la loi de séparation.

La résolution de Pie X était prise depuis longtemps ; il n'en avait ajourné l'annonce que pour laisser à l'opinion publique la possibilité de manifester sa réprobation aux élections législatives. Quand l'expérience fut faite, il dut se résigner au cruel sacrifice. Il éprouva les mêmes angoisses que Pie VI, au moment de la constitution civile du clergé. Ce n'était pas cette fois un roi chrétien qui allait souffrir de sa décision, c'était le clergé. Mais comment se soustraire à sa conscience? Comme Pie VI, il dut se dire, « que s'il appartenait au pouvoir civil de renoncer à ses droits, il n'appartenait pas au Pape de renoncer à ce qui est à Dieu. » Un soir, il descendit à Saint-Pierre, s'agenouilla devant l'autel de la Confession et resta longtemps en prière, implorant une dernière fois le secours de l'intervention divine. Quand il se releva, ses traits étaient contractés, ses yeux pleins de larmes ; le devoir lui était apparu dans son inexorable rigueur. Remonté au Vatican, il signa la sentence qui vouait l'Église de France à l'isolement et à la pauvreté.

L'Encyclique trouva les catholiques admirablement soumis ; à peine quelques murmures étouffés se firent-ils entendre çà et là ; le clergé donna l'exemple de l'unanimité dans l'obéissance.

Pie X fut touché de cette spontanéité ; à un visiteur qui l'en félicitait, il ajouta seulement avec tristesse : « Je crois à la parfaite obéissance des fidèles français. Si pourtant ils avaient obéi à mon prédécesseur, ils n'en seraient pas là [1]. »

Albert de Mun écrivit : « La magnifique adhésion de « l'Épiscopat, la soumission empressée des catholiques, frap « pent mon esprit. Le Pape a parlé, la cause est entendue. « Ah ! le coup de vent peut venir, la barque est parée et le « pilote est à la barre. A ce spectacle, ma fierté d'être ca « tholique romain me saisit tout entier, et, dans l'attente « des prochaines tempêtes, je connais en mon âme, comme « dit saint Augustin, cette joie où l'on tremble.

« Une fois de plus, on aura heurté le roc inébranlable. « La loi ne sera pas exécutée, parce que le Pape ne permet « pas qu'elle le soit. Quand on aura tout épuisé, joué la « modération et tenté la persécution, il faudra se rendre à « l'évidence, il faudra que des hommes de gouvernement, « formés par une rude expérience, se décident à retourner « à Rome. »

Pendant que les catholiques donnaient le spectacle de

_____

(1) NOBLEMAIRE, *République libérale,* page 361.

cette discipline, les radicaux s'abandonnaient à de violentes colères. De leurs rangs s'éleva un concert d'imprécations : le Pape, répétaient-ils comme un mot d'ordre, veut la guerre religieuse. Dans l'aveuglement de son fanatisme, il condamne ses prêtres à la misère et les fidèles à la confusion, Les plus violents l'accusaient d'avoir concerté une manœuvre politique avec les adversaires de la République. M. Clemenceau, dans une lettre à ses électeurs du Var, dénonça la faction romaine et prodigua les menaces aux catholiques, « qui osaient ne pas se soumettre à la loi française ».

Devant ce déchaînement, un grand maître de la franc-maçonnerie, le député Lafferre, resta stupéfait. « Est-ce que vraiment, dit-il, ceux qui ont voté la séparation espéraient la faire accepter par le Pape ? » Le Président du Conseil, M. Sarrien, très prêt de partager ce sentiment, ne s'associait qu'avec réserve à la fougue de son entourage. Il ne trouva pour se mettre en règle que cette émolliente formule : « Toutes les lois seront exécutées, la loi de séparation comme les autres. »

Évidemment, il n'était pas au diapason de son parti ; comme il avait, à ses côtés, un coadjuteur avec succession future, M. Clemenceau, on le lui rappela à propos.

L'Encyclique créait une situation grosse d'inconnu, et les radicaux, résolus à installer le nouveau régime de gré ou de force, étaient prêts à tout, « même à tenter la persécution ». M. Sarrien n'avait pas le tempérament d'un persécuteur ; on l'éconduisit doucement et M. Clemenceau n'eut qu'à s'asseoir dans son fauteuil demeuré vide.

Le nouveau Président du Conseil était, sans titre officiel, le chef réel des radicaux. Il avait trop peu le goût de la discipline, pour avoir accepté d'en être le gardien protocolaire et de l'imposer d'autorité. Son indépendance d'allures, son caractère personnel, son talent plein d'imprévu, lui faisaient une situation à part, dont il entendait garder les privilèges, surtout celui de tout dire. Sa politique ne cheminait pas doucement dans les sentiers battus, et son éloquence avait un beau désordre qui n'était pas un effet de l'art. Il frappait d'estoc et de taille, sans s'attarder à écouter les cris de ses victimes, lesquelles n'étaient pas toujours ses adversaires. Polémiste dans l'âme, il l'était toujours ; ministre, il resta à la tribune le journaliste redoutable qu'il était. Il n'est tombé du pouvoir, après trois ans de paisible possession, que pour n'avoir pas su résister au désir de polémiquer avec M. Delcassé.

Sa déclaration ministérielle manqua de relief. Il promit des réformes sociales, l'impôt sur le revenu, et surtout « la sauvegarde des droits individuels, attachés à la personne humaine ». Le Bloc, émerveillé de cette formule, voulut qu'elle fût affichée dans tous les coins de la France.

Peu satisfait de cette première manifestation, il tint à s'expliquer complètement, dans un discours en province, sur la question qui préoccupait le plus l'opinion. Son langage fut calme mais résolu. « Nous vous offrons des privilèges, dit-il aux catholiques, vous les repoussez superbement ; n'en parlons plus. » Comme on chuchotait de conversations avec Rome, il voulut ne laisser d'illusions à personne : « On nous demande de causer, d'entrer en négociations, de négocier avec qui? Avec une puissance étrangère. On nous demande de causer de quoi? Des droits de la loi française. Causer avec Rome, jamais. »

L'occasion d'une explication plus précise s'offrit à son gouvernement. Une interpellation déposée, dès l'ouverture de la session, avait pour principal objet l'Encyclique pontificale.

Le débat s'engagea tout de suite sur la question des cultuelles, clef de la nouvelle législation. Les textes de la loi furent rappelés, les arrière-pensées dévoilées ; la trame ourdie pour faire passer à des laïques l'administration souveraine des biens, et par répercussion une action dirigeante sur le culte, fut placée, sans violence mais sans réticence, sous les yeux de la Chambre, surprise de l'œuvre accomplie par sa devancière.

M. Clemenceau et M. Briand, assis au banc des ministres, suivirent le débat sans en perdre un mot ; et leur attitude décela plus d'une fois des préoccupations, qu'expliquait la portée, pour eux inattendue, de la loi dont ils se glorifiaient.

Évidemment ils étaient surpris d'apprendre que les cultuelles, si heureusement ressuscitées, étaient des embuscades laïques, dressées contre la hiérarchie ecclésiastique, et que la haute juridiction du Conseil d'État sur les règles générales du culte était une usurpation du pouvoir spirituel. Moins compliqués dans leur hostilité que les théologiens de la libre pensée qui s'étaient mis si fort en frais à la Commission de séparation, ils restaient étonnés des combinaisons imaginées par ces savants habiles pour ligoter l'Église.

Après la séance, M. Briand voulut causer avec l'orateur qui descendait de la tribune et lui déclara désirer dissiper tout malentendu. « Le Gouvernement, lui dit-il, veut séparer l'Église de l'État ; mais ne veut ni la désorganiser, ni la persécuter. Vous vous effrayez de la prépondérance que les laïques vont exercer et de l'exclusion de la hiérarchie ecclésiastique ; nous ne souhaitons ni l'une ni l'autre. Si les cultuelles laïques vous paraissent contraires à l'organisation de l'Église, pourquoi ne feriez-vous pas des diocésaines, avec des prêtres seuls sous la direction de l'évêque ? »

Cette ouverture contredisait fort l'idée que les catholiques se faisaient de la séparation, votée par le Parlement. C'était une concession si contraire à l'esprit et au texte de la loi qu'on pouvait se demander si elle n'était pas une manœuvre imaginée, à la veille de l'entrée en vigueur de la loi, pour rassurer les catholiques et prévenir une campagne semblable à celle des inventaires.

La réserve était, pour l'interlocuteur, d'une élémentaire prudence ; elle s'imposait d'autant plus que le Pape ayant parlé lui seul avait le droit ou de modifier ou d'interpréter ses paroles. Rome d'ailleurs n'entend pas être engagée par les laïques. Quelques jours avant, pendant le débat de la dernière interpellation, Jaurès avait posé la question de savoir si l'Église n'accepterait pas le régime de la loi d'association. Aucune réponse ne lui avait été faite ; mais, après la séance, un député avait communiqué l'incident à la Nonciature, pour savoir s'il n'y avait pas lieu d'y donner suite. Le lendemain matin, arrivait de Rome une dépêche ainsi conçue : « M. X peut accepter la proposition en son nom ; mais qu'il ne nous engage pas. »

Cet avertissement commandait la prudence. Le seul moyen de ne pas engager Rome était de se taire.

Dès le lendemain matin, le Conseil des ministres était convoqué sur la demande de M. Briand ; et celui-ci, en lui communiquant la proposition qu'il avait faite la veille, demanda l'autorisation de la renouveler le jour même à la Chambre. Cette autorisation lui fut accordée.

Effectivement, M. Briand exposa, le jour même à la tribune, avec une brièveté qui trahissait quelque embarras, son plan de diocésaines ; la majorité, sans trop le comprendre, l'écouta dans un silence qui parut une approbation. Cela fait, il crut sa tâche remplie. Quoiqu'il eût dit entretenir avec Rome « le maximum des relations indirectes » il ne jugea pas nécessaire, même après l'approbation du Parlement, d'entrer en rapport avec le Vatican. Une conversation indirecte avec le Secrétaire d'État eût eu peut-être, s'il en faut juger du moins par ce qui s'est passé depuis, de graves conséquences. L'Église n'eût-elle pas, provisoirement au moins, gardé ses biens et retrouvé un semblant de statut légal ? De longs jours de misère ne lui eussent-ils pas été épargnés ? Un mois après, sonna l'heure où se brisa, entre l'Église et l'État, l'alliance qui datait du baptistère de Reims.

Ce furent de tristes jours, ceux qui suivirent « le grand refus » de la France républicaine. « Il faudra faire, écri- « vit Albert de Mun, les sacrifices nécessaires ; je ne veux « pas parler simplement de sacrifices d'argent, il y en

« aura d'autres qui ne paraîtront pas toujours les moindres,
« sacrifices d'amour-propre et de direction, sacrifices d'idées
« et de préférences, et par-dessus tout — ici je mettrai
« le doigt sur la plaie qu'il est le plus urgent de guérir —
« sacrifices de notre temps, de notre repos et de nos plai-
« sirs. Ceux qui croient qu'avec de l'argent tout s'arran-
« gera sont dans une profonde illusion. Le salut de l'Église
« de France ne s'achètera pas à prix d'or, il ne sera donné
« qu'à la souffrance. »

L'événement, une fois accompli, parut plus grand qu'on
ne le supposait. Les catholiques se demandèrent si les
églises resteraient ouvertes, et les prêtres s'ils pouraient user
des objets mobiliers inventoriés par le fisc. Les cérémonies
religieuses continuèrent, mais avec la simplicité de la primi-
tive Église : ni pompe, ni chants, ni cloches. Les mariages
les plus riches ne se distinguèrent pas des plus pauvres. Un
député catholique, le duc de Plaisance, étant mort, son enterrement à la Madeleine fut presque celui d'un indigent :
six cierges, autour du cercueil déposé sur le pavé de l'Église,
ce fut tout.

Quant au Gouvernement, un accès de colère lui fit perdre
un instant la tête. M. Briand dit nettement : « Il y aura
délit quand un prêtre, sans association cultuelle, exercera
le culte dans une église quelconque » et il adressa aux
préfets une circulaire qui se résumait ainsi : pas de cultuelles, pas d'églises ; après quoi il alla proclamer à Angers,
qu'il voulait « une République, un pays délivrés des men-
« songes et des tyrannies confessionnelles ». L'irritation de
M. Clemenceau fut tempérée par des boutades. « Nous
sommes, dit-il à la tribune, en pleine incohérence. » Sur quoi,
son ministre des Cultes se leva et sortit ; il dut courir après
lui pour le ramener.

Comme gage de leur accord, les deux Ministres réconciliés
combinèrent un coup d'éclat. Le Nonce, en quittant Paris,
avait laissé ses archives à la garde d'un secrétaire, Mgr Montagnini. Après le vote de la séparation, la situation du gar-

dien devint irrégulière ; sur un mot du Ministre, il eût remis
son dépôt à un ambassadeur étranger, et repris la route de
Rome ; M. Briand aima mieux une grande mise en scène. Il
désirait tirer vengeance du Vatican, dont la fermeté avait
déjoué ses habiletés ; de son côté M. Clemenceau, qui avait
sur le cœur son complot clérical avorté, espérait en trouver
les preuves dans les papiers de l'ancien Nonce. Ensemble,
ils décidèrent d'englober Mgr Montagnini dans une poursuite, engagée alors contre un curé de Paris pour quelques
propos irrévérencieux sur la loi de séparation.

Un matin, un juge d'instruction, escorté de policiers, se
fit ouvrir d'abord les portes de la Nonciature, puis les tiroirs
des meubles. Il bouleversa tout, fouilla les dossiers, sans rien
trouver de ce qu'il cherchait ; sa perquisition finie il fit
emballer et expédier au Palais son piètre butin. Cela fait,
Mgr Montagnini, reconduit à la gare, fut prié de prendre
le train pour Rome.

Cette extraordinaire procédure était une nouveauté en
matière diplomatique et en matière judiciaire. Saisir les
archives d'un ambassadeur était une violation du droit des
gens ; inculper le matin un prévenu, perquisitionner chez
lui dans la journée, le ramener à la gare le soir pour qu'il
passe paisiblement la frontière, était une procédure criminelle, encore sans précédent.

Il va sans dire que Mgr Montagnini n'a jamais entendu
parler depuis, ni de juge d'instruction, ni de police correctionnelle, ni de ses papiers.

L'affaire eut son épilogue à la Chambre. Celle-ci, affriandée
par l'attrait d'un scandale, ordonna une enquête parlementaire et nomma une commission chargée de pénétrer les mys-
tères des archives romaines ; elle escomptait le régal de découvertes sensationnelles. La commission aussitôt à l'œuvre
se fit remettre les papiers saisis et les compulsa avi-
dement. Quelle ne fut pas sa déconvenue, en constatant
qu'ils ne contenaient rien d'intéressant. Victime d'une
parfaite mystification, elle referma tristement ses dossiers

et courut les déposer sans bruit dans les oubliettes des archives du Palais-Bourbon, où ils reposent en paix. Quand on l'interpella sur l'avancement de ses travaux, elle donna d'abord quelques vagues espérances, puis s'enferma dans un silence dont tout le monde respecta la muette douleur.

Cet épisode, pendant du fameux complot clérical, n'ajouta rien au prestige du Gouvernement.

Comme fiche de consolation, il s'offrit une expulsion sensationnelle. Le cardinal Richard, archevêque de Paris, habitait le palais, où la Commune, en 1871 était venue chercher un de ses prédécesseurs pour le fusiller. Le Gouvernement radical de 1906 le pria seulement d'évacuer les lieux sans délai et de chercher où il voudrait un asile pour abriter ses quatre-vingt-cinq ans et sa fragile santé. Comme l'État avait mis la main sur toutes les propriétés diocésaines, force fut au vénérable prélat de demander l'hospitalité à un de ses diocésains, M. Denys Cochin, et d'attendre qu'on lui trouvât un petit logement dans le quartier.

Pendant ce temps, la majorité avait d'autres joies. Des débats, où l'éloquence sectaire déployait toutes ses ressources, se succédaient à la Chambre. Ce fut au cours de l'un d'eux que M. Viviani, dont la parole était riche en images, la glorifia d'avoir « éteint dans le ciel des lumières qui ne se rallumeraient pas ». Touchée de cet hommage, elle s'efforça de le justifier. L'application de la loi de séparation lui en fournit plus d'une occasion.

Dès le premier jour, elle s'aperçut que, prise à la lettre, cette loi, déjà proclamée intangible, menait droit à la fermeture des églises et à la suppression du culte ; ni ses ambitions ni ses forces n'allaient jusque-là, et tout de suite elle recula devant pareille aventure.

Pour la tirer d'affaire, le Gouvernement offrit aux catholiques un expédient jugé habile. On leur laisserait les églises pour y célébrer leurs cérémonies, à la condition de se soumettre à la loi sur les réunions publiques, c'est-à-dire à l'autorisation de l'administration et à la présence du commissaire de police. Si grotesque que fût la solution, elle était déjà une entorse à l'intangible loi de séparation, qui n'admettait pas la remise des églises à des catholiques n'ayant pas fait de cultuelles. Quand on proposa aux curés de dire la messe avec l'autorisation du préfet et en présence du commissaire de police, ce fut un immense éclat de rire.

Déconfit, le Gouvernement prit une résolution héroïque : supprimer l'autorisation pour tout le monde ; mais le clergé ne se soucia pas de baptiser, de marier, d'enterrer les fidèles sous l'œil du commissaire de police, et il fallut chercher autre chose.

En désespoir de cause, le Gouvernement, finissant par où il aurait dû commencer, glissa dans une loi de 1907, qui organisait la confiscation des biens ecclésiastiques une disposition « laissant les édifices religieux à la disposition des fidèles pour la pratique de leur religion ». C'était la sagesse ; mais ce n'était plus la loi de séparation. Sans violence, sans résistance ouverte, par le seule force des impondérables, les triomphateurs de 1905 qui se disaient irréductibles, avaient capitulé sur des questions de principe. En revanche, ils ne capitulèrent pas sur celle des biens ; là, ils furent inflexibles et confisquèrent à tour de bras.

Dès ce moment, commença une série de spoliations, qui ne finit que lorsque la matière manqua. Tous les diocèses, toutes les paroisses furent dépouillés de leurs menses. D'un coup de filet, on s'empara des 500 millions de biens ecclésiastiques et cela sans indemnité pour personne, sauf pour les employés des Pompes funèbres. La Révolution avait confisqué elle aussi, mais elle n'avait pas laissé le clergé dans la misère. Les anticléricaux de la troisième République n'y mirent pas tant de façons ; ils prirent tout et n'accordèrent rien. Séminaires petits et grands, écoles, collèges, hôpitaux, salles d'œuvres, tout jusqu'à la plus humble demeure, jusqu'au plus petit jardin de curé, fut pris, distribué, vendu, jeté à tous les vents.

Après les immeubles, vinrent les meubles. L'État devint propriétaire de tout le mobilier garnissant les églises, depuis les vases sacrés jusqu'aux bancs et aux chaises ; documents, livres, manuscrits, œuvres d'art, furent remis aux archives publiques, bibliothèques et musées.

Après les grandes spoliations, vinrent les petites rapines. Les prêtres avaient des caisses de retraites, dans lesquelles ils avaient versé, sou à sou, de quoi assurer le pain des vieux jours ; l'État laïque s'en empara, laissant à peine leur pension aux bénéficiaires. Puis, pour couronner l'œuvre, il confisqua les capitaux affectés aux fondations de messes pour les défunts. Tout y passa juqu'au dernier centime. C'était l'expropriation des morts après celle des vivants, la profanation de volontés sacrées, le sacrilège sous la forme la plus odieuse.

Devant toutes ces dépouilles, le Bloc put dire à son tour :

> Et j'ai fauché l'épi si près de la racine,
> Qu'on cherche en vain la trace où la faulx a passé.

Si l'abbé Maury eût vécu, il eût répété aux spoliateurs d'aujourd'hui ce qu'il avait dit à ceux de son temps : « Vous avez fait de remarquables progrès dans la conquête du bien d'autrui. »

Désormais tout était consommé. La séparation marquait la fin d'une ère de notre histoire ; elle achevait l'œuvre commencée par la Réforme, poursuivie par la philosophie du xviiie siècle, laissée incomplète par la Révolution.

La vieille religion nationale, ouvrière inlassable de la grandeur et de l'unité nationales, était répudiée, spoliée, condamnée à vivre sans statut et sans ressources.

Depuis trente ans, les sectaires s'acharnaient sur elle ; aujourd'hui ils la croyaient frappée à mort. Grâce à eux, disaient-ils, les générations nouvelles seraient délivrées des superstitions confessionnelles et sortiraient des ténèbres de l'ignorance pour entrer dans la pleine lumière de la libre pensée rationaliste.

Moins aveuglés par l'orgueil, ils auraient reconnu, à des signes déjà visibles, qu'ils avaient atteint leur pays aux sources mêmes de la vie. Albert de Mun ne cessait de le leur dire et de citer l'exemple des grandes civilisations du passé, conduites toutes à la décadence par l'abandon de leurs croyances ; puis se retournant vers les catholiques enclins à l'optimisme, il leur adressait de pressantes adjurations : « Combattre pour le christianisme, écrivit-il, contre ceux « qui veulent le détruire, c'est combattre pour le droit « des consciences contre les entreprises du despotisme. « On a vite fait de dire que rien n'est changé parce que « quelques églises restent ouvertes. Ce fut la grande habi- « leté de M. Briand, d'avoir offert à l'esprit public l'appât « de cette trompeuse sécurité, à l'heure même où il jetait « l'Église, sans ressources et sans titre légal, dans une situa- « tion de tolérance arbitraire, qui l'exposait à toutes les « violences. Le désastre n'en est pas moins immense, incal- « culable, désastre matériel, désastre moral, désastre non « seulement pour l'Église et ses prêtres, mais pour tous ceux « qui vivent de sa charité et de ses œuvres, désastre pour le « pays tout entier, menacé de voir la barbarie prendre la « place de la religion proscrite [1]. »

Cette protestation ne suffit pas à son indignation. Il voulut épancher son cœur, débordant d'amertume, dans une solennelle et publique manifestation. Il croyait n'avoir pas fait tout son devoir, tant qu'il n'avait pas pris contact avec la foule. La parole publique, avec la flamme qu'elle communique, était, aux yeux d'un orateur tel que lui, la seule puissance capable de compléter l'œuvre que sa plume avait commencée.

Comme ses amis se réunissaient alors en Congrès à Bordeaux, il vint, quoique souffrant, leur adresser la parole.

---

1. Albert de Mun, *La conquête du peuple*, pages 8 et 14.

Dans un discours de quelques minutes, il laissa déborder les sentiments qui remplissaient son âme, et sur un ton et dans des termes qui transportèrent d'enthousiasme la foule accourue pour l'entendre.

Bordeaux lui rappelait une scène émouvante de sa jeunesse et il céda au charme d'un attendrissant souvenir. Un jour, où il haranguait des ouvriers, l'un d'eux avait voulu lui répondre, mais, se troublant, ne trouva plus de mots pour s'exprimer et tout ému, se jeta dans ses bras. « Cet « homme, dit-il, rencontré, il y a tant d'années, à mon en- « trée dans la vie publique, vous le connaissez. Il est assis « parmi vous. C'est l'humble serviteur de la cause qui nous « rassemble et qui vit de son dévouement. Travailleur de la « terre ou de l'usine, du magasin ou de l'atelier, combattant « ignoré qui n'attend de son courage, ni gloire, ni profit, « qu'assiègent sans trêve le conseil perfide, le blasphème « impie, et qui, fidèle à sa foi, malgré les menaces, et malgré « les promesses, demeure, dans la France conquise par l'en- « nemi de son Dieu, l'incorruptible témoin de ses traditions « impérissables.

« Ce héros obscur, je le salue comme un sanctuaire vivant, « il porte en sa rude poitrine l'âme de la nation. »

L'assemblée était encore sous l'impression de cette touchante évocation, quand, d'une voix qui trahissait un effort douloureux. il pressa ses amis de ne pas laisser s'accomplir « la ruine sacrilège », de lutter pour la vie nationale et termina par ces paroles dont l'accent pénétrant ajoutait à l'émotion de l'auditoire :

« Toute la politique se réduit à ce dilemme inexorable: « refaire la France chrétienne, ou consentir à sa perte.

« Je sais, dans notre histoire, un exemple mémorable « qu'il est permis d'invoquer, bien qu'il vienne d'un vain- « queur, et qu'il éveille le souvenir d'un deuil national.

« Pendant qu'au soir de Waterloo, se ruaient sur le pla- « teau de Saint-Jean les phalanges héroïques de Napoléon, » le duc de Wellington, immobile, interrogeait l'horizon où le

« Prussien devait venir à son aide. Ses officiers accouraient
« de toutes parts et demandaient de nouveaux ordres. Mais
« le Duc de Fer, l'œil fixé tour à tour sur sa montre et sur le
« ciel assombri, répondit seulement : « Il n'y a pas d'autre
« ordre que de tenir jusqu'au bout. »

« Messieurs, je n'ai plus rien à vous dire. »

Qui l'a entendu prononcer ces simples mots : « Messieurs, je
n'ai plus rien à vous dire », connaît les miracles de l'éloquence.

Il n'avait pas quitté la salle, où il venait de goûter les
joies d'un triomphe enivrant, que la fièvre l'avait déjà saisi.
Trois jours de dures souffrances lui firent expier le service
rendu à la cause, le bonheur causé à ses amis.

A ses souffrances physiques, s'ajoutèrent bientôt des
souffrances morales. La séparation porta vite ses fruits ;
la division se mit dans les rangs catholiques. D'anciennes
préférences et d'anciennes hostilités se réveillèrent, aigries
par une longue contrainte. Les directions de Léon XIII
furent peu à peu délaissées ou répudiées ; des doctrines
nouvelles se firent jour. Les uns disaient ne plus vouloir
connaître l'État, puisque l'État ne connaissait plus l'Église
et se réfugiaient sur le mont Aventin, jusqu'à des jours
meilleurs. Aux yeux des autres, une attitude constitutionnelle était désormais une duperie, une concession vaine,
presque une apostasie ; l'orthodoxie se mesurait à l'intransigeance ; revendiquer la liberté et le droit commun,
c'était violer les purs principes, sacrifier la thèse à l'hypothèse. Rome était assaillie par les récriminations des uns,
par les plans des autres. A leurs objurgations, où la politique se dissimulait sous des affectations de zèle religieux,
se joignaient les doléances de certains gouvernements
étrangers, très affectés des condescendances de la Curie
romaine, pour la démocratie française,

Tandis que les irréconciliables redoublaient d'activité, et
que les mystiques préconisaient « le parti de Dieu », les résignés, qui eussent voulu « l'essai loyal » de la séparation,
se tenaient à l'écart, les bras croisés,

L'Action Libérale, attaquée de droite et de gauche, avait peine à défendre le terrain conquis au prix de longues luttes. Elle ne cessait de répéter qu'un grand effort d'organisation pouvait seul arrêter le flot montant de l'athéisme officiel et, que devant ses progrès, il fallait se rappeler la parole du grand docteur : « C'est l'unité, et non l'union, qui fait la force. » Ses appels éveillaient de moins en moins d'échos. Il advint même que, des milieux où elle avait longtemps trouvé de précieux concours, surgirent des adversaires, armés de la science théologique : elle se disait libérale, et le libéralisme qui reconnaît à l'erreur les mêmes droits qu'à la vérité confinait à l'hérésie.

Comment se serait-elle crue coupable d'un tel méfait, alors qu'elle se renfermait exclusivement dans la revendication des droits et des libertés, ravis aux catholiques, alors que, l'appellation, si tardivement déclarée suspecte, avait reçu tant de fois l'approbation du Pape et des Évêques français ?

Léon XIII avait, à maintes reprises, consacré en le prononçant, le mot aujourd'hui frappé d'anathème, et Pie X avait un jour répondu au Président de l'association : ceux qui vous attaquent ne comprennent pas ; l'Église doit être défendue par la liberté.

Enfin, en 1908, sur l'avis du cardinal secrétaire d'État, l'Épiscopat français n'avait-il pas adressé au Souverain Pontife, et avec son haut agrément, une pétition ([1]), signée de quatre-vingts membres, dans laquelle il demandait « un témoignage d'approbation pour le chef et pour « les membres zélés de cette grande association, dont le « programme et LA DOCTRINE, conformes aux directions « du Souverain Pontife assurent l'union de tous les catho-« liques et de tous les honnêtes gens de France, pour la « défense et la revendication des libertés sociales et reli-« gieuses. »

1. Voir appendice.

Cette pétition, qui resta sans suite, avait été déposée dans l'été de 1908 à la secrétairerie d'État à Rome ; au bas on y lisait les noms de tous les cardinaux, de tous les archevêques moins deux, de tous les évêques moins trois, dont celui de Montpellier qui déclara « aimer mieux mourir en emportant ses fidélités ».

Malgré de tels précédents, la campagne fut par la suite menée sans relâche ; et Albert de Mun lui-même eut à se défendre contre les subtils casuistes qui l'accusaient d'être un « libéral ». Il le fit avec une dignité fière, sans se plaindre d'attaques dont il connaissait bien l'origine et le but.

Très résigné pour lui-même, il le fut moins quand il sut que des associations de femmes et de jeunes gens, longtemps les auxiliaires de l'Action Libérale, se croyaient obligées de ne plus lui donner leur concours, aux élections et qu'il lut dans l'organe officiel d'un des plus importants diocèses cette déclaration : « Il en est de l'*Action Libérale*, comme de « toutes les associations politiques fondées pour défendre « l'Église et le bien public. Entre ces diverses associations, « chacun peutchoisir. On ne peut soutenir que tel ou tel « jouisse d'un privilège au préjudice de ses rivaux ; car « aucun n'a mandat pour agir au nom de l'Église. »

Ce parfait éclectisme, qui s'étendait aux associations même anticonstitutionnelles, le frappait d'étonnement ; lorsqu'il se rappelait l'Encyclique de Léon XIII, les adjurations qu'il lui avait adressées, et les cruels sacrifices que son obéissance lui avait coûtés.

Il était réservé à d'autres surprises. Après l'éclectisme, vint le désaveu des paroles pontificales. Ce fut bientôt une opinion courante que la politique romaine avait évolué ; on l'écrivit, on le répéta à satiété. « Nous n'avons plus à nous placer, dit un prélat à son clergé, sur le terrain constitutionnel ; c'est encore un terrain politique. Nous nous plaçons uniquement sur le terrain religieux ; là, nous sommes sur notre terrain. »

Les intégristes ne se contentèrent pas de ce formel abandon des enseignements de Léon XIII ; ils voulurent associer
Pie X à leur campagne et répandirent le bruit qu'aux fêtes
de la béatification de Jeanne d'Arc, il avait, dans son discours, rompu en visière avec la République Française. Ce
travestissement de la vérité rencontra même de surprenantes crédulités.

Le Pape n'avait rien dit ni pensé de ce qu'on lui prêtait. Ce
n'eût pas été, dans une cérémonie en l'honneur d'une héroïne française, et après avoir embrassé le drapeau tricolore, qu'il eût jeté le gant à la République, gouvernement
légal de la France. A ce moment, recevant un député
français, ne lui avait-il pas dit : « Il faut faire une bonne République, sous la bannière de Jésus-Christ » ?

Cette parole ne faisait d'ailleurs que confirmer ses récentes encycliques. « Les ennemis de l'Église, lisait-on
« dans l'une d'elles, s'efforcent de répéter que la forme de
« la République en France nous est odieuse, et que nous
« secondons, pour la renverser, les efforts des partis ad-
« verses. Ces récriminations, nous les dénonçons d'ores et
» déjà, avec toute notre indignation, comme des faussetés,
« et il nous incombe à nous, vénérables Frères, de les
« réfuter, pour qu'elles ne trompent pas les gens simples
« et ignorants. »

A l'agitation religieuse, suite de la séparation, s'en ajoutèrent bientôt d'autres d'un tout autre ordre. C'étaient un
jour, les manifestations tapageuses des vignerons du Midi,
un autre, les revendications du droit syndical par les instituteurs et les postiers, enfin une série de grèves organisées
par la Confédération Générale du Travail. A la Chambre se
succédèrent des débats orageux. Les Ministres, pris entre leurs
doctrines d'autrefois et leurs devoirs d'aujourd'hui, se dé-
battaient dans des alternatives d'énergie et de faiblesse. Le
plus souvent leur courage se traduisait en beaux gestes et
s'évaporait en formules oratoires. Tantôt ils étaient tout
feu, tout flamme ; et tantôt pleins de mansuétude ; un

jour, on procédait à des arrestations, le lendemain, la justice arrivait avec des non-lieux, et les gendarmes étaient
envoyés en conseil de guerre. Tour à tour la Confédération
Générale du Travail voyait les foudres de la justice suspen-
dues sur sa tête et recevait de tranquillisantes assurances.
Cette attitude contradictoire fit dire à M. Millerand « qu'il
voulait renverser des hommes qui donnaient des preuves
de légèreté et d'imprévoyance », et un spirituel député
centre gauche moins belliqueux ajouta que leur politique
était celle « de la main sur le cœur et du poing sous la
gorge ».

Albert de Mun, peu soucieux de se mêler à ces incohérences, se détourna de plus en plus de la politique intérieure,
et chercha, dans l'étude des questions étrangères, une diversion apaisante ; il l'y trouva. Au moment où le duc de Meck-
lembourg [1] proclamait « que la palme de la paix, emblème
« de la plus grande Allemagne, devait être plantée au Ma-
« roc », la France poursuivait avec succès et courage la
politique de pénétration dans l'Empire chérifien. Les tribus,
qui, dociles aux provocations de nos ennemis, nous tenaient
tête, étaient contraintes une à une à demander l'aman et
à se ranger sous notre protectorat. Le Gouvernement, si
empressé à se plier aux exigences des partis extrêmes,
retrouvait devant l'étranger le sentiment de sa dignité et
la conscience de sa force. Un jour, à propos des déserteurs
de Casablanca, l'ambassadeur d'Allemagne le prit de haut
et fit entendre qu'il allait quitter Paris. « Vous voulez
quitter Paris, lui répondit M. Clemenceau du ton le plus
tranquille, j'ai sous la main un indicateur qui vous donnera l'heure des trains. »

L'ironie porta ses fruits. L'Allemagne renonça au jeu des
fausses sorties et proposa d'en référer à la Conférence de
la Haye. Un instant même, elle ébaucha une politique de
conciliation et signa en 1909 une convention qui, recon-

---

1. Louis BARTHOU, *La bataille du Maroc*, page 28.

naissant notre suprématie au Maroc, nous permettait de tirer sans bruit le verrou mis à Algésiras sur la porte de l'Empire chérifien.

Mais qu'espérer de l'Allemagne, ce pays de domination si bien dépeint par M. Delcassé : « Tendez-lui le petit doigt, elle vous prend la main, puis le bras, puis l'épaule, et bientôt tout le corps y passe »? La France en fit l'expérience et la convention de 1909 devint vite une mystification.

Albert de Mun se réjouissait du développement de notre influence sur cette terre africaine, où il avait fait ses premières armes. Sans doute, il était hardi d'éparpiller ses forces et de conquérir l'Atlas, quand on avait les Vosges à défendre ; mais tout valait mieux qu'une résignation passive. Il écrivait : « La vie de la France est inextricable. La paix, depuis le traité de Francfort, est à la merci d'un incident. Et quelle paix? Toujours sur le qui-vive, le pays n'arrivera-t-il pas à l'énervement, peut-être à l'engourdissement. »

Loin de se laisser prendre aux ruses de la diplomatie allemande, il était convaincu qu'elle n'abandonnerait jamais son idée fixe, l'écrasement de la France ; elle avait été celle de M. de Bismarck et s'était transmise de chancelier en chancelier, jusqu'au prince de Bulow. L'alerte de 1875, l'incident Schnœbelé, le voyage de Tanger, en procédaient ; et l'ambassadeur allemand, en menaçant hier de prendre ses passeports, s'en était inspiré.

Ces provocations, systématiquement renouvelées, lui prouvaient que l'Allemagne voulait la guerre et en guettait l'occasion. Aussi plus il avançait dans la vie, plus revenaient vivantes à sa mémoire les scènes tragiques de 1870 : la courte campagne de Lorraine, les demi-victoires ébauchées par l'héroïsme des troupes et compromises par le désaccord des chefs, l'affreuse journée de la capitulation de Metz, les muettes colères des soldats, le désespoir des officiers serrant, dans leurs mains crispées, l'épée qu'ils ne tenaient plus que de la générosité du vainqueur.

Ces souvenirs, entrevus dans la lumière sombre du passé,

ravivaient de vieilles blessures, que le temps n'avait pas
cicatrisées. Arrivé aux premiers confins de la vieillesse, il
ressentait une souffrance d'autant plus vive qu'il craignait
de ne pas la voir vengée. Un jour vint où il voulut se donner
la suprême consolation d'un pèlerinage aux lieux mêmes où il
avait vu s'écrouler la fortune de nos armes et à la cité vierge,
longtemps l'orgueil et le bouclier de la France, devenue son
calvaire par le crime d'un homme.

Il a fait, dans des lignes poignantes, le récit de son voyage
de Lorraine et de ses visites aux champs de bataille légen-
daires et aux tombeaux des héros dont une terre maintenant allemande avait bu le sang et dévoré les restes.

Le voilà à Metz, sur la grande place, théâtre de la dernière
scène du drame. « Du haut de la cathédrale, écrit-il, il me
semble que va tomber le glas de la « Muette », qui retentit
toute la journée du 28, toute la nuit suivante, tandis
qu'errait avec des clameurs la bande de soldats désarmés,
d'officiers exaspérés, d'habitants éperdus, entraînés dans
le vain tumulte d'une stérile protestation. La statue de
Fabert se dresse, je ne vois rien d'autre. Est-ce qu'elle est
encore, comme le jour terrible, couverte d'un long voile de
crêpe? Est-ce que le son des fifres, aigre et déchirant, ne
va pas, comme ce jour-là, éclater en avant d'une troupe
qui défile à ses pieds? J'entraîne mes compagnons sur les
marches du socle : je leur fais lire l'inscription fameuse :
« Si, pour empêcher qu'une place que le Roi m'a confiée ne
« tombe au pouvoir de l'ennemi, il fallait mettre à la brèche
« ma personne, ma famille et mes biens, je ne balancerais
« pas un instant à le faire. » Elle flamboyait sous le crêpe,
il y a trente-huit ans, et nous étions vivants! Tout à
l'heure, dans le petit musée de Mars-la-Tour, nous verrons
les armes de Metz avec ces mots en exergue : *Tradila,
non capla*, livrée, mais non conquise! »

Dans le déchirement de ses souvenirs, il se promit de ne
jamais oublier les morts invengés, dont il venait de fouler
la poussière. Impuissant en politique, il voulait au moins

remplir jusqu'au bout son devoir de patriote. Dans ce rôle
où il mit tous ses enthousiasmes, il trouva des joies inattendues et des consolations insoupçonnées. Depuis des années,
il était sur la brèche dans les assemblées politiques, ne recu-
lant jamais, mais n'avançant jamais. Aux prises avec des
passions implacables, il avait épuisé contre elles les forces
de sa jeunesse et de son âge mûr, bu jusqu'à la lie le calice
des amertumes. Après ses longues luttes et ses dures
épreuves, il voyait ses amis las et désunis, quelques-uns oubliant les enseignements sauveurs de Léon XIII, d'autres
les répudiant hautement ! Son cœur n'avait rien perdu de
son ardeur, mais les déceptions l'avaient assombri.

Aujourd'hui, il tournait la page, où était écrite la triste
histoire de ses longs combats et sur la page blanche ouverte
devant lui, il espérait voir tracer des lignes plus heureuses.
Tout était triste au dedans du pays ; rien n'était découra-
geant au dehors.

La politique coloniale, depuis l'expédition de Tunisie
jusqu'à celle du Maroc, avait été l'exécution d'un plan, ha-
sardeux peut-être, mais suivi avec continuité. D'heureuses
entreprises avaient relevé le prestige, et agrandi le domaine
de la France. La Tunisie, l'Indo-Chine, Madagascar, le
Congo, l'Afrique occidentale étaient les fleurons d'une couronne moins brillante assurément que celle de l'Angleterre,
mais qui éclipsait celle des autres nations.

Au Maroc, l'expédition du général Lyautey à Oudjda, le
débarquement à Casablanca des héroïques marins du *Gali-
lée*, la brillante campagne du général d'Amade dans la
Chaouia, rappelaient les plus beaux exploits de la conquête
de l'Algérie.

Sans doute le respect de nos traditions nationales au
dehors ne rachetait pas leur mépris à l'intérieur ; Albert de
Mun ne ressentait pas moins une joie profonde des initiatives de notre politique coloniale et de l'attitude de notre
diplomatie vis-à-vis de l'Allemagne.

Ce n'était pas à ses yeux un mince mérite d'avoir su, pendant quarante ans, conserver, en dépit des provocations et des essais de séduction, la même dignité calme et fière. Il s'étonnait que la jeune démocratie eût observé, malgré son inexpérience primesautière, la correction rigoureuse d'un gouvernement d'ancien régime et obtenu ces brillants résultats : l'alliance russe, l'entente cordiale avec l'Angleterre, le rapprochement avec l'Italie. Sans doute des fautes avaient été commises ; mais à faire la balance des erreurs et des succès, il était visible que la conduite suivie n'avait été ni sans habileté, ni sans courage.

A ce moment, commence la troisième phase de sa vie publique. Dans la première, qui s'étend de la fondation des cercles ouvriers à la mort du comte de Chambord, il a poursuivi le rêve d'une monarchie contre-révolutionnaire ; dans la seconde, qui va de la lettre de Léon XIII sur le ralliement à la loi de séparation, il a cru préparer la restauration de la paix religieuse par l'organisation des catholiques sur le terrain constitutionnel ; dans la troisième, il est surtout préoccupé des dangers extérieurs et compte pour les conjurer sur l'accroissement constant de nos forces militaires.

Las des déceptions, il a le dégoût de la politique et des luttes stériles. Toujours prêt à défendre ses croyances, il ne croit plus en avoir l'occasion à la Chambre, faute de voix. Peu s'en faudrait qu'il n'en vînt à se juger inutile et à cesser d'être militant ; mais, comme il croit la France menacée par les convoitises germaniques, il retrouve, pour la servir, l'ardeur de l'apostolat et le feu sacré de l'espérance. Préparer la guerre afin de l'empêcher, mettre le pays à l'abri des attaques brusquées, telle est l'obsession de sa pensée.

Ce rôle nouveau l'a fait plus d'une fois l'auxiliaire d'hommes hostiles à sa foi religieuse. Sans oublier ni pardonner leurs excès, il leur savait gré d'avoir accru le patrimoine et maintenu intact l'honneur national. Le lendemain du jour où il avait protesté contre les outrages faits à sa conscience, il reprenait la plume pour soutenir la politique extérieure du Gouvernement. Aussi loyal dans son hostilité que dans son concours, il acceptait la double situation d'intransigeant et de ministériel, montrant, par cette apparente contradiction, la noblesse de son caractère et la sincérité de son patriotisme.

Il n'eût pas été lui-même, s'il n'eût gardé dans ce rôle nouveau une indépendance absolue et écarté tout engagement. En rendant justice à notre diplomatie quand elle tenait tête à l'Allemagne, il savait rire des pudeurs anticléricales du monde officiel, le jour où il le voyait, dans une fête, fuir éperdu à l'arrivée du clergé et laisser vide sa place à la tête du cortège officiel.

Son zèle pour les réformes sociales ne l'empêcha pas davantage de combattre les conceptions mal venues que le Gouvernement, dans un désir hâtif de popularité, s'efforçait de réaliser, Telle fut son attitude à l'égard de deux lois que la gauche salua, à cette époque, comme de hardies et fécondes nouveautés.

La première organisait les retraites ouvrières. Indiscutable dans son principe, elle répondait à un sentiment de fraternité et à une idée de justice ; mais hâtivement conçue, mal étudiée, corrigée à l'infini par le Sénat, elle restait plutôt une ébauche qu'une grande réforme. Au lieu de correspondre aux besoins réels du vieil ouvrier, elle lui apportait d'insuffisants secours. Albert de Mun en signala vainement les imperfections ; et le monde du travail eut vite fait de s'en rendre compte. Sa tiédeur à l'accueillir prouva qu'il la considérait plus comme une réclame électorale que comme une véritable œuvre de justice sociale.

La seconde fut l'impôt progressif sur le revenu. Depuis longtemps inscrit dans le programme de Belleville, *credo* des radicaux, il était aussi leur tremplin électoral. Les précédents, qu'ils connaissaient mal, les inquiétaient peu. Ils avaient oublié l'histoire des dixièmes et des vingtièmes de l'ancien régime, et la joie qu'avait causée leur abrogation au début de la Révolution.

Elle est curieuse l'histoire de cette réforme, si contraire aux traditions du pays et à ses mœurs.

Présentée par M. Clemenceau pour qui la révolution était un Bloc, elle substituait la personnalité à la réalité, la progression à la proportionnalité, deux principes proclamés par l'Assemblée nationale ; soutenue par M. Caillaux, inspecteur des finances, élevé dans la doctrine des signes extérieurs, elle devait être appliquée par un ministre centregauche, M. Ribot, ennemi juré et de la personnalité et de la progression.

Les besoins d'argent grandissaient avec les prodigalités du Bloc. De plus en plus se vérifiait l'adage : « un Gouvernement démocratique peut être économe, il n'est jamais économique. » Celui actuellement au pouvoir n'était ni l'un ni l'autre. Ses promesses de dégrèvement toujours renouvelées aboutissaient à des impôts toujours croissants ; et grâce à la contagion de l'exemple, les budgets départementaux et communaux s'élevaient sans relâche.

Comme il est de principe courant chez les radicaux qu'il faut sans ménagement prendre l'argent là où il est, l'impôt progressif leur parut le meilleur parce qu'il est souple et ne frappe que les riches. Il fut salué par la démocratie comme le grand moyen d'enrichir le Trésor et de niveler les fortunes. Mais grâce à de larges abattements, il atteignait à peine 400.000 contribuables sur des millions, et ne devait donner que des rendements à peine supérieurs à ceux des impôts qu'il remplaçait.

En dépit de toutes ces séductions, il se heurta à la résistance d'un Parlement, où il y avait beaucoup de futurs assujettis. Pour les rassurer, M. Clemenceau trouva à point un auxiliaire précieux, M. Caillaux. Financier de la bonne école, il avait une origine et une fortune qui paraissaient des garanties tranquillisantes. Né dans les rangs conservateurs, fils d'un ancien ministre du 16 mai, il gardait encore auprès de ceux qu'il avait quittés un crédit qui résistait à son évolution radicale. Le bruit s'était accrédité que l'impôt progressif n'était pour lui qu'un marchepied politique et qu'il le ferait assez peu solide pour qu'il ne résistât pas à la première poussée. Ses auditeurs les plus prévenus se rassuraient en l'entendant dire : « Les grandes fortunes, ayant des facilités particulières pour échapper à l'impôt nous sommes conduits à demander aux classes moyennes les sommes nécessaires pour faire face aux dégrèvements proposés ». Eût-il parlé autrement, s'il eût été l'adversaire de la loi? Les grandes fortunes échappant à l'impôt, les classes moyennes lourdement frappées, c'était tout l'opposé d'une réforme démocratique. Malgré tout, la loi fut votée et M. Caillaux sacré grand financier. La majorité fit même afficher un de ses discours.

L'accueil au Sénat fut très froid ; une Commission hostile, multiplia les ajournements et les corrections, si bien que s'évanouirent vite les espérances d'une solution prochaine.

Pour se consoler de ces retards, le Bloc donna un nouveau coup de pioche dans l'organisation de la famille chrétienne. L'indissolubilité conjugale était, à ses yeux, une hérésie réactionnaire, et il augmenta les facilités du divorce, dogme de l'orthodoxie anticléricale. M. Briand qui avait sur le mariage des idées très libérales pressa le Sénat de voter au plus vite la loi qui déclarait le divorce de plein droit après trois ans de séparation, et eut la joie de remporter ce nouveau succès.

Ce fut le dernier du cabinet Clemenceau ; après avoir triomphé de dures épreuves, il tomba sur un caillou. On le croyait sûr de faire les prochaines élections, quand un jour, à propos de questions maritimes peu passionnantes, un débat animé s'engagea entre M. Delcassé et le Président du Conseil. Le ton agressif de celui-ci déplut à la majorité, qui le renversa sans façon. Un mot malencontreux et 212 voix suffirent à jeter à terre un Ministère, au pouvoir depuis plus de trois ans, et réputé invulnérable.

Quand, suivi de ses collègues, M. Clemenceau quitta la séance, son portefeuille sous le bras, il fut salué par les huées de la gauche. Les Jacobins sont sans pitié pour les favoris qui ont cessé de plaire ; ils les accablent, quand ils tombent, d'autant d'injures qu'ils leur prodiguent d'hommages quand ils sont debout. M. Clemenceau était trop nourri des souvenirs de la Révolution pour ne pas savoir que les choses se passaient ainsi au temps des Jacobins ; il ne parut ni surpris, ni affecté et s'en alla avec la même philosophie qu'il était venu.

M. Briand, qui attendait la succession, la recueillit avec empressement. Depuis longtemps, il avait assez du décousu de son chef, de ses inconséquences, de ses brusqueries funestes au succès de la séparation. A ses yeux, le temps des violences était passé, celui des calmants venu ; il voulait qu'on n'irritât plus inutilement les catholiques réduits à l'impuissance, qu'on ne poussât plus les radicaux l'épée dans les reins.

Sa déclaration ministérielle fut pourtant la glorification de la défense laïque, forme nouvelle de la défense républicaine. Parti des extrêmes limites du parti socialiste, il était revenu sur ses pas. L'expérience de la vie politique l'avait éclairé. Il avait l'esprit trop avisé pour ne pas démêler ce qu'il y avait de chimérique dans les théories de Karl Marx et voulait, selon sa formule, devenir un homme de réalisation.

Il ne changea rien pourtant au personnel et aux méthodes de l'administration de combat, mais il prit un autre ton. Un de ses prédécesseurs, M. de Freycinet, avait dit jadis : « On ne sait pas quelle dose de radicalisme on peut faire absorber au pays en y mettant les formes » ; il était de cet avis.

Mettre des formes, ce fut tout son art. Dans l'éblouissement de sa récente fortune, il se persuada que cela suffirait à adoucir les radicaux, et estima assez peu les catholiques pour croire qu'ils se paieraient de cette monnaie.

Les radicaux furent d'abord réfractaires à ses prévenances. M. Caillaux, que la perte de son portefeuille ne portait pas à l'indulgence, écrivit : « Entre notre démocratie

« et l'ancienne société, a dit Carlyle, il n'y a guère de conci-
« liation possible. Quels que soient les rêves généreux qui
« hantent certains esprits, c'est poursuivre une chimère de
« prétendre rapprocher, dans le vague des formules embru-
« mées, le passé et l'avenir. »

La citation ne convainquit pas M. Briand. En dépit de
Carlyle, il ne renonça pas aux formules embrumées et en fit
large usage à Périgueux. Le discours qu'il y prononça fut
vite célèbre. C'était celui d'un homme heureux qui voit
tout en beau et se complaît dans ses rêves. « Le pays, dit-il,
regarde mon gouvernement comme un régime de détente
et d'apaisement. Il est nécessaire de lui faire entendre des
paroles de fraternité et ma joie est profonde de penser que je
suis peut-être l'homme de cette mission. Je veux rendre la
République aimable et habitable. »

Il parut à ce langage que la République n'avait été jusqu'alors ni aimable, ni habitable et que l'orateur croyait n'y
être pour rien.

« Sous le musical des mots », le programme restait invariable ; ne rien changer aux lois laïques mais les appliquer
doucement, acclimater la séparation, en en faisant l'asile
paisible où l'Église oublierait son indigence et son exil.

Un intérêt politique dictait sa conduite. Qu'un courant
nouveau vienne purifier « les mares stagnantes et croupis-
« santes et les ministres, au lieu d'être des hommes de pas-
« sage qui entrent et qui sortent, au lieu de ne voir que leur
« petit chez-eux, grouperont une majorité stable qui
« leur donnerait la continuité et la durée ».

Cette macédoine oratoire ne fut pas du goût des radicaux,
qui ne vivaient que de guerre et se trouvaient bien dans leurs
mares. Quant aux catholiques, ils ne s'en émurent pas, très
décidés à ne pas se laisser mystifier.

Albert de Mun ne vit pas dans le Ministre de la séparation un missionnaire de fraternité. Il ne jugea pas « aimable et habitable », la République, qui venait de déchirer
le Concordat, de dépouiller l'Église, de s'emparer même des

retraites de vieux prêtres et des fondations pour les morts.
Attendez, dit-il à ses amis trop pressés ; les événements
vous éclaireront.

Les événements les éclairèrent vite. Le novateur qui
avait un instant parlé la langue de Spuller, était en fait le
continuateur discret de M. Combes. A Périgueux, il avait
cédé aux entraînements de l'improvisation dans sa tirade
sur les mares stagnantes, si pénible aux prébendiers des
crapaudières électorales.

Naïfs étaient ceux qui prenaient à la lettre ses effets oratoires et ses images pittoresques. En réalité, il était indifférent et surtout réaliste. Son scepticisme enraciné excluait
toute haine et tout fanatisme ; et sa bonne grâce lui permettait de faire figure de modéré, sans cesser d'être nihiliste
en religion, et révolutionnaire en théorie. D'ailleurs, eût-il
voulu chasser le naturel, il serait revenu au galop.

Le vieil homme reparut à l'occasion d'un débat parlementaire d'où dépendait l'orientation politique de son
Cabinet. On discutait à la Chambre la représentation
proportionnelle dont il s'était dit partisan. La suppression
du scrutin d'arrondissement, c'était celle des mares stagnantes et par conséquent la première des garanties libérales ; on s'attendait donc à une attitude conforme à ses
déclarations de Périgueux.

Tant que la discussion resta dans les généralités, il ob-
serva une réserve prudente ; mais il vint un moment où la
Chambre eut à se prononcer sur un article qui posait le
principe de la réforme. La majorité était fort incertaine et
dépendait de l'attitude du Ministre ; M. Briand, tiraillé
dans les deux sens, était l'arbitre du débat. Soutenir
l'article, c'était, en cas de succès, rester maître de la
situation, mais, en cas d'échec, être renversé, avec l'unique
espoir de se relever aux élections prochaines.

Il supputa les chances et fit son choix. Grâce à lui,
l'article fut rejeté, la proportionnelle à l'eau, et le Bloc
sauvé. Il garda le pouvoir, mais enterra du coup la poli-

tique d'apaisement ; les mares restèrent plus que jamais stagnantes et croupissantes, les radicaux plus que jamais les maîtres.

Le coup de barre donné à gauhe, il en voulut les profits ; c'était le moins qu'après un tel service il rentrât en grâce auprès du Bloc. Pour sceller la réconciliation, il fit de l'anticléricalisme, certain que là était l'endroit sensible. Peut-être lui en coûta-t-il de désavouer si vite ses paroles de fraternité et de briser avec sa mission de pacificateur ; mais il était déterministe en politique comme en philosophie. Un esprit vraiment objectif se préoccupe non des théories, mais des faits.

Quelques semaines après vint à la Chambre la discussion du budget de l'Instruction publique et il saisit l'occasion d'accentuer sa nouvelle méthode. Le rapporteur, M. Steeg, ayant dit : « On nous reproche de ne plus enseigner aux « enfants les devoirs envers Dieu ; nous laissons ce soin « aux évêques, ils ont une révélation qui nous manque », il se garda de rappeler que les programmes scolaires, publiés à l'*Officiel*, et affichés dans les écoles, en prescrivaient l'enseignement. Un membre important de la majorité maçonnique ayant ajouté : « Les enfants ont le droit de choisir entre les religions et de n'en choisir aucune, ils sont respectables, s'ils s'écartent des convictions religieuses de leurs parents, pour se réfugier dans la libre-pensée », il se garda de rappeler que le Code civil reconnaît l'autorité paternelle. Un socialiste de marque ayant tiré cette moralité du débat : « En tuant Dieu, vous avez fait disparaître « toute morale une et nécessaire, avouez-le donc franche- « ment ; je me demande si l'instruction insuffisante que « vous donnez n'est pas une des causes de la criminalité ; « si l'enfant était un homme et pouvait réfléchir, il viendrait « au socialisme ; mais à treize ans, on en fait un apache », il se garda de protester contre cette conclusion inquiétante pour un chef de gouvernement.

Bientôt l a complicité du silence ne lui parut plus un gage

suffisant. Comme à ce moment les évêques, au nom de « la
révélation » qui manquait à M. Steeg, invitèrent les parents
à défendre la conscience de leurs enfants, il les censura ver-
tement et lança contre eux les Amicales d'instituteurs.
Celles-ci, usurpant un droit jusqu'alors insoupçonné, réclamèrent judiciairement des dommages au cardinal de Reims
pour avoir méconnu la dignité de leurs fonctions ; un tribunal et deux Cours d'appel déclarèrent légitime leur action,
et condamnèrent le cardinal à 500 francs de dommages.
La Cour de cassation dut deux fois, et la seconde toutes
Chambres réunies, interposer son autorité, pour réprimer
cet excès d'anarchie administrative, légalisé par la justice.

Au cours de cet extraordinaire procès, la guerre éclata
et M. Briand, redevenu Président du Conseil, rencontra
plus d'une fois l'héroïque prince de l'Église devant les
ruines de sa Cathédrale ; il put alors tout à son aise lui
faire admirer cette République aimable et habitable, dont
il lui avait fourni l'occasion de voir les beautés.

Tant de services rendus au Bloc anticlérical confondirent
les catholiques, qu'avaient un instant séduits ses avances, et
Maurice Barrès, s'écria : « C'est un monstre de souplesse. »
Cette souplesse n'était pas à bout de ressources. Au cours
d'une interpellation sur la question religieuse, il prit, ce
qui ne lui était pas habituel, un ton menaçant. « Nous met-
« trons, dit-il, l'école laïque à l'abri des coups des catholi-
« ques et, puisqu'ils ont posé le problème de la sauvegarde
« de l'enfance, nous le poserons contre eux et nous péné-
« trerons dans leurs écoles. »

Pénétrer dans les écoles en vengeur de la morale,
l'ironie était amère. Mais M. Briand ne s'en tint pas là ; il
voulut enrichir l'arsenal laïque d'armes nouvelles et fit
déposer par le ministre de l'Instruction publique deux lois
qui, sous le nom de lois Doumergue, devinrent bientôt
célèbres. L'une punissait « l'empêchement de faire usage à
l'école primaire des livres régulièrement inscrits sur la liste
départementale, et même la simple provocation par excita-

tions et menaces ». L'autre, sous prétexte de protéger les instituteurs, leur conférait une sorte d'inviolabilité.

Interdire aux parents de protéger l'âme de leurs enfants contre l'enseignement positiviste était odieux ; interdire à des écrivains et à des orateurs de signaler l'ignorance et la sottise de certaine littérature pédagogique était ridicule.

Le choix des juridictions achevait de caractériser cette fantastique législation. Les évêques, personnages d'importance, allaient en police correctionnelle où ils avaient le droit de prouver leur bonne foi. Les écrivains et les orateurs allaient, « comme les tueurs de chiens et les diseurs de bonne aventure, disait M. Cochin, » devant le juge de paix qui n'a à apprécier que la matérialité des faits.

La majorité eut le sentiment que M. Briand la rendait burlesque mais n'osa pas le désavouer. Elle vota, mais de si mauvaise grâce qu'il ne se pressa pas de porter sa loi au Sénat et garda l'autre dans son portefeuille.

Cette série d'exploits causa un tel dégoût à un brillant député de la gauche, M. Labori, l'ancien défenseur de Dreyfus, qu'à l'exemple de Déroulède, il abandonna la scène politique avec éclat. « Je renonce à la vie parlementaire, écrivit-il ; je ne veux pas voir plus longtemps la majorité à la poursuite de l'unité morale du dogme matérialiste, dans son athéisme officiel. »

« L'unité morale du dogme matérialiste dans son athéisme officiel », quelle synthèse lumineuse de la politique gouvernementale. Un tel langage dans la bouche d'un ami du premier degré eût attristé un homme d'État moins résigné que M. Briand.

Après s'être créé tant de titres à la confiance de la clientèle maçonnique, il se jeta dans la bataille électorale. Alors reparut le stratège souple et doucereux : il entendait assurer « la sincérité dans les élections », et « la libre manifestation de la volonté nationale ». Les candidats de l'opposition s'aperçurent vite de ce que ce langage cachait d'ironie. Du premier jour, ils trouvèrent la machine administrative sous pression, les préfets sous les armes, et les fonctionnaires en bataille.

Aucune grande passion ne secoua le pays. La représentation proportionnelle, seule question actuelle, était trop une énigme pour être une plate-forme. La question religieuse restait toujours au fond de la lutte, mais atténuée, presque assoupie ; le bien n'étant pas sorti de l'excès du mal, l'intégrisme ne se montra pas.

Les mares stagnantes purent tout à l'aise dégager leurs miasmes et créer l'atmosphère où allait vivre la République des camarades. Quand on demandait à ses futurs habitants quelles réformes ils avaient accomplie, ils répondaient : il n'y a plus de Concordat, plus de budget des Cultes, plus d'ordres religieux, plus d'écoles congréganistes, bientôt plus d'églises ; la France a, il est vrai, peu d'enfants et beaucoup de criminels, mais jamais les consciences n'ont été plus libérées et les intelligences plus émancipées.

Autrefois, le chef du Gouvernement, M. Briand, avait écrit dans *l'Humanité* : « Nous tomberons à l'improviste sur l'Église et nous l'enlèverons comme les soldats de Mahomet enlevèrent Byzance [1]. » Récemment, il avait dit au Sénat : « Je me demande si l'Église catholique peut vivre dans ce pays, sans l'appui du bras séculier. » Telles étaient les patriotiques espérances du chef du Gouvernement.

(1) Cité par *La Libre Parole*, du 23 juin 1923.

X

LÉGISLATURE DE 1910 A 1914

Agadir. — La loi militaire de 3 ans.
La guerre des Balkans. — La Présidence de M. Poincaré.
Avertissements d'Albert de Mun.
Confiance de la majorité dans la paix.

X

La nouvelle Chambre se distingua de sa devancière, moins par l'accroissement des effectifs de gauche que par l'accentuation des étiquettes. On y trouvait toutes les variétés du radicalisme et du socialisme.

Le Bloc, se sentant tout-puissant, affirma sa victoire par de sonores appellations. En réalité, sa seule ambition était de jouir en paix du pouvoir, sans se mettre en frais de réformes, ni se préoccuper de l'Allemagne. Né de l'anticléricalisme et de l'antimilitarisme, il gardait l'esprit de ses origines, qui remontaient à l'affaire Dreyfus. Comme il avait exploité jusqu'au tréfonds la mine anticléricale, il se réclamait ardemment de doctrines pacifiques, aussi agréables à sa clientèle que conformes à ses goûts. Le pays, lui aussi, désirait le repos et se réjouissait de voir la persécution religieuse s'atténuer faute de victimes, et la lutte politique faute de combattants. Le scepticisme, qui lui était enseigné depuis trente ans, avait agi sur lui, comme la gelée sur les plantes. L'idéalisme religieux était refoulé par un réalisme chronique ; la vie politique semblait s'arrêter.

Deux bilans donnaient le niveau de l'étiage moral : celui des naissances, celui des crimes. La décroissance de la natalité correspondait à l'ascension de la libre-pensée et l'adage classique : « ouvrir une école, c'est fermer une prison » recevait des statistiques le plus éclatant démenti. Jamais il n'y avait eu moins de naissances et plus de crimes juvéniles que depuis qu'on avait enlevé les crucifix des écoles et expulsé Dieu de l'enseignement.

L'État, en se faisant apôtre d'athéisme, avait perdu son

prestige et son crédit ; ses représentants étaient, aux yeux de la foule, non plus les gardiens de l'intérêt public, mais des utilitaires, bénéficiant d'une politique alimentaire.

M. Briand, sorti victorieux des élections, crut sa fortune assurée. Ne doutant plus de l'avenir, il conçut de vastes desseins, et fit, dans sa déclaration à l'ouverture des Chambres, une nomenclature de réformes qui parut une encyclopédie. A l'épreuve, il s'aperçut que ses projets étaient des rêves et qu'il ne lui restait qu'à vivre au jour le jour avec l'appui de députés préoccupés « de leur petit chez-eux ».

Albert de Mun se trouvait dépaysé dans ce milieu terne et déprimant. A toutes les tristesses que lui causait l'état de l'esprit public s'en ajoutaient d'autres qui lui venaient de son propre parti. Les dernières élections montraient quel sort l'esprit de division réserve aux serviteurs des meilleures causes ; il les fait battre sans même les éclairer. La Ligue avait vu « les catholiques à gros grains » renchérir toujours sur leurs frères d'armes et les mener à la débâcle. Allaient-ils avoir des héritiers?

L'ancienne opposition se désagrégeait, sans qu'on en vît surgir de nouvelle. L'Action Libérale ne comptait guère plus de 35 à 40 membres et sa place n'était prise par personne. Les découragements, la fatigue, les scissions désarmaient l'armée de la résistance.

Albert de Mun, en butte à des attaques ouvertes ou sournoises, subissait en silence les injustices de ses anciens amis. Il lui eût été facile de se défendre, mais c'eût été donner à ses ennemis le spectacle de conflits fratricides et compromettre plus encore la cause qu'il servait. Détournant de plus en plus les regards du théâtre de la lutte, il méditait en lui-même le projet de le quitter définitivement.

Il eût cédé peut-être à ce désenchantement, sans une heureuse innovation introduite alors à la Chambre.

De grandes Commissions, entre lesquelles se répartissait le travail parlementaire, furent recrutées d'après un mode d'élection qui faisait une part aux minorités. Les députés de l'opposition, exclus jusqu'alors de la préparation des lois par l'ostracisme des bureaux, devaient coopérer désormais à leur confection. Avec l'emploi de leur activité, ils retrouvèrent un renouveau d'énergie.

La question marocaine, sa constante préoccupation, lui fit désirer une place dans la Commission des Affaires extérieures ; elle lui fut aussitôt donnée. Comme les travaux de toute sa vie le désignaient pour l'étude des questions sociales, il devint membre d'un groupe spécial, chargé de leur examen, et le choix unanime de ses collègues l'appela même à le présider.

Il espérait que ce rôle, si conforme à ses aptitudes et à ses goûts, servirait ses vues sociales, et, dans les premiers mois, il mit tout en œuvre pour organiser et rendre utile l'instrument placé dans ses mains. Le concours de jeunes collègues, son autorité reconnue, donnèrent aux premières réunions une intensité de vie inaccoutumée. Beaucoup d'idées heureuses furent échangées, beaucoup de projets féconds furent étudiés. Il se réjouissait de voir prévaloir, éclairées par la contradiction et confirmées par l'expérience, les plus vives aspirations de sa jeunesse.

Malheureusement le premier feu s'éteignit peu à peu et les courages se ralentirent. La vie parlementaire, avec son bourdonnement incessant et ses énervantes agitations, usa les bonnes volontés et les dégoûta d'études silencieuses et patientes. Les débats orageux de la politique militante rendirent pâles et froides des séances consacrées à des discussions théoriques. Le Président était toujours à l'œuvre ; mais le vide se faisait autour de lui et les discussions traînaient en longueur. Bientôt l'activité du début se refroidit en une indifférence, à peine déguisée sous l'observance de quelques rites réglementaires.

Un instant, le dépôt par le Gouvernement de trois lois sociales lui fit croire au réveil de l'activité parlementaire. L'une fixait à dix heures la journée de travail, l'autre à onze heures la durée ininterrompue du repos ; la troisième reconnaissait le contrat collectif.

Quoiqu'il eût souhaité que le problème social fût traité dans son ensemble et non par pièces et par morceaux, il répondit tout de suite aux questions posées. La journée de dix heures, et la durée du repos, justes en principe, lui paraissaient relever non de la compétence de l'État, mais du libre contrat entre patrons et ouvriers ; mais il pensa que ni l'une ni l'autre de ces deux réformes ne devaient être différées pour des raisons purement doctrinales. Quant au contrat collectif, il l'acceptait avec joie, comme une forme heureuse du droit syndical, peut être avait-il encore le vague sentiment, sans aller, jusqu'au bout de la vraie doctrine sociale, que l'association, devait un jour remplacer le salariat.

Il se disposait à prendre une part active à l'étude de la législation en projet, quand des grèves violentes rendirent suspectes à la majorité les réformes sociales et les firent ajourner indéfiniment.

La Confédération Générale du Travail, qui, plus heureuse qu'une congrégation religieuse, n'était soumise à aucune autorisation préalable, avait pris un rapide essor et conçu de vastes ambitions. Elle rêvait un mouvement ouvrier, préparant la dictature du prolétariat. Pour l'amorcer, elle provoqua, parmi les cheminots du Nord, une grève qui, très vite, s'étendit aux autres réseaux et menaça de devenir générale.

La grève générale ! Nul mieux que M. Briand n'en connaissait les dangers. Son expérience personnelle le mit à l'abri des illusions et des défaillances. Il eut tout de suite la vision de son devoir et le remplit avec décision. Les chefs de la grève furent arrêtés, les mineurs réservistes mobilisés. En quelques jours le mouvement fut brisé. Les champions de la révolution sociale le prirent violemment à partie. En se défendant, il alla jusqu'à dire : « Aurais-je dû, pour assurer la sécurité, recourir à l'illégalité, mon devoir eût été d'y aller. » Cette parole que justifiaient tant de précédents révolutionnaires souleva, dans les rangs des jacobins, d'amusantes protestations ; ces fervents de légalité se voilèrent la face.

En dépit d'eux, il fut absous par la Chambre, mais secrètement désavoué par quelques-uns de ses ministres. Il dut dissoudre son cabinet et le reconstituer avec des éléments moins ombrageux et des radicaux mieux apprivoisés. Comme l'anticléricalisme payait toujours la rançon de ses bons mouvements, il crut habile d'offrir un portefeuille à M. Lafferre, grand maître de la franc-maçonnerie. Cela fait, il déclara pompeusement « qu'il ne voulait gouverner « qu'avec des hommes auxquels étaient dues ou qui accep- « taient les lois laïques de la République, et qui étaient « décidés à les défendre contre tout retour offensif de la réac- « tion ». Peu s'en fallut que ce sursaut de laïcité ne lui coûtât cher, et que son cabinet ne survécût pas à l'apparition du compromettant collègue qu'il s'était donné comme porte-respect.

Ce replâtrage peu solide ne tint pas et la caution de son ministre franc-maçon devint vite insuffisante. Il eut beau, à l'inauguration de la statue de Jules Ferry, invoquer sa filiation, avec le « Père de la laïcité », et ensuite, à la Chambre, dénombrer les 400 poursuites qu'il avait engagées, et les 74 condamnations à l'emprisonnement qu'il avait obtenues pour l'exécution de la loi de séparation, rien n'y fit ; la confiance était perdue. MM. Augagneur et Malvy dénoncèrent « l'inaction et la faiblesse de son gouvernement ». Il eut même la stupeur de s'entendre reprocher ses accointances avec des congréganistes installés à Saint-Étienne. M. Clemenceau l'avait appelé jadis « socialiste papalin » ; on l'appelait aujourd'hui jésuite, et M. Lafferre siégeait toujours à ses côtés !

Sans égard pour ses services, le Bloc ne lui donna que seize voix de majorité ; c'était un congé. Par une ironie du sort, il perdit le pouvoir parce que clérical.

Son successeur M. Monis, ancien collaborateur de Wal-

deck-Rousseau, eut quelque peine à constituer un cabinet.
Il n'y réussit que grâce à un parfait dédain des compétences.
Il fit un ancien magistrat ministre des Affaires étrangères,
un ancien agent de change ministre de la Guerre, un ancien
professeur ministre du Commerce, un ancien diplomate ministre de la Marine. Seul, le ministre des finances fut un
financier ; c'était M. Caillaux, très mécontent d'ailleurs de
n'être dans l'équipe que le premier des seconds.

Dès ses débuts, le Cabinet rencontra au Maroc de graves
difficultés. L'Allemagne avait voulu, après la convention
de 1909, mettre la main sur les grandes entreprises et cons-
truire à elle seule chemins de fer, ports, phares. La résistance
vigilante du Gouvernement lui ayant enlevé une à une ses
illusions, elle reprit dépitée ses allures cassantes, et, chose
plus grave, fomenta la révolte de tribus encore insoumises.
Le sultan était sans autorité et l'insurrection menaçait la capitale de l'Empire. Bientôt le Maghzen et la mission française,
sous les ordres du commandant Brémond, furent cernés à
Fez. Le général Moinier reçut mission de les débloquer et
s'en acquitta avec décision.

Le ministre de la Guerre, M. Berteaux, n'eut pas le temps
d'apprendre le succès de nos troupes. Venu avec le Président
du Conseil pour assister, à Issy-les-Moulineaux, à des expé-
riences d'aviation, il fut victime d'un accident qui lui coûta
la vie ; M. Monis fut grièvement blessé.

Le Ministère ne se disloqua pas tout de suite. Le Président
du Conseil se persuada pouvoir conduire de son lit les affaires du pays, mais il advint ce qui était inévitable. Sous
un régime qui fait du Président de la République un personnage purement décoratif, le Président du Conseil est le chef
nécessaire. Qu'il s'efface, tout s'arrête ou se disloque. La
Chambre en eut le sentiment, et renversa sur une question
secondaire le Cabinet déjà décapité.

Aussitôt le Bloc demanda à grands cris le pouvoir pour
l'héritier présomptif, depuis longtemps désigné, M. Caillaux. M. Fallières ne résista pas.

Le nouveau Cabinet était à peine constitué que les députés apprirent, par une dépêche affichée dans les couloirs de la Chambre, l'arrivée à Agadir d'un bâtiment allemand, la *Panther*. Que signifiait cette apparition inattendue? Était-ce un défi ou un caprice? Tout d'abord, les Ministres firent bonne figure, tant ils voulaient n'être pas troublés dans les premières joies de leur lune de miel. M. Caillaux prit même la chose gaiement. « C'est une manière de causer », dit-il d'un ton dégagé. Autour de lui, on fut moins souriant. Le ministre des Affaires étrangères, M. de Selves, voulait envoyer un cuirassé s'embosser à côté du bateau allemand ; les plus calmes se demandèrent ce que voulait l'Allemagne, ou la guerre ou une rançon pour la paix.

Le public commençait à s'émouvoir, quand heureusement l'Angleterre éleva la voix. M. Lloyd George au banquet du lord-maire, Sir Asquith à la Chambre des Communes, signifièrent nettement qu'ils auraient leur mot à dire, en cas de conflit.

Mieux que l'envoi d'un cuirassé, leur langage d'une fermeté courtoise refroidit les ardeurs belliqueuses de Guillaume II et l'activité diplomatique du prince de Bulow. Ils jugèrent l'un et l'autre l'enjeu trop gros, et la partie mal engagée ; l'heure de la politique mondiale n'avait pas sonné. Le plus sage était de se retirer en bon ordre, mais de faire payer la retraite le plus cher possible. Comme les hommes d'État allemands sont souvent doublés d'habiles financiers, ils firent valoir que la France, pour avoir les mains libres au Maroc, avait acheté le concours de l'Italie, de l'Espagne, de l'Angleterre et qu'il était juste que l'Allemagne fût payée à son tour. L'oubli était un préjudice et une offense.

L'affaire devenait un marché. Les négociations furent difficiles. Laissées d'abord sans direction, contrecarrées ensuite par des agents secrets et des dissentiments ministériels, elles traînèrent en longueur, toujours sur le point d'échouer. Un sous-entendu caché en entravait la marche et compromettait le succès. Le Président du Conseil penchait pour un rapprochement avec l'Allemagne ; son cabinet et l'opinion publique y étaient hostiles. La patiente fermeté de l'ambassadeur français à Berlin M. Cambon, écarta le péril d'une rupture et l'humiliation de trop durs sacrifices. Il fit admettre que le Congo ferait les frais de l'arrangement et essaya d'en donner le moins possible.

A la nouvelle d'Agadir, le premier mouvement d'Albert de Mun fut un élan d'espoir. Demeuré soldat « par la vertu du souvenir et du sang [1] », il crut entendre l'appel aux armes et son cœur battit. « Vous souvenez-vous, écrivait-il quelques « semaines après, cet été, au milieu de l'angoisse qui nous « étreignit, quelle joie soudaine et, chez nous autres, les « vieux, quel orgueil rajeuni ! Et vous devinez bien ce que « je pense, au fond du cœur, vous le pensez aussi. Jamais « heure ne fut plus propice ! La brutalité germanique avait « mis tout le monde à nos côtés ! La nation était prête ; au « lieu de cela... Ah ! il faut enfermer cette douleur. »

Force lui fut de se résigner ; la nation était prête, l'armée ne l'était pas.

Les communications qu'il reçut à la Commission des Affaires extérieures, — et il ne sut pas tout — ébranlèrent sa confiance en notre préparation militaire et calmèrent ses patriotiques impatiences. Il ne doutait pas que l'armée ne suppléât, par sa vaillance, à bien des imprévoyances ; mais il y a des miracles que l'héroïsme lui-même ne peut faire. Jusqu'à Agadir, il avait désiré la guerre sans y croire ; après Agadir, il y crut sans la désirer.

Malgré tout, il ne se faisait que difficilement à la pensée que le Gouvernement, en échange de concessions ne coûtant rien à l'Allemagne, sacrifiât un peu de l'empire colonial conquis par Brazza, beaucoup de notre fierté nationale. « Il faut, écrivait-il, dire oui ou non, et oui est aussi déchirant

____

1. Discours à l'Académie, le 18 janvier 1912. Réception de M. de Régnier.

que non est redoutable. » Il n'y avait qu'à traiter ou à faire la guerre.

Pour faire la guerre, il fallait des alliés ; or l'Angleterre, qui avait apporté le secours de sa diplomatie, refusait celui de ses armes, et la Russie, revenue meurtrie de Mandchourie, demandait trois ans pour achever sa réorganisation militaire.

Pour faire la guerre, il fallait une armée et une flotte, prêtes à entrer en ligne ; nous n'avions ni l'une ni l'autre.

Pendant de longs jours, il fut aux prises avec sa raison et son cœur. La raison l'emporta. Le traité congolais, avec ses sacrifices et ses humiliations, s'imposait comme une nécessité ; qu'au moins il fût un sursis et non un dénouement !

Telle fut son angoisse, qu'il voulut s'expliquer, là où les explications retentissent au loin. « La France, avait-il écrit, « s'aperçoit que le débat va bien au delà de la question « marocaine et qu'il s'agit pour l'Allemagne de l'empire du « monde. Elle sent que les concessions seraient vaines, les « promesses stériles, les traités inutiles, tant que l'Allemagne « n'aura pas ce qu'elle veut et qu'elle ne peut trouver que « par l'écrasement de la France, ou son irrémédiable humi- « liation. » C'est ce qu'il voulait dire à cette tribune, d'où la voix porte des plus humbles hameaux de France aux plus grandes cités du monde. Y monter après des années de silence forcé, c'était jouer sa vie, car elle dépendait d'un vaisseau se brisant dans son cœur fragile. Sa résolution était prise, rien ne l'arrêta.

En tout temps, un discours d'Albert de Mun eût été un attrait ; cette fois, ce fut un événement. Tout le monde voulait ou entendre encore, ou connaître cette voix célèbre, depuis longtemps muette. Le jour de la séance, la salle fut envahie par une foule avide d'assister à une scène historique ; l'anxiété l'emportait sur la curiosité.

Quant à lui, de quelque courage qu'il se fût armé, il avait peine à dominer le tourment intérieur que trahissait la pâleur de son visage. On le vit se promener dans les couloirs en proie à une agitation qu'un effort de volonté maîtrisait à peine.

Plus l'heure de l'épreuve approchait, plus son émotion
grandissait. Il se demandait avec angoisse s'il retrouverait
à cette tribune, théâtre de ses brillants succès, la force de
rester debout et de se faire entendre. Quand l'assemblée le
vit apparaître calme et digne, dans l'attitude impressionnante qui était une des parures de son talent, un frisson
soudain, irrésistible, courut les rangs, secoua les cœurs ;
puis, tout à coup, d'un élan unanime, des applaudissements
dont personne ne donna le signal éclatèrent sur tous les
bancs.

Cet hommage magnifique, rendu par des adversaires au
plus glorieux vétéran des luttes parlementaires, avait
quelque chose de saisissant, qui donnait à la scène une
émouvante grandeur.

L'ovation fut telle qu'il se sentit troublé et resta comme
interdit. Mais aussitôt un rayon de joie illumina son beau
visage, et on le vit s'incliner avec une modestie touchante et
rester un moment sans parole. C'était un beau spectacle,
celui de ce vieux lutteur, couvert de gloire, sortant de son
silence comme d'un tombeau et se dressant, ainsi qu'une
apparition, pour apporter à son pays le tribut de son éloquence, peut-être le don de sa vie. Il ne prononça ses premières phrases qu'avec un visible effort, mais lorsqu'il eut
repris possession de lui-même, le maître reparut dans tout
son éclat. C'était toujours la même voix prenante, le même
charme de diction, le même empire sur les âmes.

L'émotion arriva à son comble quand à la fin, d'une voix
brisée, il prononça ces derniers mots : « Je supplie la
« Chambre d'y réfléchir. L'histoire la regarde : celle de de-
« main, cachée dans l'obscurité de l'avenir, celle d'hier
« debout sur le seuil du passé. Et celle-là vous crie des
« mots terribles, quand, aux heures critiques, au lieu
« d'exiger toute la vérité, les Assemblées obéissent aux
« sommations d'un pouvoir aveugle. »

Quand il descendit de la tribune, les acclamations l'accompagnèrent jusqu'à son banc. On eût dit que l'Assemblée, pressentant qu'elle n'entendrait plus son grand orateur, tenait à honneur de déposer sur son front une dernière couronne. Quant à lui, une fois sa conscience libérée, il se résigna, non sans angoisse, à voter le traité : 393 de ses collègues l'imitèrent, 141 s'abstinrent, 36 seulement refusèrent leurs suffrages.

Quelques jours après, il retrouva à l'Académie le même accueil et les mêmes hommages. Ainsi, les deux Assemblées, dont l'une avait vu naître sa renommée, dont l'autre l'avait consacrée, se rencontrèrent pour le glorifier au soir de sa vie, et lui décerner vivant les honneurs qu'elles ont coutume de réserver à leurs morts illustres.

La Providence permit qu'il ne payât pas trop cher les joies de ces triomphales journées, mais elles ne devaient pas avoir de lendemain. Le vaillant athlète avait été à l'extrême limite de ses forces. Averti que sa vie ne résisterait pas à un nouvel effort, il rentra dans le silence pour n'en plus sortir.

Le vote de la Chambre ne fit pas l'apaisement dans le pays qui se sentait atteint dans sa fierté. Ce qu'il gagnait au Maroc dépassait bien ce qu'il donnait au Congo ; mais le donner forcément, à titre de rançon, en échange d'un simple laissez-passer au Maroc, lui paraissait un affront. Le souvenir de cet affront ne s'effaça pas.

« Depuis six mois, écrivit alors Albert de Mun, il s'est
« fait dans ce pays un changement profond, dont il a cons-
« cience. Pendant un quart de siècle, endormi par ses gou-
« vernants, il avait cessé de croire à la guerre. Tant de fois
« il avait dû courber la tête, depuis l'affaire Schnœbelé, jus-
« qu'au jour de Tanger, qu'il avait pris l'habitude de cette
« humilité. Partout on disait couramment qu'il n'y aurait
« plus de guerre, et, sur la terre molle du découragement,
« l'antimilitarisme germait, comme les plantes empoison-
« nées, dans la fange du marais. Tout à coup ce fut un
« brusque réveil. Le coup d'Agadir avait frappé, comme la

« baguette magique, le cœur engourdi de la France. En un
« moment, elle fut debout ; ses fils ranimés se regardèrent
« dans les yeux, ils reconnurent le visage ancestral. Il y eut
« un cri qui courut comme un choc électrique : « En voilà
« assez ». La France s'est réveillée à Agadir, elle ne s'est
« pas recouchée. »

L'émotion fut surtout profonde chez les jeunes, « encore
pleins des souvenirs qu'on croyait effacés ». Devant la misère
présente de la France, réduite à livrer quelques parcelles
de la terre conquise au prix de son sang, ils songèrent à sa
grandeur passée « que le fer germanique avait brisée », et
leurs cœurs frémirent de colère. Quinze cents étudiants de
Paris écrivirent, dans une protestation publique : « Nous ne
sommes pas solidaires de ceux qui diminuent l'empire ou
le prestige de la patrie. Que la génération de ceux qui gouvernent en soit seule responsable ! » Tous ces jeunes en qui
revivait cet instinct des grandes choses, indestructible en
France, se dirent que cette insulte serait la dernière, et, en-
fermant au fond d'eux-mêmes leurs ressentiments et leurs
espoirs, attendirent en silence l'heure du destin. L'épaisse
buée qu'avait amassée sur les âmes le long règne du scepticisme officiel se dissipa en un instant, et l'idéal patriotique se dégagea des ombres qui l'enveloppaient, prêt à
éclairer des jours nouveaux. Le vieux génie français avait
gardé ses vertus historiques au milieu des misères du temps
présent.

Personne ne croyait l'Allemagne apaisée par sa prétendue
victoire diplomatique. Elle cachait mal son désappointe-
ment en face des marécages congolais qui, même « avec les
piqûres », étaient une médiocre colonie de peuplement pour
son contingent annuel de 30.000 émigrants. On s'attendait
à de prochaines manœuvres et on avait raison. Quelques
semaines n'étaient pas écoulées que le général commandant
nos troupes au Maroc écrivait au Gouvernement : « L'hostilité systématique de l'Allemagne demeure ici la seule règle
de sa politique. »

On sut que Guillaume II avait dit au prince Orloff : « La
question d'Alsace-Lorraine est désormais réglée. Dans l'affaire du Maroc, j'ai jeté le gant à la France. La France a
refusé de le relever. Elle a refusé de se battre avec moi. La
question d'Alsace-Lorraine n'existe plus maintenant. »
Mais cette bravade était la consolation de son amour-propre
blessé, et l'Allemagne continua à retentir de ses vantar-
dises coutumières. Elle était toujours la nation prédestinée
qui avait reçu de la Providence la vocation de conduire les
peuples à la civilisation et à la science ; elle ne laisserait
pas inachevée l'œuvre magnifique conçue par le grand
Frédéric, ébauchée à Vienne après Waterloo, mise sur
pied après Sedan par M. de Bismarck.

Seuls en Europe, le Gouvernement et le Bloc n'entendaient pas, ne comprenaient pas ces folles provocations.
M. Caillaux était tout à la joie d'avoir à peu de frais doté
la France d'un empire de plus de 5 millions d'habitants et
« permis à deux grands États, qui ont rendu et rendent à
l'humanité d'inestimables services, de vivre désormais côte
à côte en se respectant ».

Avant que la discussion ne s'ouvrît au Sénat, il exposa en
province, dans un grand discours, les mérites de ce traité
congolais qui avait mis fin au conflit avec l'Allemagne, et
inauguré selon lui une nouvelle politique africaine. « Pour-
« quoi, dit-il, la France ne fonderait-elle pas, au centre
« du continent africain, un empire, semblable à celui que
« l'Angleterre possède dans les Indes? Ce rêve peut devenir
« une réalité, grâce à l'appui du grand État, appelé à rendre
« à l'humanité d'inestimables services.» Le grand État,
c'était l'Allemagne.

A l'Entente cordiale, œuvre de M. Delcassé, était substi-
tuée l'Entente germanique. Cette évolution répondait aux
visées de l'empereur Guillaume, qui depuis longtemps
rêvait une coalition contre l'Angleterre, formée de la
Russie, de l'Allemagne, de la France. Hanté par sa haine
britannique, il arracha même un jour au czar Nicolas II

ce traité de Bjorkvoe, que la diplomatie de Saint-Pétersbourg eut tant de peine à rendre inoffensif. L'empire africain, dont avait parlé M. Caillaux, était-il le gage tentateur offert à la France pour se résigner à l'abandon de l'Alsace-Lorraine ?

Cette conception, loin de séduire le Sénat, ajouta à l'irritation que les négociations récentes lui avaient causées. 'Une opposition sourde s'y était formée, d'autant plus vive qu'elle savait ne pouvoir se traduire par un vote, le traité étant la carte forcée.

L'orage, qui depuis longtemps se formait à l'horizon, éclata brusquement dans une séance de la commission sénatoriale, chargée de l'examen du traité. M. Clemenceau brisa les vitres ; il somma le ministre des Affaires étrangères de rompre enfin le silence et de dire que M. Caillaux avait eu, comme Louis XV, sa diplomatie secrète. A la suite d'une scène pénible, M. de Selves révéla la vérité qu'il avait jusqu'alors cachée, puis donna sa démission sur-le-champ.

M. Caillaux lui chercha un successeur, mais en vain. Aucune des portes auxquelles il frappa ne s'ouvrit. Grande fut sa déception de ne pas trouver d'homme politique qualifié, pour s'associer à sa fortune. Après de vains efforts, il s'avoua vaincu et abandonna le pouvoir.

Albert de Mun écrivit : « J'ai vu bien des crises de gou-« vernement. Aucune n'a la gravité de celle qui s'est ou-« verte hier. Celles-là naissaient, se dénouaient dans la poli-« tique intérieure ; celle-ci éclate, comme un signal d'alarme, « au cœur de la politique extérieure. Pour la première fois, « une affaire diplomatique, où se joue la destinée du pays, « entraîne, comme dans un gouffre, les chefs du pouvoir.»

Après cette mésaventure, les radicaux se trouvèrent écartés du Gouvernement et M. Poincaré fut chargé de constituer un cabinet, où il fit entrer M. Millerand comme ministre de la Guerre. Ces deux hommes, dans la force de l'âge et du talent, grands travailleurs et orateurs brillants l'un et l'autre, n'avaient pas les mêmes origines politiques : l'un, très modéré, avait été poussé par les circonstances vers la gauche ; l'autre, d'abord socialiste, avait été ramené par l'expérience de la vie publique à des idées de pondération qui faisaient de lui un homme de gouvernement. Tous deux avaient, avec un vif sentiment patriotique, la vision nette des dangers que courait la France et des mesures indispensables à son salut.

Cette conception du devoir national créait entre eux et le Bloc un dissentiment chronique, qui alla toujours s'aggravant, le Bloc, après avoir usé et abusé de l'anticléricalisme, s'étant rejeté sur l'antimilitarisme pour s'en faire un tremplin. C'était, en ce moment, son moyen de popularité et son instrument d'opposition.

Le nouveau Cabinet se constitua donc avec l'hostilité sourde des radicaux, qui ne se résignèrent à le laisser naître qu'avec la pensée arrêtée de ne pas le laisser vivre.

Des complications extérieures absorbèrent tout de suite l'attention du Gouvernement et obligèrent ses adversaires à ajourner leur offensive. Après avoir réglé des différends avec l'Espagne que nos progrès marocains rendaient ombrageuse, avec la Russie entrée en Perse, avec l'Italie, qui captura deux de nos vaisseaux, avec la Chine en révolte, il eut à restaurer l'autorité morale de la France, ébranlée par les négociations et le dénouement de l'affaire d'Agadir. Au-dessus de ces questions importantes mais secondaires, il en était une de premier ordre : qu'avions-nous à craindre de l'Allemagne, quelles précautions avions-nous à prendre?

Le Bloc affectait de n'avoir aucune préoccupation. Selon lui, l'Allemagne était une nation réaliste, par conséquent pacifique. Comme elle détenait l'Alsace-Lorraine, elle n'avait plus rien à nous demander. L'Empereur était un mystique, presque un illuminé, mais en même temps un habile calculateur. Les craintes de guerre n'étaient donc que chimères exploitées par l'impérialisme réactionnaire, jaloux de rétablir le service militaire de trois ans.

Tout autre était la pensée de MM. Poincaré et Millerand. Tous deux étaient convaincus des mauvais desseins de l'Allemagne et s'efforçaient de les conjurer en renforçant l'un nos alliances, l'autre nos forces militaires.

Albert de Mun était tout acquis à la politique gouvernementale. Chef des prévoyants en face de Jaurès chef des pacifistes, il était un des rares Français qui eût pénétré la mentalité teutonne. L'éloquence belliqueuse de l'Empereur, en ses solennités militaires, ne le faisait pas sourire ; il y voyait l'expression d'un sentiment national arrivé au paroxysme. Il se souvenait toujours des paroles que Bismarck avait prononcées jadis au Reichstag, paroles restées la devise de la dynastie et de la nation : « Notre accord nous rend assez forts pour braver le monde. Attendons que l'histoire s'accomplisse [1]. »

Quand il exprimait ses craintes, les radicaux rassurés hochaient la tête et disaient : «La guerre est démodée.»—«Démodée, répondait-il, ce sera pour demain. » Il ne se trompait que de jour. Demain appartenait à la guerre balkanique ; l'autre, la grande, l'effroyable guerre, ne devait venir qu'après.

Presque aussitôt, en effet, s'alluma en Orient l'incendie, dont une dernière étincelle a mis le feu à l'Europe.

En le voyant éclater, il n'eut pas la pensée que le grand souffle des Croisades allait soulever les âmes. Mais il eut la vision d'un Orient transformé, renaissant au christianisme. C'était Sainte-Sophie portant à son sommet la Croix au lieu du croissant, la Syrie placée sous l'influence française, les lieux saints confiés à la garde des chrétiens, la terre, où le Christ avait laissé l'empreinte de ses pas, délivrée de la souillure de l'infidèle et devenue le rendez-vous des nations, filles de l'Évangile. C'était le refoulement en Asie d'une race cruelle, corrompue et paresseuse, imbue de ce précepte du Coran : « La force est le grand signe de la volonté de

---

1. Émile OLLIVIER, *Empire libéral*, tome XI, p. 216.

Dieu » ; c'était la revanche de l'Évangile sur le principe
païen de l'écrasement du faible par le fort.

Peut-être se fit-il quelques illusions sur le profit que les
établissements catholiques d'Orient retireraient de la victoire des pays orthodoxes grecs, bulgares et serbes. Les
Musulmans se montraient alors plus équitables, plus libéraux, que les chrétiens séparés. Nos collèges, nos écoles, nos
couvents trouvaient à ce moment auprès des Turcs une plus
efficace protection qu'auprès de dissidents, à qui leur scission faisait oublier et rendait pesante leur communauté d'origine avec les catholiques. Les choses ont changé depuis.

Albert de Mun suivit, avec une attention confiante, le
développement de la politique française en Orient. S'il applaudit aux efforts faits pour empêcher le foyer de l'incendie de s'étendre au delà des Balkans, il souhaita vivement la délivrance des races opprimées, la reconstitution
de nations détruites à coups de cimeterre, la sécurité définitive des chrétiens, qu'il jugeait mal protégés par des
Capitulations confuses et inappliquées.

Qu'il y eût dans ses vues sur l'Orient, une part d'erreur
et que la réalité ait déçu ses rêves, il en a lui-même fait
l'aveu. Il n'en a pas moins été l'observateur le plus pénétrant et aussi le narrateur le plus exact d'événements qui
portaient en germe les terribles bouleversements de l'avenir.

Il a réuni dans deux volumes, qui ont ces titres sugges-
tifs : *Pour la Patrie, l'Heure décisive*, les articles où,
pendant toute la durée de la guerre d'Orient, il a exprimé à
la fois ses espérances et ses craintes. Ces volumes resteront
des recueils précieux, où ceux qui écriront l'histoire de ce
temps trouveront les avertissements d'un pilote avisé, qui
voit venir l'orage. Il n'est pas une page, où la majorité obstinée à se croire maîtresse de la paix et de la guerre, n'eût pu
apprendre ce qu'il y avait d'aveuglement dans son optimisme.

« L'Europe tout entière, incertaine et troublée, écrivait-
« il, s'apprête pour une guerre inévitable dont l'heure lui est

« cachée, dont la cause immédiate lui demeure encore in-
« connue, mais qui s'avance vers elle, avec l'implacable
« sûreté du destin, tandis qu'à tâtons elle cherche à l'éviter.
« Ainsi, en 1869, Prévost-Paradol annonçait la rencontre
« de la France et de la Prusse, lancées face à face comme des
« locomotives, sur la même voie. Les Gouvernements
« peuvent essayer d'aiguiller ou de serrer les freins ; la
« guerre ne dépend pas d'eux. Elle vient de la force des
« choses, de « ces impondérables » que Bismarck discernait
« au fond de l'histoire. Et cela est bien autrement terrible,
« bien autrement irrésistible que la volonté des hommes.

« Il n'y a qu'un endroit au monde où l'on ignore le péril,
« où on ne veut pas savoir, c'est la salle fermée à l'air du
« dehors, où s'assemblent les députés de la nation. Là, on
« ne connaît que les rivalités de partis, on ne se passionne
« que pour les querelles de personnes. Là, on s'applique à
« réveiller, à raviver les passions éteintes, pour s'en faire
« des armes politiques.

« La jeunesse française dont j'ai vu, près de moi, l'image
« surprise et irritée à ce scandaleux spectacle, frémit jus-
« qu'aux moelles.

« Entre ces hommes et elle, l'abîme se creuse, et, sur les
« murs de cette salle où s'agite le conflit de leurs ambitions,
« elle est prête à écrire, elle, l'annonciatrice de l'avenir, la
« sentence fatale, qui fut, dans le tumulte du festin, la con-
« damnation de Balthazar, roi de Chaldée. »

Ses colères duraient peu ; le patriotisme arrêtait vite les
imprécations sur ses lèvres. Écartant de sa pensée les prévisions sinistres, il reprenait dans le calme son œuvre de per-
suasion ; mais voyant, derrière la guerre qui finissait aux
Balkans, la guerre imminente en Europe, il suppliait les
assoupis de se réveiller et d'égaler l'énergie de leurs efforts
à la grandeur des dangers.

Quand on lit ces livres prophétiques, on reste pénétré
d'admiration pour ce don merveilleux de divination, cette
ardeur qu'aucun dégoût ne réussissait à lasser, et on se

demande avec tristesse comment un homme politique qui donnait tant de preuves de perspicacité et de dévouement ait été laissé à l'écart des affaires publiques, par quelle aberration l'esprit de parti l'ait frappé d'un ostracisme qui a pris fin seulement le jour de ses funérailles et n'a épargné que son cercueil.

Ses alarmes n'étaient que trop justifiées. L'Allemagne sortit de l'affaire balkanique, encore plus irritée que de l'affaire marocaine. Son rêve d'hégémonie allait-il s'évanouir?

Au moment où ses hommes d'État, son armée, son empereur, s'exaltaient à la pensée d'un Empire germanique plus puissant que ne l'avait été l'Empire romain, la Turquie, pièce essentielle de son édifice mondial, chancelait prête à s'effondrer. Allait-il se résigner à un grand échec moral le souverain enivré qui était venu, dans une apothéose fastueuse, se proclamer protecteur du monde musulman, et en déposant une couronne sur le tombeau de Saladin, annoncer que les 300 millions de mahométans, dispersés dans le monde, étaient assurés d'avoir en tout temps pour ami l'empereur d'Allemagne? Albert de Mun ne le crut pas.

« L'Allemagne, écrivit-il, subit sur le champ de Cons-
« tinople un double et cruel échec, échec politique par
« l'écrasement de son vassal, échec militaire par la
« défaite de son élève. Quelle revanche prépare-t-elle?
« Comment supposer qu'elle accepte, sans arrière-pensée,
« quelque désinvolture que la presse germanique
« montre dans l'abandon du vaincu, cette rude décon-
« venue? »

La rude déconvenue, c'eût été, devant son pays et devant l'Europe, l'ajournement indéfini de ses desseins gigantesques préparés en silence et passionnément poursuivis. Comment se persuader que l'Empereur subirait cet amoindrissement, à l'heure où il croyait toucher au faîte des grandeurs rêvées? Avait-il conduit son armée et sa flotte au plus haut degré de puissance, son commerce et son industrie au plus haut degré de prospérité, pour donner au monde le spectacle de son amoindrissement?

Albert de Mun, attentif aux symptômes de l'esprit public en Allemagne, notait les manifestations oratoires de l'Empereur, les écrits des publicistes, les discours des hommes d'État. Il voyait l'opinion hausser de ton, l'ambition des grandes destinées s'enflammer de plus en plus, le plan d'hégémonie mondiale s'étaler dans des bravades sans cesse plus provocantes.

Un jour, c'était l'anniversaire de Leipzig, célébré à Kœnigsberg avec fracas, et l'Empereur annonçant « qu'il apparaissait, comme nécessaire, d'ajouter des contreforts au grand ouvrage du passé, au prix de sacrifices que le peuple allemand s'imposerait avec joie ». Le lendemain, le plus grand des journaux officieux proclamait « que tout l'art diplomatique ne réussirait pas à empêcher l'éclatement d'une grande guerre mondiale, qui serait une lutte au couteau, pour défendre la grandeur de l'Allemagne ». Quelques semaines plus tard, un haut personnage du monde parlementaire avouait, qu'après avoir entendu le ministre des Affaires étrangères, dans une Commission du Reichstag, il jugeait la situation internationale telle, « qu'elle nécessitait un puissant effort militaire, un effort tel, qu'il resterait unique dans l'histoire du monde », et, presque en même temps, le chancelier terminait une harangue officielle par ces mots : « Nous devrons, cette année, renforcer nos arme-« ments sur terre. Il en coûtera des sacrifices, mais Dieu a « donné au peuple allemand une telle place sur la terre, et « l'histoire nous a prédisposés de telle façon, que de grands « sacrifices sont notre lourd héritage. Les supporter vail-« lamment, c'est notre fierté. »

Ce qui ajoutait aux périls d'une situation déjà si grave, c'était l'écho que trouvait à Vienne l'irritation de Berlin ! L'empereur d'Autriche avait eu sa large part des déceptions balkaniques. Le pacte de désintéressement, sagement proposé par la France au début des hostilités, avait été à l'encontre de ses secrets desseins et repoussé avec amertume. L'agrandissement de la Serbie, consacré par deux traités, achevait de l'irriter. Qu'adviendrait-il désormais des combinaisons slaves chères à l'archiduc Ferdinand, dont l'annexion de la Bosnie et de l'Herzégovine avait été la première réalisation?

Tout était à craindre de la commune colère des deux Empereurs, l'un déçu d'avoir manqué l'occasion de la guerre mondiale, l'autre celle d'un accroissement de territoire en Orient.

Aux préoccupations conçues par l'attitude de l'Allemagne et de l'Autriche s'en ajoutaient pour nous d'autres d'un autre côté. Si la guerre des Balkans n'avait pas rompu notre alliance avec la Russie, certains symptômes donnaient à craindre qu'elle ne l'eût ébranlée. Le Czar avait été de nouveau de la part de Guillaume II, l'objet d'attentions flatteuses et traité comme le gardien et l'arbitre des intérêts slaves. Dans son entourage, de hautes influences, acquises à l'Allemagne, s'étaient employées à amener une entrevue entre les deux impériaux cousins. Après leur rencontre, la presse des deux Empires tint un langage inquiétant ; la diplomatie russe garda vis-à-vis de nous une attitude pleine de réserve.

M. Poincaré jugea la situation assez obscure pour vouloir l'éclaircir sur place, dans une conversation avec le Czar. Son voyage fit grand bruit en Europe, et, malgré le mystère dont il resta entouré, laissa dans toutes les chancelleries l'impression d'un renforcement de l'alliance franco-russe.

Les radicaux, toujours sur le qui-vive, prirent ombrage de la visite de M. Poincaré et la présentèrent comme l'amorce d'accords belliqueux. Elle eût été sans objet, disaient-ils, si elle n'avait eu pour but une entente militaire. Dans leur optimisme, ils oubliaient cette parole de Gambetta : « Les Prussiens sont le peuple le plus atroce de l'Em- « pire : ils font la politique d'une manière imperturbable, « avec une persévérance implacable, » Loin de croire à la parole du maître, ils gardaient l'espérance d'une alliance avec l'Allemagne. Tel était le secret de leur apparente sécurité.

Sur la foi de cette illusion, de jour en jour, l'antimilitarisme gagnait du terrain, encouragé par les assurances réitérées de la Social-Democratie. M. Millerand fut la première victime de ces fatales illusions. Déjà suspect aux socialistes qu'il avait abandonnés, aux radicaux qu'il effrayait, il le devint plus encore quand Albert de Mun eut loué « sa belle « et indépendante énergie, qui avait rendu confiance à « l'armée, en la délivrant des politiciens, et la fierté au « pays, en le délivrant des timidités humiliées ». Un incident détermina l'explosion.

Un officier d'état-major, qui, quinze ans avant, avait participé à l'instruction de l'affaire Dreyfus, M. du Paty de Clam, reçut, longtemps après ses camarades, une promotion dans la Légion d'honneur. Ce fut tout un esclandre. Les radicaux crièrent au scandale et, pour faire d'une pierre deux coups, voulurent, en renversant le ministre de la Guerre, faire avorter la candidature de M. Poincaré alors implicitement posée à la Présidence de la République. Ils atteignirent un de leurs buts et manquèrent l'autre. M. Millerand donna sa démission, mais M. Poincaré resta candidat à la Présidence.

M. Fallières arrivait à l'expiration de ses pouvoirs, et le Président du Conseil se disposait à solliciter son héritage. Le Bloc, résolu à l'écarter, arrêta son choix sur un de ses collaborateurs du Ministère, M. Pams. Au premier moment, le public ne s'émut guère d'une élection où il ne voyait qu'une compétition entre personnages consulaires ; mais elle prit vite un caractère passionnant. La lutte s'établit moins entre deux hommes qu'entre deux doctrines. Le candidat du Bloc était un radical d'humeur pacifique, docile à la discipline de son parti, mais effacé. M. Poincaré, chef des modérés, Lorrain resté fidèle aux souvenirs de 1870, gardait au fond du cœur l'espoir de la revanche et le senti-

ment de la dignité nationale. Son attitude pendant l'expédition des Balkans lui avait acquis du crédit.

Quand on vit les radicaux lui faire une guerre acharnée,
l'opinion lui devint favorable. Après qu'il eut refusé de
comparaître devant leur aréopage et de s'incliner devant
leur sentence d'excommunication, il apparut comme le candidat national.

On vit en lui, non l'homme politique, mais le patriote
résolu. C'est le patriote que le pays acclama.

Au Parlement, sa candidature rencontra d'abord des résistances dans les milieux attachés à la paix religieuse.
Personne ne le croyait sectaire ; n'avait-il pas voté contre la
loi d'association et protesté ensuite contre elle? Mais on
n'ignorait pas que des événements nouveaux et surtout des
malentendus survenus dans son département à des élections législatives, lui avaient laissé des impressions fâcheuses,
peut-être de secrets ressentiments.

Albert de Mun, en relations académiques avec lui, se
porta garant de sa modération, et s'efforça de prévenir, non
pas des votes favorables au radical, mais des abstentions
qui eussent fait son jeu. Il souhaitait pour le candidat national, un grand succès. Dans une réunion de ses amis, il
répondit à toutes les objections et dissipa les équivoques.
Les explications échangées aboutirent à une résolution
presque unanime. Dans le pays, l'impression fut la même ;
une poussée d'opinion porta M. Poincaré à l'Élysée.

Personne plus qu'Albert de Mun n'avait désiré son élection et ne l'avait témoigné plus hautement, au risque de la
compromettre. Quand elle fut faite, il adressa au nouveau
Président une publique adjuration, qui, par son ton, semblait le rappel d'un engagement.

« Vous êtes, dit-il, le chef de l'État français, de cette
« grande et antique nation, qui a tenu dans le monde une
« place dont elle n'a pu être précipitée, sans que l'Europe
« entière en fût ébranlée dans tout son être. C'est à elle qu'il
« vous faudra désormais penser. Vous serez l'inspirateur

« nécessaire de sa politique extérieure, et le gardien naturel
« de sa puissance militaire, qui, seule, peut la rendre effi-
« cace. La loi de trois ans aura un double effet. Elle sera une
« loi d'effectifs, mais plus encore une loi de virilité. Puisse le
« Gouvernement de la France, de la France immortelle,
« comme vous l'avez dit, se pénétrer de cette vérité. Alors
« il osera parler au pays, et, comme tous ceux qui lui
« parlent, il sentira son cœur vibrer. »

M. Poincaré répondit sur le même ton. Dans son message
aux Chambres, on lisait : « La paix ne se décrète pas par
« la volonté d'une seule puissance. Ce serait un crime
« contre la civilisation de laisser déchoir notre pays. Notre
« nation et notre armée nous donnent tous les jours un ma-
« gnifique exemple. Tournons vers elle notre pensée vigi-
« lante et ne reculons devant aucun effort pour les consoli-
« der et les fortifier. »

Pour mettre d'accord ses actes avec ses paroles, il choisit
pour président du Conseil un partisan de ses vues militaires,
M. Briand. Celui-ci déposa sans retard la loi de trois ans ;
mais, avant d'en aborder la discussion, il eut à passer par
une épreuve périlleuse, où il savait pouvoir succomber.

Le Sénat était à ce moment saisi d'un médiocre projet de
représentation proportionnelle, voté par la Chambre. La
réalisation avait été malheureuse ; mais le principe était
juste, et il importait de le sauver.

M. Briand l'avait jadis combattu et fait échouer sous
l'empire de considérations politiques d'ordre secondaire.
Mais les événements et surtout les dernières élections
l'avaient éclairé sur l'urgence d'une réforme qui mettrait
un frein à l'omnipotence de l'oligarchie régnante et assure-
rait le droit des minorités.

La lutte fut ardente ; la caste au pouvoir défendit le
scrutin d'arrondissement avec une passion fiévreuse.
N'était-il pas le camp retranché, où elle avait dressé sa
tente ? Depuis l'avènement de la République, ne l'avait-
elle pas fortifié par de solides ouvrages qui le rendaient

presque imprenable ; s'en laisser déloger après avoir
déployé tant d'efforts et tant d'art, c'était un sacrifice au-
dessus de ses forces. M. Clemenceau fut chargé de défendre
le précieux asile, où le Bloc avait mis garnison depuis des
années.

M. Briand ne se faisait aucune illusion sur les dangers de
l'opération qu'il tentait ; il connaissait trop son public pour
ne pas savoir que l'intérêt du pays n'y venait qu'après l'intérêt du parti. Il soutint vaillamment le combat et dépensa
les ressources d'un talent qui s'était parfois employé à de
moins patriotiques besognes. Il sauva l'honneur mais non
le projet, ni le Cabinet. Il fut applaudi et battu.

Le Président de la République empêcha l'échec de tourner au désastre. La proportionnelle perdue, restait la loi
de trois ans. Pour la faire échapper au naufrage, il remit le
pouvoir à un de ses chauds défenseurs, M. Barthou. Nul
choix ne pouvait plus déplaire aux radicaux. M. Barthou,
ministre de l'Intérieur dans le cabinet Méline, avait dirigé
ces élections de 1898, qui leur avaient laissé de si pénibles
souvenirs. Faire chef du Gouvernement l'homme qu'ils
avaient couvert d'anathèmes et frappé d'ostracisme, c'était
presque les braver.

Malgré la certitude de nouvelles fureurs, le Président du
Conseil se mit à l'œuvre sans perdre une minute et obtint
de la Commission de l'armée l'étude hâtive du projet.

Albert de Mun en suivit les travaux, jour par jour, et
publia une série d'articles qui plus d'une fois apportèrent
des suggestions et des renseignements puisés à la source la
plus sûre. Il soutint la réforme dans la presse avec une ardeur et une science qui firent de lui un auxiliaire incomparable. Ses articles valaient ses meilleurs discours ; recueillis,
ils forment un monument précieux pour l'histoire militaire
du pays.

Aux pacifistes confiants, dont les rêveries l'irritaient, il
répondait :

« Je vois et j'entends, c'est assez. Je vois que derrière

« le Rhin, on travaille sans trêve, sans défaillance. Je vois
« que les lignes de transport se multiplient vers la frontière
« de Belgique et du Luxembourg, que les dirigeables, les
« flottes d'aéroplanes se construisent avec une activité fié-
« vreuse, que demain ils auront partout leurs ports d'attache
« organisés ; je vois que, derrière les canons, se massent les
« caissons automobiles prêts au ravitaillement. »

Quand on lui parlait de milice armée, de réserves, d'offensive soudaine, il opposait deux chiffres, celui des troupes
allemandes, celui des nôtres. Aux stratèges de couloirs, qui
vantaient la puissance de nos forteresses de l'Est, il ne
cessait de rappeler que l'offensive allemande se ferait par
la Belgique, la grande voie d'invasion depuis longtemps
choisie.

Rappelez-vous donc, disait-il, les débats du Parlement
« belge à propos des fortifications de Flessingue et d'An-
« vers, « le réduit national » ; vous y verrez les anxiétés de
« patriotes avertis.

Et si vous remontez plus haut dans le passé, vous pour-
« rez lire le prophétique mémoire, que le roi Léopold avait
« adressé, jadis, à ses ministres. « L'Allemagne, y était-il
« dit, ne reconnaîtra plus les traités, encore qu'elle les aura
« signés, les Belges seront considérés et traités en belligé-
« rants [1].

Après des semaines de polémique dans la presse, le débat
s'engagea à la Chambre. Il n'en perdit pas un mot. S'il ne
put monter à la tribune et laisser parler son cœur débordant
de patriotisme, il soutint de ses applaudissements les orateurs plus heureux que lui, et surtout le Président du Conseil, qui menait la campagne avec un entrain tout béar-
nais.

Le débat fut long et orageux. Des guerriers improvisés
multiplièrent les objections et les systèmes. La Chambre fut

1. FOUCAULT DE MONDION, *La Belgique livrée à l'Allemagne*,
page 107, Albert Savine, éditeur.

transformée en une école de guerre, tenue par des civils.
L'état-major passa de mauvais moments.

Le Gouvernement était représenté par trois généraux, ses
commissaires.

Le général Joffre écoutait tout sans broncher, impassible
comme un soldat sous les armes. Quoi qu'il entendît, il ne
disait pas un mot, ne faisait pas un geste ; on croyait son
esprit ailleurs, pourtant il ne perdait pas une parole. Les
plus fiers contempteurs de l'armée et de ses méthodes ne
parvinrent pas à le faire sortir de son calme. Quand il jugea
qu'ils en avaient assez dit, il se leva tranquillement, sortit
de son banc un papier à la main, monta à la tribune d'un
pas paisible, et lut, d'une voix ferme et sans nulle recherche
oratoire, quelques pages décisives, qui soulevèrent les
applaudissements de l'Assemblée. Après quoi, il regagna
stoïquement sa place et continua à écouter les orateurs,
sans les interrompre davantage.

Le général Pau était silencieux aussi, mais autrement
impressionnable. Sa physionomie trahissait ses émotions. A
certaines hardiesses des stratèges civils, à certaines paroles
blessantes des antimilitaristes, on le voyait s'agiter sur son
banc de misère ; son silence était le prix d'un effort qui,
à la longue, devint un supplice. Un jour, la patience lui
échappa ; il se leva, mit son portefeuille sous son unique
bras et s'achemina vers la porte, n'en pouvant plus. Le
ministre de la Guerre effaré courut après lui dans les couloirs et, de gré ou de force, le ramena, au milieu des grogne-
ments de la gauche, offensée dans sa majesté. Quelques
paroles habiles du Ministre, la vue impressionnante du glorieux mutilé cloué à sa place comme une victime, en impo-
sèrent à la gauche qui finit par se taire.

Le général Legrand était chargé de donner la réplique
aux orateurs les plus marquants. Il s'acquittait de sa dure
besogne avec une aisance et une bonne grâce inlassables. Il
parlait avec un sérieux imperturbable des théories les moins
sérieuses, répondait doucement aux paroles violentes ; rien

ne le prenait au dépourvu. Les plus farouches ne trouvèrent jamais le fond de sa mansuétude courtoise ; les plus bavards, s'entendant réfuter si gravement, se prirent pour de vrais spécialistes et lui furent reconnaissants de si bien les comprendre.

Après beaucoup de séances, les unes intéressantes, les autres fastidieuses, la Chambre se déclara satisfaite ; elle coupa court à l'éloquence parlementaire et vota la loi à une grande majorité.

Avec quelle joie Albert de Mun salua ce vote ! Enfin, elle était faite la réforme libératrice qui mettait la France à l'abri d'une surprise et écartait la menace d'une attaque brusquée.

Les radicaux, battus sur la question militaire, cherchèrent aussitôt une consolation et une revanche sur le terrain anticlérical. L'ancienne loi Doumergue, autrefois votée par la Chambre, lui revint après un long séjour au Sénat, où elle avait été revue et corrigée ; sa Commission y avait ajouté des mesures répressives contre la non-fréquentation scolaire. Les statistiques officielles, le chiffre des conscrits illettrés, en démontrant l'inassiduité des enfants et l'indifférence des familles, laissaient entrevoir la quasi-faillite de l'école obligatoire. De jour en jour baissait le niveau de la source, d'où se répandaient sur la jeunesse du pays les eaux vives de la libre pensée.

Pendant de longs jours se succéda à la tribune un cortège de laïcisateurs échauffés. Jaurès ouvrit le feu par un discours positiviste, plein de brumeuses formules ; de moindres personnages le suivirent, brodant, sur le même thème, de longues et monotones variations. Comme les élections étaient proches, les futurs candidats s'empressaient de se créer des titres à la bienveillance des loges.

Le Président du Conseil prononça un discours habilement nuancé, où il essaya de côtoyer les écueils, sans s'y heurter, Mais il advint qu'un interrupteur lui demanda à brûle-pourpoint, si l'enseignement des devoirs envers Dieu se concilierait avec la neutralité qu'il préconisait. Il eût bien voulu éluder la réponse ; mais la gauche veillait ; forcé fut de s'exécuter : « Je dis nettement, déclara-t-il, que je ne donnerai pas aux instituteurs le conseil d'enseigner dogmatiquement ce que vous appelez les devoirs envers Dieu. »

Aussitôt la gauche éclata en applaudissments ; mais les protestations s'élevèrent à droite. « Ce que nous appelons les devoirs envers Dieu, dit l'un, ce sont ceux que prévoient vos programmes scolaires, publiés à l'*Officiel*, et affichés dans les écoles. » — « Personne jusqu'ici, lui dit un autre, n'a prononcé une parole plus grave que la vôtre. »

Poussé dans ses derniers retranchements, M. Barthou ajouta : « J'estime que donner comme instruction aux instituteurs d'enseigner cette partie du programme religieux, ce serait violer la neutralité scolaire. J'aime à croire que vous préférez, je ne dis pas à mes réticences, mais à mon silence, la franchise très nette de mes explications. »

La franchise très nette était la répudiation de l'idée divine, c'est-à-dire la proclamation très nette du rationalisme obligatoire. Après trente ans, la bataille scolaire arrivait à sa décision.

En 1882, M. Jules Ferry, le fondateur de l'enseignement laïque, gratuit et obligatoire, avait dit : « L'école publique, en cessant d'être confessionnelle, restera spiritualiste », et il avait tenu parole dans la rédaction des programmes scolaires. Aujourd'hui, M. Barthou désavouait son maître, son chef politique. 1882-1913, trente ans avaient suffi pour faire de l'école spiritualiste, l'école positiviste, pour arriver de l'affirmation à l'ostracisme de Dieu. Que de temps faudra-til pour descendre au bas de la pente, c'est-à-dire à la négation?

Les catholiques, enclins aux illusions, mesuraient maintenant, avec le chemin parcouru, l'étendue de leur défaite. Tandis qu'ils se querellaient et se divisaient, la libre-pensée s'installait au pouvoir, prenait officiellement la maîtrise des esprits et se préparait de nouveaux triomphes.

Plus de Dieu, disaient les incrédules ; plus d'armée, ajoutaient les antimilitaristes ; plus d'enfants, répondait la foule, nourrie des doctrines maçonniques. Tel était le bilan de la moralité publique, un an avant la guerre, où allaient se décider les destinées de la France.

Pendant que les sectaires poursuivaient, dans le domaine des idées, leur œuvre de destruction, les politiciens redoublaient d'aveuglement dans la conduite des affaires publiques.

La loi de trois ans rendait nécessaire l'organisation du nouveau service militaire. De plus, les énormes dépenses militaires que l'Allemagne prodiguait à ce moment avec une hâte fébrile obligeaient la France à de lourds sacrifices. Celle-ci n'avait pas d'artillerie lourde ; elle ne fabriquait plus de fusils Lebel ; ses approvisionnements, ses armements ne correspondaient plus aux exigences d'une situation de jour en jour plus grave. Le Gouvernement et la Commission du budget, sans méconnaître les nécessités nouvelles ni prétendre s'y dérober, ne les acceptaient qu'avec hésitation ; la crainte de faire peser sur le pays de lourdes charges paralysait leurs bonnes intentions.

Le Gouvernement demanda pourtant cinq cents millions de crédits exceptionnels de guerre, puis cinq cents autres millions pour le service de trois ans ; il se décida même à proposer un emprunt d'un milliard, alors que l'État-major en réclamait deux, « minimum irréductible » disait-il.

La Commission du budget tâtonnait et perdait un temps précieux, quand un jour le Ministre vint lui annoncer qu'on avait tout récemment découvert une fusée allongeant beaucoup la portée des canons de 75. Sans plus ample informé, elle supprima d'un trait de plume les soixante-quinze millions affectés à l'artillerie lourde. Un autre jour, elle ouvrit une discussion théorique sur les meilleurs impôts ; et, après avoir entendu les radicaux, déclarer qu'ils n'en voulaient d'autres que le leur, l'impôt progressif sur le revenu non encore mis sur pied, elle se sépara sans conclure.

Les vacances arrivèrent, sans qu'aucune décision n'eût été prise ni sur l'importance des dépenses, ni sur le chiffre des crédits, ni sur le projet d'emprunt.

Ces ajournements désolaient Albert de Mun. « L'Europe, « écrivit-il, est plus profondément troublée que jamais. « La guerre de demain sera la guerre de tous, c'est-à-dire « la plus profonde secousse que le monde aura connue. » Il avait écrit jadis un article retentissant : « La guerre nécessaire ».

S'il l'eût refait, il l'eût intitulé: « La guerre inévitable ».

C'était le moment où Guillaume avouait au roi des Belges ses intentions belliqueuses et alarmait par son langage notre ambassadeur à Berlin, le moment où sa presse, obéissant à un mot d'ordre, proclamait la légitimité de la violence, les droits du plus fort sur le plus faible et rappelait le mot du grand Frédéric :« Le royaume de Dieu se gagne par la patience, ceux du monde par la force », le moment où sa diplomatie murmurait à l'oreille des gouvernements suspects d'ambitions, des paroles tentatrices.

Plus l'horizon s'assombrissait, plus Albert de Mun devenait inquiet et pressant : « Pas de débats irritants, écrivait- « il, unissons-nous, voyons, dans les Ministres, les gardiens « de la défense nationale. M. de Metternich l'a dit : « Les « hommes de demain sont les seuls qui comptent : arrière « les anciens dissentiments, arrière les vieilles querelles. « Qu'on ne parle plus de péril clérical : il n'y en a plus « d'autre que le péril national.»

Ses préoccupations furent si vives que, sachant ce qui se passait à la Commision du budget, il désira y entrer. N'était-elle pas la dispensatrice des ressources de la paix et de la guerre, la régulatrice de la politique générale?

Un de ses membres, le comte de Ludre, lui céda sa place. A l'époque où il lui succéda, le malaise financier, grâce aux prodigalités d'une politique de laisser-aller, était devenu chronique ; et les budgets des radicaux ne s'équilibraient plus que par des expédients et des impôts nouveaux.

Il siégeait depuis quelques jours quand le Gouvernement, rectifiant le chiffre de son premier projet, proposa un emprunt de quatorze cents millions. Comme il savait l'insistance de l'État-major pour obtenir son minimum de deux milliards, il se persuada que le nouveau projet était un effort pour adapter l'emprunt aux besoins de la défense nationale. C'était une erreur. Le ministre des Finances, embarrassé pour équilibrer son budget ordinaire en déficit de 500 millions, avait simplement profité de l'occasion pour glisser dans l'emprunt militaire la somme qui lui manquait ; du coup, les crédits de la guerre n'étaient plus que de neuf cents millions.

Équilibrer le budget ordinaire avec des fonds d'emprunt était une hérésie financière ; mais faire encore un rabais sur les besoins urgents de la défense nationale parut à Albert de Mun la plus folle imprudence. Sans prendre la peine de discuter les sophismes imaginés pour excuser des procédés dignes de fils de famille dans l'embarras, il dénonça avec une éloquence, parfois poignante, l'aberration d'une politique qui sacrifiait les intérêts nationaux aux calculs électoraux. Ce fut en vain ; le siège de la commission était fait. S'il ne put la convaincre de la responsabilité qu'elle assumait, il déclara se refuser à la partager avec elle.

Il fut battu à la Commission, battu ensuite à la Chambre. Mais le lendemain de leur capitulation, les radicaux sentirent leurs scrupules se réveiller, quand on leur proposa d'exonérer les nouvelles rentes de tout impôt. Sacrifier l'armée au risque de compromettre la sécurité du pays passait encore ; mais sacrifier l'égalité démocratique et procurer un profit aux capitalistes dont on sollicitait l'argent, c'était le renversement de tous les principes. Le ministère Barthou ne résista pas à ce puritanisme radical et fut renversé du coup.

Le Président de la République appela, pour le remplacer,

un radical de marque, M. Doumergue. Celui-ci, docile aux exigences de son parti, fit entrer dans son cabinet des adversaires du service de trois ans, avec des adversaires de l'exonération de la rente. Le Bloc triomphait sur toute la ligne, il avait pour ministre des Finances, son préféré, M. Caillaux. Celui-ci, sans se plaindre tout haut, trouvait dur qu'on lui eût appliqué si sévèrement le principe : tel brille au second rang qui s'éclipse au premier.

Aussitôt commença la lutte en vue des élections. Le programme radical était simple : service de deux ans, pas de charges militaires nouvelles, politique pacifiste et laïque.

Le premier acte du nouveau Cabinet fut pour le pays un trait de lumière ; l'emprunt de quatorze cents millions fut renvoyé à des temps meilleurs. Comme les dépenses militaires étaient de toute urgence, cet ajournement était un gage offert à l'Allemagne. En 1870, M. Émile Ollivier, persuadé des bonnes intentions germaniques, avait réduit le contingent annuel de 12.000 hommes ; c'était cette fois, non l'effectif, mais le budget militaire qui faisait les frais des illusions gouvernementales. Les hommes avaient changé, mais non les crédulités.

On était à peu de mois du renouvellement de la Chambre. Comme rien n'éclaire mieux les hommes habitués au pouvoir que de l'avoir perdu, M. Briand se retrouva clairvoyant, et à son tour vit le péril à gauche.

Après avoir conduit le Bloc à la victoire en 1910 et pour récompense avoir été deux fois renversé par lui, il jugea l'expérience suffisante. Aussi pensa-t-il, pour lui barrer la route, à former une coalition largement ouverte, sorte de ligue de bien public où les catholiques seraient entrés.

L'idée était juste, à la condition d'être sincère et de ne pas être une simple manœuvre électorale. Pour réussir, il fallait ne pas renouveler le jeu de Périgueux. Malheureusement, les événements ne lui avaient rien appris. Pas plus qu'autrefois, il ne croyait ni à la puissance, ni même à la sincérité des croyances religieuses ; il les prenait pour de simples opinions, prêtes à s'adapter à tous les événements et à évoluer avec tous les temps. Comme autrefois, il était persuadé qu'il suffisait d'entre-bâiller la porte de la maison laïque, pour que les catholiques accourussent y chercher place, sans rien changer à son ameublement.

Telles étaient ses illusions qu'il fut surpris de se heurter à des résistances invincibles et de trouver en face de lui des hommes réfractaires à l'opportunisme et décidés à n'être ni dupes ni complices. Il en conçut une telle irritation qu'il alla au Havre, et les foudroya : « Il n'y a rien à faire avec ces gens-là, » dit-il.

Il avait raison. Ces gens-là savaient de leur côté qu'aux conditions qu'il y voulait mettre, il n'y avait rien à faire avec lui. Tout disposés aux déclarations loyalistes, aux réformes sociales, au concours le plus désintéressé, ils n'entendaient se prêter à aucun sacrifice de conscience. Des amusettes oratoires ne leur feraient pas accepter, même avec d'habiles équivoques, l'œuvre collective de M. Waldeck-Rousseau et de M. Combes. Le droit d'association, la liberté d'enseignement leur étaient sacrés et lui les regardait comme le patrimoine intangible de la République laïque. Nulle entente n'était possible. Consentir à ce que l'Église fût dépouillée de son apostolat et de son enseignement, ce n'était pas un sacrifice, c'eût été un reniement. Il n'y avait donc qu'à se combattre et à en appeler à la justice du pays.

La session s'acheva tristement ; le pays était tombé dans une indifférence, qui n'avait d'égale que l'inertie du Parlement.

Au milieu de cet affaissement général, Albert de Mun gardait ses préoccupations militaires ; ses regards restaient fixés sur cette frontière du Rhin qu'il savait ouverte aux entreprises d'une Allemagne toujours en éveil et l'incurie de la majorité l'indignait. « Où est notre armée, écrivait-il, « va-t-elle sombrer dans l'anarchie parlementaire? Va-t-elle « s'effondrer dans l'étouffement national, qui se prépare à

« Berne? Un avenir prochain le dira. L'heure décisive est
« bien près d'être écoulée. Puisse Dieu nous épargner celle
« du châtiment ! »

Dans la presse, dans les Commissions, dans les couloirs
de la Chambre, il signalait sans relâche les symptômes
avant-coureurs de la crise prochaine. On l'écoutait, sans le
croire. A bout de patience, il prit une résolution qui parut
presque une folie. Il se décida à parler à la séance qui, à ce
moment, clôturait le Congrès d'Action Libérale tenu à Paris.
Les instances de sa famille, de ses amis, ne purent le détourner de son projet. Il se résigna seulement à écrire les
quelques paroles qu'il voulait prononcer ; ce furent ses *ulti-
ma verba ;* il les lut d'une voix étouffée, qui avait l'angoisse
d'un adieu.

C'était la première fois qu'il parlait en public, depuis la
mémorable séance du traité congolais ; ce fut la dernière.

Quand il se leva, il sembla que tout son passé se levait
avec lui. L'assemblée, accourue pour l'écouter, fut secouée
par un sursaut d'enthousiasme ; ses anciens compagnons
d'armes, heureux de le revoir, s'abandonnaient à une joie
qui devint de l'ivresse, et les jeunes tressaillaient de fierté
à la vue du chef aimé qui leur avait tracé la voie. Il était
là, devant leurs yeux, le glorieux vétéran qui, pendant
quarante ans, avait tenu haut leur drapeau au milieu de
batailles ardentes et trouvé le secret de l'illustrer jusque
dans la défaite.

A chaque parole tombée de ses lèvres, les ovations se
succédaient, et sa voix affaiblie se perdait dans le bruit des
applaudissements. Bientôt elle ne réussit plus à dominer la
tempête des bravos, et la scène s'acheva en une acclamation, où les cœurs et les larmes se confondaient.

Ce furent ses adieux à la parole publique. Quand il se
rassit, c'en était fait du grand orateur. Sa carrière était
finie, sa vie près de l'être.

Les derniers jours de la session furent presque sombres.
On eût dit qu'un pressentiment sinistre troublait, dans sa

sécurité voulue, cette Assemblée qui avait vécu d'une politique dont le pays mourait. Les radicaux affectaient une pleine confiance dans l'avenir. Leur parlait-on de défense nationale, ils répondaient qu'il n'en était pas de meilleure que leur volonté de maintenir la paix ; insistait-on sur les préparatifs militaires de l'Allemagne, ils disaient en souriant qu'eux préparaient les élections.

Ils les préparèrent si bien que le scrutin des mares stagnantes leur donna des résultats inespérés. Avec 180 radicaux-socialistes, 100 unifiés, 36 socialistes indépendants, un fort lot de radicaux tout court et l'habituel contingent des douteux à tout faire, la majorité était formidable. Le Bloc de gauche allait régner et gouverner. Plus de nationalisme gênant : plus de loi de trois ans ; plus de budget extraordinaire de guerre. Chacun allait vivre sa vie dans une société débordant de bien-être, dégagée de superstitions religieuses et de velléités impérialistes.

Quelle n'eût pas été la stupeur de ces optimistes renforcés, si on leur eût dit que, quelques mois après, la France en armes refoulerait, péniblement et à force d'héroïsme, une formidable invasion et que le général Joffre télégraphierait, après une magnifique victoire, restée inachevée : « Faute d'approvisionnements, j'arrête l'offensive, mes canons de 75 n'ont plus que 700 coups à tirer. »

XI

LA GUERRE

Mort d'Albert de Mun.

Les élections suivirent de près la dernière rencontre du maître et des disciples.

Elles ne ressemblèrent à aucune autre. On eût dit que la bataille se livrait entre adversaires masqués, attentifs à cacher leurs armes et à mesurer leurs coups. En apparence ternes et réduites à de simples corps à corps, en réalité ardentes, elles mirent aux prises des combattants passionnés que le service de trois ans divisait sourdement.

D'accord pour ne pas vider leur querelle au grand jour et ne pas faire trop de bruit, candidats et électeurs se comprenaient à demi-mot. Sauf dans les régions où le souvenir de l'invasion était resté vivant et celles où le pacifisme était en honneur, les divergences les plus profondes s'estompèrent d'ombres discrètes. On se battit à coups de réticences ; les affirmations les plus contradictoires se dissimulaient avec art sous des formules prudentes. Les uns craignaient de heurter le sentiment familial, les autres le sentiment national ; tous comprenaient que l'étranger avait l'oreille tendue. Cette lutte en pleine lumière ressembla presque à un combat de nuit.

Quand elle fut finie, tout le monde chanta victoire ; à lire les professions de foi, on pouvait se demander qui avait raison. Les partisans des trois ans soutenaient l'avoir gagnée et les autres niaient l'avoir perdue.

Le jour où les nouveaux élus se classèrent, grande fut la surprise de voir le Bloc grossi encore. Quant au centre, il était diminué et désorganisé ; à droite, conservateurs, catholiques, libéraux, n'étaient plus qu'une poignée, et encore émiettée.

Le changement des opinions ne correspondait pas au changement des personnes ; les hommes étaient à peu près les mêmes, les programmes seuls ne l'étaient pas. D'anciens modérés étaient devenus des radicaux, les radicaux tout court des radicaux-socialistes. Il semblait que tout le monde eût peur de n'être pas assez avancé. Le glissement à gauche avait été contagieux, même à droite.

Le Bloc arrivait à son apogée, mais il y arrivait anémié et à bout de souffle ; il avait trop respiré l'air des mares stagnantes. Sauf un vague pacifisme et quelques vieilleries anticléricales, il ne vivait plus que de formules démodées. Plus d'aspirations réformatrices, presque plus de sens national ; il avait peur de l'armée, parce qu'elle était une force impérialiste, et de la revanche, parce qu'elle était la réaction.

Sa doctrine se résumait en une perpétuelle invocation des souvenirs de la Révolution. Tout en faisant sonner haut « les grands ancêtres », il oubliait d'en faire revivre les ardeurs patriotiques et les ambitions nationales. A le voir à l'œuvre, on se rappelait ce jugement de Jules Ferry sur « l'école de la tradition révolutionnaire » : « Il en est d'elle comme de ces enfants qui n'ont retenu du type paternel que ses travers. Les continuateurs de la Révolution n'ont hérité que de ses sophismes, de ses déclamations et de ses haines. »

Ces continuateurs de la Révolution cédaient à une passivité satisfaite et se complaisaient dans les douceurs de la République des camarades. Ils n'étaient, comme le leur disait l'un des leurs, que « des Jacobins dégénérés ».

La nation, habituée à ce régime d'égoïsme subalterne, assistait avec résignation à la lente dégradation des mœurs publiques. Albert de Mun avait écrit à la veille des élections : « Qui l'emportera, la politique de la France ou celle des partis, la sève ou le bois sec ? » Le bois sec l'avait emporté. Par bonheur, l'avenir l'a prouvé, il y restait un peu de la sève généreuse, où la France a, dans ses grandes crises, puisé sa force et trouvé son salut.

Qui eût dit, en voyant cette majorité de pacifistes et de sectaires s'asseoir sur les bancs de la Chambre, qu'elle était destinée à assister aux plus grands événements et à ne pas rester trop indigne d'eux?

En attendant, les unifiés, bénéficiaires des dernières élections, faisaient seuls preuve d'ardeur ; seuls, ils avaient un programme et un chef ; ce chef était Jaurès. Jaurès, dans la force de l'âge et la plénitude du talent, avait débuté, dans la vie publique, par le centre gauche, mais n'avait fait que le traverser. Il y avait trouvé une froideur, une pondération, un perpétuel balancement entre le oui et le non, qui blessaient sa nature ardente, avide de mouvement. Le socialisme, avec ses hardiesses impétueuses et son dédain des réalités, répondait autrement à son tempérament excessif. Il s'y jeta tête baissée. Une fois engagé sur la pente, il la descendit jusqu'au fond.

Le normalien brûla les étapes et chanta l'*Internationale* sur les tables des banquets. Nouveau venu, il fut longtemps discuté dans son parti, mais s'imposa bientôt par la supériorité de sa culture, l'éclat de sa parole, la régularité simple de sa vie, la variété et l'audace de ses sophismes. Ses connaissances étaient vastes, sa facilité de conception et sa puissance de travail surprenantes. Il lisait tout et retenait tout. Ce qu'il ne savait pas, il le devinait ; cette faculté d'intuition lui donna l'illusion de se croire universel. Son éloquence surprenait d'abord par sa fougue, des éclats de voix retentissants et une action oratoire qui eût fort scandalisé Isocrate ; mais elle devenait prenante, grâce à l'élégance de la forme, la richesse des aperçus, et une sincérité dans le paradoxe, qui produisait l'éblouissement. Ni Berryer, ni Montalembert, ni Guizot ne l'eussent reconnu comme un des leurs ; mais la foule l'admirait comme le chef d'une nouvelle école, où la passion et la science s'unissaient dans un pêle-mêle étourdissant. Il avait soutenu tant de thèses, tranché tant de questions, que des juges sévères l'appelaient Gorgias. C'était injuste. Il n'était ni un rhéteur, ni un comédien ; c'était un idéaliste, emporté par une imagination de feu, qui s'enivrait du bruit de sa voix et du tumulte de sa pensée.

Surpris par la confusion de la nouvelle Chambre, il se demanda d'abord ce que cachaient les étiquettes électorales des nouveaux venus, et si quelques-unes n'étaient pas seulement des ruses de guerre. Il reconnut vite, qu'entre les deux camps tranchés des partisans et des adversaires de la réforme militaire, s'éparpillaient, en de subtils groupements, des députés aux opinions indécises, qu'il fallait gagner mais non brusquer.

Dans cette incertitude, il n'était pas plus pressé que ses collègues de l'opposition de croiser le fer. Les défenseurs des trois ans avaient la loi qu'ils voulaient et désiraient ne rien risquer ; les autres craignaient de compromettre par trop de hâte leurs chances de révision. Tous d'ailleurs, fatigués de la lutte électorale, désiraient sinon la paix, au moins une suspension d'armes. Difficilement nommés, les radicaux voulaient jouir de la victoire, que l'administration leur avait procurée, et du régime de favoritisme qu'incarnait le règne du Bloc.

Le pays, fait aux mœurs nouvelles, laissait aller les choses sans s'émouvoir. Très jaloux de faveurs, il pardonnait tout aux maîtres qui les lui prodiguaient ; mais son indifférence, mêlée de dédain, cachait une secrète anxiété. Quoique à chaque élection l'étiage moral baissât, il restait, au fond de son âme, troublé par de patriotiques angoisses.

Deux faits significatifs traduisirent tout de suite l'esprit du Gouvernement et de la majorité. L'un fut le projet d'emprunt militaire, depuis longtemps attendu et ajourné, qui fut présenté avec le chiffre de 800 millions, inférieur de plus de moitié au minimum fixé par l'État-major ; l'autre, le rejet par 200 députés du Bloc de crédits militaires d'extrême urgence. On était à quelques jours de l'assassinat de l'archiduc Ferdinand, à quelques semaines de la déclaration de guerre !

Jamais la sécurité de la majorité n'avait été plus grande et M. Viviani, irrité, en arrivait à dire : « Les engagements « électoraux, c'est quelque chose : la garde des frontières est « chose plus importante. » De son côté, M. Briand déclarait à notre ambassadeur de Russie, M. Paléologue, que « les « socialistes révolutionnaires et les radicaux alliés aux uni- « fiés se conduisaient comme des fous et qu'ils étaient en « train de perdre la France [1] ».

Tandis que s'écoulaient ces jours d'une monotonie fatigante, survint un événement dont les conséquences politiques ne furent entrevues que plus tard. Mme Caillaux, exaspérée des attaques qu'un journaliste en vue prodiguait à son mari, le tua d'un coup de revolver. M. Caillaux dut donner sa démission.

Le Cabinet ne survécut pas à cette dislocation. Que fût-il advenu, s'il eût été aux affaires pendant la crise qui allait s'ouvrir? Disposé, comme il l'était, à un accommodement avec l'Allemagne, eût-il renoncé à sa politique de conciliation?

Tout était à craindre de l'état d'esprit de la majorité. Il se révéla, avec ses instincts antimilitaristes, lors de la constitution d'un nouveau ministère. Le Président de la République avait confié à M. Ribot le soin de le former. Celui-ci, en le présentant à la Chambre, essaya de soulever, d'une main discrète, le voile qui cachait des dangers déjà imminents. Aussitôt s'élevèrent de la gauche des protestations indignées. « Non, non, pas cela, s'écria M. Sembat, pas l'argument de la panique. » A peine le Ministre fut-il descendu de la tribune, que les pacifistes éperdus se jetèrent sur leurs boîtes, pour y chercher les bulletins, qui étaient son arrêt de mort. Le cabinet Ribot n'arriva pas vivant au soir de son premier jour, et il ne resta au chef de l'État d'autre ressource

---

1. *Revue des Deux Mondes*, 15 janvier 1921.

que de faire appel à un socialiste indépendant, M. Viviani,
que son origine politique, ses discours ultra-laïques semblaient recommander à la sympathie du Bloc. Il fut accueilli
sans entrain, presque avec froideur. On était au 2 juin 1914.

La nouvelle, aussitôt répandue d'une visite de M. Poincaré au czar Nicolas II changea cette froideur en hostilité ;
c'était encore, disait-on, une démarche impérialiste, dissi-
mulée sous l'apparence d'un acte de courtoisie.

Tant d'aveuglement révolta Albert de Mun : « Au lieu de
railler les alarmes de l'Élysée, répétait-il, voyez l'Allemagne en armes ; écoutez ses hommes d'État, lisez ses journaux. Le branle-bas de combat est commencé. Ne dites
pas que c'est dans des vues impérialistes, que M. Poincaré va retourner à Saint-Pétersbourg avec le Président
du Conseil, et, au retour, rendre visite au souverain du
Nord le plus attaché à l'Allemagne. C'est pour le salut
d'une alliance dont dépend celui du pays. Il n'y a plus
une faute à commettre.

Ses avertissements et ses angoisses ne rencontraient dans
le Bloc que des incrédules. M. Poincaré, lui répondait-on, va
resserrer ses liens avec le Czar, en vue de la guerre qu'il dé-
sire ; M. Viviani est un rêveur. L'un et l'autre courent au
devant d'aventures, qui pourraient leur coûter cher.

L'attentat de Sarajevo émut le Parlement, sans l'inquié-
ter. Les pacifistes impénitents n'y virent qu'un crime
isolé. Ils auraient dû savoir pourtant que l'empereur d'Autriche avait gardé de la seconde guerre balkanique et du
traité de Bucarest une irritation si profonde contre la Serbie, que son désir hautement avoué était sinon de l'écraser,
au moins de l'humilier. De plus, la situation financière de
l'Autriche-Hongrie était telle qu'au rapport de l'ambassadeur de France, elle faisait de la guerre une solution
presque inévitable. Le crime de Sarajevo était une
occasion tentante de satisfaire ses rancunes et de mettre
fin aux embarras d'argent. On le pouvait d'autant plus
craindre que l'empereur Guillaume, en l'apprenant, avait

prononcé cette inquiétante parole, rapportée aussitôt par le prince de Monaco : « Maintenant, tout ce que j'ai fait est à recommencer. »

Qu'importait à la majorité ces menaçants symptômes ! Assoupie et égoïste, elle n'avait qu'un souci : partir en vacances, et aller rechauffer le zèle de ses électeurs, par la promesse de la paix et du service de deux ans.

Avant son départ, Albert de Mun demanda, supplia qu'on ouvrît un débat sur la politique extérieure, afin d'en montrer les périls. Personne n'en voulut entendre parler, la minorité, parce qu'on l'eût accusée de sonner l'alarme et d'agiter criminellement le pays, la majorité parce qu'elle ne croyait pas au danger et voulait son repos. Repoussé de toutes parts, il quitta Paris, troublé de ce qu'il savait, plus troublé de ce qu'il soupçonnait.

Las du surmenage auquel il s'était longtemps condamné, il avait résolu de se reposer en voyageant : « Je monte de-« main en automobile, disait-il gaiement, je n'en descendrai « qu'en novembre. » En novembre, il y avait un mois qu'il dormait son dernier sommeil dans un cimetière de Bordeaux.

Sa première excursion n'était pas commencée que la guerre éclata comme un coup de foudre. Elle trouvait la Chambre en vacances, le Gouvernement en voyage, le pays en pleine sécurité, les services de l'armée en réorganisation, l'artillerie lourde à peine ébauchée, les approvisionnements militaires insuffisants.

Ses appréhensions se réalisaient plus tôt qu'il ne le supposait. Après avoir longtemps souhaité la revanche, ses impatiences s'étaient refroidies, devant la certitude d'une préparation incomplète. Mais, au premier coup de clairon, le vaincu de 1870 sentit se réveiller ses ardeurs d'autrefois. Sedan, Metz, Paris criaient vengeance ; l'heure décisive avait sonné.

L'événement lui apparut tout de suite dans son effrayante grandeur. Plus de la moitié de l'Europe allait être en feu. Où s'arrêterait l'incendie?

Si son cœur s'exaltait à la pensée de l'Alsace-Lorraine retrouvée, de la Pologne affranchie, de la France replacée à la tête des nations, il voyait passer devant ses yeux les sombres images d'une guerre sans pitié, les horreurs qu'elle cause, le sang qu'elle coûte, les douleurs dont la gloire est faite. Quant à l'issue de la lutte, il ne la croyait pas douteuse ; la provocation était visible, et la préméditation certaine. « L'orgueil ne marche-t-il pas devant l'écrasement? »

Accouru à Paris, il assista au retour de M. Poincaré, revenant de Russie.

Les deux Empereurs, les deux complices, d'accord depuis un conseil secret tenu à Potsdam le 5 juillet, avaient concerté leur plan, de façon à ce que l'explosion éclatât seulement après que le Président aurait quitté Saint-Pétersbourg. Le secret n'avait pas été si bien gardé qu'un vague bruit, apporté par l'ambassadeur italien, ne fût arrivé à Constantinople vers la mi-juillet ; mais M. Poincaré ne le sut pas ou n'y crut pas

Quand il se rembarqua pour la France, il ignorait tout des résolutions de Potsdam et de l'ultimatum de l'Autriche. Les premières informations ne lui parvinrent qu'à sa sortie du golfe de Finlande, et si confuses et dans des dépêches si difficiles à déchiffrer, qu'il crut avoir le temps d'aller en Suède y faire la visite annoncée. C'est à Stockolm que le roi, à son arrivée, lui apprit la sommation autrichienne et la réponse serbe.

Rentré en toute hâte, il trouva Paris sous le coup des angoisses de quatre journées fiévreuses, à un moment où les épées étaient déjà croisées. La grande cité lui fit une réception, où elle mit toute la flamme de son patriotisme. La foule s'entassa sur tout le parcours de la gare du Nord à l'Élysée et à son passage cette mer humaine se souleva, imposante par son calme et sa puissance. Ce fut la vraie France, telle que l'ont faite quatorze siècles de gloire, qui se dressait devant le chef d'État républicain, avec la majesté et la fierté des temps héroïques.

Albert de Mun apprit, deux jours après, l'ordre donné à nos troupes de reculer à 10 kilomètres en deçà de la frontière. Après un premier mouvement de colère, il vit, dans l'abandon de riches territoires, un gage donné moins à l'Angleterre qu'aux ouvriers appelés sous les armes. Il savait que, depuis longtemps, les révolutionnaires se vantaient d'empêcher la mobilisation et que le succès de leurs projets serait la ruine de la France. Éclairé déjà par cette parole de Jaurès à un de ses collègues unifiés : « Que ferions-nous de plus si nous avions le pouvoir? » il sentit mieux l'opportunité de la précaution, après l'attentat dont celui-ci fut victime. Que fût-il arrivé, si le crime d'un fanatique eût trouvé le prolétariat défiant et surexcité? Sa douleur ne se fût-elle pas changée en colère ; la guerre civile n'eût-elle pas devancé la guerre étrangère?

A l'occasion de ce dramatique événement, Albert de Mun écrivit à la veuve de Jaurès une lettre touchante qui scellait l'union sacrée devant le cercueil de l'homme en qui s'incarnait la Révolution. Le lendemain, il s'assit à son banc dans une Chambre enfiévrée. C'était le 4 août, date mémorable dans notre histoire, anniversaire de la nuit fameuse, d'où est sortie la société moderne. Il s'agissait cette fois non plus de la réconciliation des classes dans la justice, mais de la réconciliation des cœurs dans l'amour de la patrie. Ce jour là comme l'autre, s'ouvrait, en France, une ère de rénovation, dont les suites dépassaient toute prévision humaine.

Elle fut émouvante et grandiose cette séance, où des hommes séparés par de longues discordes se levèrent d'un mouvement unanime, et, confondant leurs âmes et leurs voix, firent ensemble le serment de refouler l'étranger. A cette heure solennelle, telle qu'il en sonne rarement dans la vie d'un peuple, il n'y eut plus qu'un parti, celui de la France. Les générations du passé et celles du présent, ouvrières communes de la grandeur nationale, se levaient ensemble, en face de l'envahisseur ; en cette Chambre la moins idéaliste, la moins accessible aux entraînements patriotiques, revécut le vieux génie militaire de notre race.

Ce qui ajoutait à la grandeur de cette scène, c'était la vision de la Belgique, héroïquement chevaleresque avec sa poignée de braves, celle de l'Angleterre impressionnante dans sa froide et immuable attitude.

Quand Albert de Mun quitta le Palais-Bourbon, bouleversé et radieux, il se sentit rajeuni. L'ancien capitaine de cuirassiers revivait dans le parlementaire vieilli. Avec quelle joie il eût décroché son épée de la panoplie, où il l'avait attachée quarante ans avant ! Avec quelle joie il eût rejoint au front ses trois fils, que la patrie lui avait demandés ! Hélas ! il ne restait au vétéran qu'une seule arme, sa plume. Par bonheur, cette plume valait l'épée la mieux trempée. Tout de suite il la mit au service du pays ; et, en quelques jours, le journal où il écrivait, *l'Écho de Paris*, valut presque un corps d'armée.

Dans chaque ligne de ses articles, on sentait un battement de son cœur. En les lisant, les âmes étaient raffermies ; et si les larmes des pères, des mères, des femmes, des sœurs ne séchaient pas, elles coulaient moins brûlantes. Personne n'a plus contribué à soulever la grande vague d'idéal, qui passa alors sur la France.

Un instant, il crut le dénouement prochain. La prise éphémère de Mulhouse lui parut la première étape vers la victoire. Mulhouse ! c'était la marche sur Strasbourg, l'Alsace reprise, le Rhin redevenu français, la route de Berlin ouverte ; c'était la grande douleur de 1870 consolée, la souillure des capitulations effacée et vengée. Combien son cœur saigna, quand il vit nos troupes abandonner la ville à peine conquise et se replier sur les marches d'Alsace, en même temps que celles de Morhange refluaient sur Nancy, pour chercher au Grand-Couronné une nouvelle Argonne !

Quand vinrent Charleroi, la défaite, la retraite hâtive sur Paris, il ne se laissa aller à aucun découragement. Les opérations militaires, précipitées et en apparence confuses, n'étaient que les péripéties habituelles de la guerre, des combinaisons stratégiques ; l'avance de l'ennemi était une folle bravade ; chacune de ses marches forcées l'affaiblissait et le découvrait. Plus il s'éloignait de sa base, plus il s'exposait à nos coups et courait là où nous l'attendions pour l'écraser.

Le public commençait à s'interroger anxieusement, à compter les villes perdues, à calculer les distances franchies. Albert de Mun ne le laissa pas s'attarder aux sombres impressions. « Pas d'énervement, pas de critiques déprimantes », écrit-il au matin de ces journées poignantes, dont chaque heure marquait l'avance des Allemands. « Notre « armée recule, c'est pour mieux choisir son terrain de com- « bat. L'ennemi avance à marches forcées ; il court à sa « perte. Dans ce drame sans égal, il faut à tout prix gran- « dir et fortifier les âmes. Soutenez ceux qui combattent « par votre admiration confiante, soutenez ceux qui restent, « en les délivrant des fabricants de fausses nouvelles, sou- « tenez les mères, en facilitant leurs courts entretiens avec « les fils qu'elles donnent à la patrie. Le peuple et l'armée « vous paieront en héroïsme ! L'avenir est aux patients qui « savent attendre, tenir bon, comme le Duc de Fer à Wa- « terloo. »

La foule, à la lecture de ces lignes enflammées, se sentait gagnée par cette noble folie du patriotisme. Elle était si pleine de foi, qu'entendant des hauteurs de Montmartre le canon allemand retentir au loin, elle saluait encore en son cœur la victoire prochaine.

L'ennemi a dépassé la Marne, les uhlans ont franchi Compiègne. Le flot de l'invasion bat presque les premiers forts. L'âme française ne fléchit pas : une invincible confiance la soutient, au milieu des périls qui croissent de minute en minute.

Sans doute une partie de la population s'affola à la pensée des femmes, des enfants, des vieillards, exposés aux souffrances d'un siège et aux horreurs d'un bombardement. On vit les gares envahies, les routes encombrées et les longues files de voitures s'entasser aux barrières. Paris avait été témoin d'un tel spectacle en 1870, après Sedan, à la veille de l'investissement. Cette fois comme alors, la foule valide resta impassible.

A la Chambre, un silence glacial planait sur les vastes salles presque désertes. Quelques rares députés y erraient comme des ombres, échangeant à voix basse de sinistres nouvelles : hier, l'État-major anglais a quitté Compiègne et l'État-major allemand l'y a remplacé ; on se bat dans la forêt ; les Allemands avancent, brûlant les étapes sans bagages, sans réserves, haletants et risquant tout ; les forts, dont les feux ne croisent pas, ne peuvent les arrêter ; Paris sera peut-être à eux avant trois jours ; nos troupes se préparent à le dépasser, et le grand commandement se transporte à Melun. Que pouvait la Chambre dans cette extrémité? Chacun se regardait avec angoisse, sans savoir où était le devoir ni comment le découvrir.

Albert de Mun, lui, gardait toute sa confiance. Il savait pourtant les entretiens du général Gallieni, gouverneur de Paris, avec le ministre de la Guerre et le Président de la République. « Je reviens de l'armée, avait dit l'un, vous n'échapperez pas à un investissement. » — « Attendez-vous, avait dit l'autre, à une grande bataille pour le 2 septembre, anniversaire de Sedan, et le camp retranché n'est pas prêt. » A l'un et à l'autre de ses deux interlocuteurs, Gallieni avait répondu : « Le camp retranché n'existe pas, les ouvrages d'infanterie sont à peine commencés, les batteries ne sont pas en place, les munitions et le ravitaillement sont au-dessous du taux fixé, les territoriaux sans instruction. Paris est indéfendable ; il doit être sauvé hors de ses murs, par une grande bataille en rase campagne. »

Paris est indéfendable ! C'était pour le Gouvernement l'ordre de le quitter. Rome, dans une pareille extrémité, avait vendu le champ où campait Annibal ; mais tout était changé, les temps, les hommes, la guerre surtout.

A l'annonce d'un prochain départ, les ministères et l'Élysée furent envahis par les donneurs de conseils. Les exaltés voulaient faire de Paris une Saragosse et s'ensevelir sous ses ruines ; les réalistes se désolaient à la pensée de laisser bombarder ses monuments et détruire ses richesses ; quelques louches poltrons murmuraient le mot de paix.

Cet affolement ne fit pas perdre son sang-froid au Gouvernement, décidé à suivre l'avis des généraux responsables de la guerre, et ceux-ci l'exhortaient à ne pas renouveler la faute des ministres du Quatre Septembre qui avaient compromis la défense de Paris par leur obstination à y rester.

Avant de quitter l'Élysée, le Président de la République manda Albert de Mun et le pria de venir à Bordeaux continuer, avec son rôle de ministre de la confiance nationale, son apostolat patriotique. Cet appel s'adressait à un septuagénaire, gravement atteint dans sa santé, toujours sous le coup d'une crise fatale. Le patriote, le chrétien ne songea qu'au devoir. Il crut entendre dans la voix du chef de l'État la voix même de la patrie et partit.

Jamais il ne trouva d'accents plus émouvants que dans ces journées terribles, où se décidèrent nos destinées.

Jamais non plus la France ne donna pareil spectacle. Quel magicien l'a métamorphosée? Elle, si mobile et toujours si prête à passer de l'enthousiasme au découragement, n'est plus reconnaissable et s'étonne elle-même. Impassible, elle se montre aussi résolue qu'aux heures les plus tragiques des guerres passées, où elle sauva sa nationalité à force d'héroïsme ; Paris, métropole du plaisir et de la gaîté, se sait désarmé et ne s'effraie pas ; la ville au cœur léger a maintenant un cœur d'airain.

A ce miracle s'en ajoute un autre. Dans le désordre d'une retraite précipitée, l'armée battue hier est soulevée tout à coup par la passion de vaincre. En même temps l'ennemi, tout enivré d'orgueil, s'arrête effrayé à l'approche de la cité fameuse dont, depuis des semaines, il célèbre la prise dans ses chants de guerre. Tout paraissait perdu et tout va être sauvé ; au moment où il étendait la main pour saisir sa proie, si longtemps convoitée, la Fortune, par un revirement prodigieux, change de camp.

Nos troupes, qui, depuis Charleroi, battent en retraite, ralentissent leur marche et se reforment d'elles-mêmes. Une inspiration soudaine montre aux chefs, dans la plaine qui entoure Paris, le champ clos prédestiné où doit se livrer le combat décisif, et inspire au général Joffre les paroles évocatrices des grands héroïsmes. Aussitôt les armées désorganisées se reconstituent ; d'autres improvisées accourent ; une d'elles, à gauche, surgit soudain, comme sortant de terre.

Devant le cercle, qui se forme autour de lui, l'ennemi stupéfait interroge l'horizon et cherche l'issue par où s'échapper. Il veut fuir Paris, et ne sait par où. Il essaie d'abord de se rejeter à droite ; arrêté aussitôt, il se reconnaît vaincu, bat en retraite, repasse l'Ourcq, puis la Marne et se réfugie sur l'Aisne.

Au premier rang des artisans de cette débâcle, expiation des frénésies de l'orgueil, sont deux vétérans, rappelés la veille à l'activité, le général Gallieni, le général Maunoury.

Le jour, où la France voudra acquitter sa dette de reconnaissance, elle dressera, sur le même socle, les statues des deux grands soldats qui ont fermé à l'Allemagne l'entrée de Paris.

Les historiens de cette merveilleuse épopée découvriront sans doute des raisons techniques qui nous échappent encore ; ils analyseront le mouvement des troupes, les plans des généraux et donneront de ces événements extraordinaires des explications qu'ils jugeront décisives.

Ce qu'ils n'expliqueront pas, c'est l'état d'esprit de la nation dans ces jours tragiques, sa maîtrise d'elle-même aux bords de l'abîme, sa sécurité à la veille d'un désastre presque certain.

Ce qu'ils n'expliqueront pas, c'est le sursaut de vaillance qui tout à coup secoua l'armée en retraite, le réveil foudroyant des soldats abattus et harassés.

Ce qu'ils expliqueront encore moins, c'est la part qu'a prise à ce double prodige le vétéran d'une politique toujours vaincue, le chef catholique depuis quarante ans en lutte avec les passions de la foule, en butte à ses défiances.

Dans la succession de ces scènes épiques, le grand chrétien qu'était Albert de Mun vit, au-dessus du génie des chefs et de l'héroïsme des soldats, l'action de la protection suprême, qui n'a jamais abandonné notre nation prédestinée. La Marne, c'était après Valmy, Denain, Orléans, Bouvines, Poitiers, un anneau de plus dans la chaîne des prodiges qui ont sauvé la France près de périr.

Le salut de Paris était à ses yeux un événement aussi grand que la prise d'Orléans, sous Charles VII ; il ne terminait pas la guerre, mais en fixait le sort. Jeanne d'Arc n'était pas à la Marne et ce fut le peuple de France qui se sauva lui-même par un merveilleux effort ; mais l'esprit qui avait animé la pure jeune fille plana sur le champ de bataille où, une fois encore, se jouait l'indépendance nationale. Combien devinrent des héros en répétant, après elle :« Les hommes de guerre batailleront, Dieu donnera la victoire.»

Ébloui par ce jet de surnaturelle lumière, Albert de Mun renferma au fond de son âme les élans de sa foi ravie ; mais il y puisa l'inspiration de pages brûlantes, qui arrachaient des larmes aux croyants et des cris d'admiration aux incrédules. Peu de plumes françaises en ont écrit de plus belles. Confondu, mais non accablé du rôle que les événements lui faisaient, il poursuivit sa mission sans une heure de relâche. Le triomphe de nos armées l'avait réjoui, mais non surpris ; depuis longtemps, il prévoyait, avec ce mouvement de renaissance nationale, la résurrection de la vieille France guerrière, se redressant après ses malheurs, parée de ses vertus historiques, dans tout l'éclat de son ancienne grandeur.

Quelle que fût l'ardeur de sa foi, il n'eut pas un instant la pensée de la compromettre dans de vaines manifestations. Quels que fussent ses services, il ne songea jamais à s'en faire des titres et à en demander le prix. « Pas de politique de parade ; pas de démarches stériles, écrivait-il à la fin de septembre. Notre force immense, incalculable, vient de notre attitude ardemment patriotique et généreusement désintéressée. N'en perdons pas le bénéfice, pour la satisfaction de manifestations inutiles [1]. »

Se retrouvant après la Marne devant ses lecteurs, il eut non plus à ranimer, mais à contenir leurs espérances. Dans leur enivrement, ils s'étonnaient déjà que l'ennemi n'eût pas été rejeté au delà de la Meuse, au delà du Rhin. Pourquoi l'a-t-on laissé s'installer sur ses positions de repli? Pourquoi s'immobiliser soi-même en pleine victoire?

Pour répondre à ces questions, il eût fallu avouer qu'on manquait d'obus et d'ouvriers pour en faire, que les arsenaux étaient vides et impossibles à approvisionner. Cet aveu, le salut du pays l'interdisait. Le silence lui était pénible, car au fond du cœur, il blâmait une stratégie qui laissait refroidir l'admirable entrain des troupes victorieuses.

A la réflexion, il se rendit compte des nécessités qui imposaient cette longue et obscure défensive et la célébra en termes émouvants. Quel spectacle, celui d'une armée frémissante et chevaleresque, qui s'enferme dans des boyaux de terre et poursuit, dans une lutte sans éclat mais sublime, le triomphe de son idéal !

Obligé d'éclairer le public surpris, presque déconcerté, il lui apprit les méthodes d'une guerre jusque-là inconnue, releva les courages par des conseils de sagesse et apaisa ses impatiences en lui offrant en exemple le calme de tous ces jeunes bravant, dans leurs tranchées, le feu de l'ennemi, les intempéries des saisons, les jours sans repos et les nuits sans sommeil, les privations et les souffrances silencieusement, obscurément endurées.

Dans les derniers jours de septembre, il eut une heure d'illusion. Sur la foi d'assurances optimistes, il crut immi-

---

1. Lettre à M. de Gailhard-Bancel.

nente la reprise d'une offensive que d'avance il saluait triomphale. On eût dit que, se sentant mourir, il voulait emporter avec lui la joie de la victoire définitive et la consolation de n'avoir pas fait en vain le sacrifice de sa vie. Les renseignements de l'Etat-major ne lui laissèrent pas cette dernière espérance. Loin d'approcher de sa fin, la guerre recommençait avec un caractère nouveau qui la rendrait et plus dure et plus longue.

Il ne lui a pas été donné de suivre jusqu'à son dénouement les péripéties de ce drame incomparable et d'applaudir à l'apothéose décernée par la France à ses légions victorieuses ; du moins il a assez vécu pour voir se dresser, en face de l'ennemi cloué sur place, un mur de granit fait de poitrines françaises, et d'admirer, dans sa gloire rajeunie, l'héroïque patrie que l'insolence teutonne « appelait la première des nations mourantes ».

Que de fois, au spectacle de tant de chances heureuses, s'est-il rappelé la page désolée, où l'un des principaux acteurs de 1870 a raconté « les coïncidences qui déjouèrent alors ses efforts, la fatalité persistante où il semblait voir une cause supérieure aux causes physiques, et comme l'expiation d'une faute nationale ». Que de fois, s'est-il écrié dans sa fierté, comme jadis M. de Freycinet dans sa douleur :« Le doigt de Dieu est là !»

Il fallait ces intimes joies pour l'aider à triompher de souffrances qui devenaient, de jour en jour, plus fréquentes et plus aiguës. Pas une nuit ne s'achevait, sans qu'il n'eût à subir un nouvel assaut du mal qui lui apportait, dans des crises d'étouffement, un avant-goût de la mort.

L'âme n'était plus qu'à moitié maîtresse du corps qu'elle animait. « Il y a tout à l'heure quatre semaines, écrivait-il à la fin de septembre, que je suis attelé à un travail formidable qui ne me laisse aucun repos. »

Les avertissements se succédaient plus fréquents et plus pressants. Il les entendait bien ; mais résolu, lui aussi, à « tenir jusqu'au bout », il offrait à la patrie et à Dieu ses souffrances toujours plus vives, ses efforts toujours plus pénibles. Il sentait la vie lui échapper et il en donnait les restes, avec un courage souriant, aux deux causes sacrées auxquelles il avait consacré ses plus belles années. Il ne restait debout que grâce à sa foi religieuse, dont il n'abandonna pas un instant la pratique, et à la vigilante tendresse de l'admirable compagne qui, après avoir partagé ses épreuves et sa gloire, suivait un à un les battements de son cœur à demi brisé. Mais chaque jour qui s'écoulait emportait un peu de ses forces : des sillons de plus en plus profonds se creusaient sur son visage amaigri.

Un soir, il rentra bouleversé des impatiences de l'opinion publique, des inquiétudes que trahissait l'obscure rédaction des communiqués officiels, d'un fléchissement d'optimisme dans les milieux où il aurait dû être un acte de foi ! Toute hésitation était pour ce croyant une défaillance, presque une désertion.

D'une main qui déjà tremblait, il prit sa plume et écrivit avec un frémissement mal contenu, où l'irritation se cachait sous un redoublement de confiance : « La guerre ne finira pas comme Austerlitz et Waterloo. Seulement, un de ces jours, on s'apercevra que les retranchements se vident et nous les occuperons.»

Quand la foule lut ces lignes aux premières heures du jour, Albert de Mun n'était plus ; son corps était déjà refroidi. Épuisé par l'effort qu'elles lui avaient coûté, brisé par les émotions de derniers entretiens, il avait cherché le repos dans le sommeil, mais le sommeil n'était pas venu.

Bientôt les suffocations rendirent l'insomnie plus cruelle. Sa poitrine devint haletante, son cœur battit à se rompre, ses traits s'altérèrent. Ce n'était plus la crise qui était l'habituelle rançon de ses fatigues, c'était la mort qui venait foudroyante.

A l'annonce du prêtre, appelé pour l'aider à franchir le dernier passage, il comprit que l'arrêt fatal était prononcé :

« Je ne me croyais pas si mal, murmura-t-il, d'une voix étouffée. »

Ce fut sa dernière parole, la suprême lueur de son intelligence. Sa journée était finie. Prêt à comparaître devant son juge, il s'endormit pour ne se réveiller que dans l'éternité.

L'union sacrée se fit complète autour de son cercueil que le Président de la République et ses ministres entourèrent à l'église et suivirent à pied jusqu'au cimetière. La foule, en se découvrant au passage du cortège, saluait le grand citoyen de vieille race française qui avait donné jusqu'à son dernier souffle à sa religion, à sa patrie, au peuple.

Plus la vie d'Albert de Mun sera connue, plus il grandira dans l'admiration des hommes. Son nom restera, dans l'histoire nationale, un symbole de grandeur morale et de patriotisme chrétien.

APPENDICE

EXTRAIT de L'ENCYCLIQUE de LÉON XIII
du 16 Février 1892

Envisagé dans sa nature, le pouvoir civil est constitué et s'impose pour pourvoir au bien commun, but suprême qui donne son origine à la société humaine. En d'autres termes, dans toute hypothèse, le pouvoir civil, considéré comme tel, est de Dieu et toujours de Dieu : « car il n'y a point de pouvoir si ce n'est Dieu ».

Par conséquent, lorsque les nouveaux gouvernements qui représentent cet immuable pouvoir sont constitués, les accepter n'est pas seulement permis, mais réclamé, voire même imposé par la nécessité du bien social qui les a faits et les maintient. D'autant plus que l'insurrection attise la haine entre citoyens, provoque les guerres civiles et peut rejeter la nation dans le chaos de l'anarchie. Et ce grand devoir de respect et de dépendance persévérera, tant que les exigences du bien commun le demanderont, puisque ce bien est, après Dieu, dans la société, la loi première et dernière.

Par là s'explique d'elle-même la sagesse de l'Église dans le maintien de ses relations avec les nombreux gouvernements qui se sont succédé en France, en moins d'un siècle, et jamais sans produire des secousses violentes et profondes. Une telle attitude est la plus sûre et la plus salutaire ligne de conduite pour tous les Français, dans leurs relations civiles avec la République, qui est le gouvernement actuel de leur nation. Loin d'eux ces dissentiments politiques qui les divisent ; tous leurs efforts doivent se combiner pour conserver ou relever la grandeur morale de leur patrie.

Mais une difficulté se présente : « Cette République, fait-on remarquer, est animée de sentiments si antichrétiens que les hommes honnêtes, et beaucoup plus les catholiques, ne pourraient consciencieusement l'accepter. » Voilà surtout ce qui a donné naissance aux dissentiments et les a aggravés.

On eût évité ces regrettables divergences, si l'on avait su tenir soigneusement compte de la distinction considérable qu'il y a entre pouvoirs constitués et législation. La législation diffère à tel point des pouvoirs politiques et de leur forme, que, sous le régime dont la forme est la plus excellente, la législation peut être détestable ; tandis qu'à l'opposé, sous le régime dont la forme est la plus imparfaite, peut se rencontrer une excellente législation. Prouver, l'histoire à la main, cette vérité, serait chose facile ; mais à quoi bon ? tous en sont convaincus. Et qui mieux que l'Église est en mesure de le savoir, elle qui s'est efforcée d'entretenir des rapports habituels avec tous les régimes politiques ? Certes, plus que toute autre puissance, elle saurait dire ce que lui ont souvent apporté de consolations ou de douleurs les lois des divers gouvernements qui ont successivement régi les peuples, de l'Empire romain jusqu'à nous.

Si la distinction, tout à l'heure établie, a son importance majeure, elle a aussi sa raison manifeste ; la législation est l'œuvre des hommes investis du pouvoir, et qui, de fait, gouvernent la nation. D'où il résulte qu'en pratique la qualité des lois dépend plus de la qualité de ces hommes que de la forme du pouvoir. Ces lois seront donc bonnes ou mauvaises, selon que les législateurs auront l'esprit imbu de bons ou de mauvais principes et se laisseront diriger ou par la prudence politique, ou par la passion.

Fondation de L'ACTION LIBÉRALE POPULAIRE

Le Comité Directeur de l'Action Libérale Populaire s'est réuni le 15 octobre 1902 à 2 heures au siège social 7, rue Las Cases, Paris.

Étaient présents : M. Jacques Piou, président; MM. l'amiral de Cuverville et de Montfort sénateurs ; MM. de Benoist, de Gailhard-Bancel, Lerolle, de Ludre, Ollivier, Plichon, Xavier Reille, députés ; Balsan, ancien député.

M. le Président annonce qu'à la suite des démarches faites par le bureau de l'association, le comité directeur est définitivement constitué, dans les termes de l'article 6 des statuts, et qu'il se compose en outre des membres présents à la séance de ce jour :

MM. A. de Mun, vice-président, Amédée Reille, secrétaire ;

de Marcère, sénateur ; Dansette, Desjardins, de Grandmaison, de l'Estourbeillon, Maurice Pain, Savary de Beauregard, Tailliandier, députés ; Dussausoy, Victor Gay, anciens députés ;

Amiral Barrera à Toulon, de Bonne et Deniau à Toulouse, Ducurtyl à Lyon, J. Maître à Morvillars, général de Motas d'Estreux et de Beaumont à Bordeaux, Bertrand de Mun à Reims, Rolland et Fabre à Marseille, colonel de Saint-Laurent au Mans.

M. le **Président** propose au Comité Directeur de s'adjoindre comme *nouveaux* membres, conformément à la faculté que lui donne l'article 6 des statuts :

MM. de Castelnau et Groussau, députés ; André Bernard à Courrières, Chesnelong et Paul Féron-Vrau à Lille.

Cette proposition est adoptée à l'unanimité.

LE COMPLOT A LA CHAMBRE

Le complot dont les radicaux se sont servis comme d'une arme de guerre au moment des élections de 1906 donna lieu plus tard à la Chambre à des explications très vives dont voici un échantillon ;

M. Louis Dumont. — C'est vous qui avez préparé la guerre des inventaires. (*Exclamations à droite.*)

M. Savary de Beauregard. — Prouvez que c'est nous qui avons préparé la résistance aux inventaires !

M. Louis Dumont. — Je réponds en disant que c'est *l'Action Libérale*, que je personnifie en M. Piou, qui a été l'organisatrice, dans la plus grande partie des communes de France, de la guerre des inventaires. (*Applaudissements à gauche et à l'extrême-gauche.*)

M. Savary de Beauregard. — Il ne suffit pas de l'affirmer. Prouvez-le ?

M. Louis Dumont. — J'ajoute que j'ai eu personnellement entre les mains un papier émanant du Comité de *l'Action Libérale* de la Drôme, à Valence...

M. Jacques Piou. — Je ne sais pas ce qu'a fait le comité à Valence, mais je suis sûr qu'il n'a rien fait que d'honorable.

M. Louis Dumont. — ... et invitant ses membres à propos des inventaires, à opposer la résistance qu'il convenait aux agents de la loi. (*Nouveaux applaudissements à l'extrême gauche et à gauche.*)

Je déposerai d'ailleurs ce document sur le bureau de la Chambre. (*Nouveaux applaudissements.*)

M. Savary de Beauregard. — Nous en serons très heureux Nous saurons au moins sur quoi se fondent les accusations.

M. Antide Boyer. — Tout le monde le sait ! Vous seul l'ignorez.

M. Jacques Piou. — Je ne sais pas si vous êtes au courant de tout ce qu'écrivent vos amis de tous les points de la France. Dans tous les cas, je ne connais pas votre papier et je répète que la direction de *l'Action Libérale* n'a exercé aucune pression ni donné aucune instruction en vue des inventaires. (*Applaudissements à droite.*)

M. CHAPPUIS. — On a beaucoup parlé en son nom.

M. CÉSAR TROUIN. — Et les affiches de *l'Action Libérale ?* A ce moment, il y en avait sur les murs de toutes les communes de France. (*Exclamations à droite. — Bruit.*)

M. JACQUES PIOU. — A l'heure qu'il est, il ne s'agit pas de *l'Action Libérale.*

M. JULES COUTANT (Seine). — Je demande la parole.

M. LE PRÉSIDENT. — Messieurs, je vous en conjure, laissons la discussion reprendre une allure générale, seule digne de cette assemblée (*Applaudissements*) et ne permettez d'aucun côté, ni à vos amis, ni à vos adversaires, de lui donner de misérables allures personnelles. (*Nouveaux applaudissements.*)

TEXTE DE LA PÉTITION ADRESSÉE PAR LA PRESQUE UNANIMITÉ DE L'ÉPISCOPAT FRANÇAIS AU PAPE PIE X AU SUJET DE L'ACTION LIBÉRALE [1].

Très Saint Père,

Prosternés aux pieds de Votre Sainteté nous La supplions d'accorder la haute distinction de Grand-Croix de l'Ordre de Pie IX à M. N....., fondateur et président de l'Action libérale populaire, en témoignage d'approbation pour le chef au dévouement infatigable envers l'Église et la France et pour les membres zélés de cette grande association dont le programme et les doctrines, conformes aux directives des Souverains Pontifes, doivent assurer l'union de tous les catholiques, de tous les honnêtes gens de France, pour la défense et la revendication des libertés sociales et religieuses.

Roma, 26 mars 1908.

Suivent les signatures des quatre-vingts prélats en tête desquelles celles des quatre cardinaux, de Bordeaux, de Reims, de Lyon et de Marseille, seuls existants alors.

Les reproductions de ces documents sont conservées aux archives de l'A. L. P.

---

(1). Voir le livre, p. 270.

TABLE DES MATIÈRES

www.ingramcontent.com/pod-product-compliance
Lightning Source LLC
LaVergne TN
LVHW050343060726
842524LV00002B/230